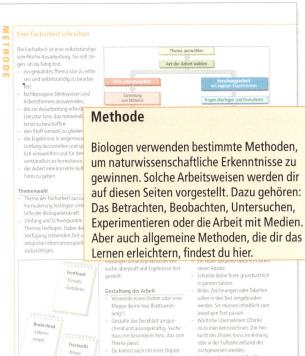

Bioskop

Auf den Info...

Methode

Biologen verwenden bestimmte Methoden, um naturwissenschaftliche Erkenntnisse zu gewinnen. Solche Arbeitsweisen werden dir auf diesen Seiten vorgestellt. Dazu gehören: Das Betrachten, Beobachten, Untersuchen, Experimentieren oder die Arbeit mit Medien. Aber auch allgemeine Methoden, die dir das Lernen erleichtern, findest du hier.

Prüfe dein Wissen

Hier hast du Gelegenheit, das Gelernte durch Beantwortung von Fragen, Lösung von Aufgaben oder Erläuterung von Skizzen und Schemazeichnungen zu überprüfen. Du kannst auch testen, ob du dein erworbenes Wissen anwenden und auf erweiterte Inhalte anwenden kannst.

Bio kompakt

Am Ende eines Kapitels werden die wesentlichen Erkenntnisse in kurzen, zusammenfassenden Sätzen dargestellt. Sie dienen dir zur Wiederholung, Erinnerung und Festigung des gelernten Stoffes.

BIOLOGIE
HEUTE 3
aktuell

Ein Lehr- und Arbeitsbuch

Dieser Band umfasst die Inhaltsfelder *Gene und Vererbung, Evolution – Vielfalt und Veränderung* sowie *Stationen eines Lebens*.
Die Inhaltsfelder *Ökosysteme und ihre Veränderungen, Biologische Forschung und Medizin* sowie *Sexualerziehung* befinden sich in Band 2.

Schroedel

BIOLOGIE HEUTE 3 aktuell

Bearbeitet von
Horst Groth, Axel Knippenberg, Uwe Leiding

Mit Beiträgen von
Hans-Günther Beuck, Joachim Dobers, Fritz Klöckner,
Tanja Schulz, Siegfried Schulz

Unter Mitarbeit der Verlagsredaktion

© 2013 Bildungshaus Schulbuchverlage
Westermann Schroedel Diesterweg
Schöningh Winklers GmbH, Braunschweig
www.schroedel.de

Das Werk und seine Teile sind urheberrechtlich geschützt.
Jede Nutzung in anderen als den gesetzlich zugelassenen Fällen
bedarf der vorherigen schriftlichen Einwilligung des Verlages.
Hinweis zu § 52a UrhG: Weder das Werk noch seine Teile dürfen
ohne eine solche Einwilligung gescannt und in ein Netzwerk
eingestellt werden. Dies gilt auch für Intranets von Schulen
und sonstigen Bildungseinrichtungen.
Auf verschiedenen Seiten dieses Buches befinden sich Verweise (Links)
auf Internet-Adressen. Haftungshinweis: Trotz sorgfältiger inhaltlicher
Kontrolle wird die Haftung für die Inhalte der externen Seiten ausgeschlossen.
Für den Inhalt dieser externen Seiten sind ausschließlich deren Betreiber
verantwortlich. Sollten Sie bei dem angegebenen Inhalt des Anbieters
dieser Seite auf kostenpflichtige, illegale oder anstößige Inhalte treffen,
so bedauern wir dies ausdrücklich und bitten Sie, uns umgehend
per E-Mail davon in Kenntnis zu setzen, damit beim Nachdruck
der Verweis gelöscht wird.

Seite 61 ist in Teilen eine Bearbeitung des Wikipedia-Artikels „Knockout-Maus":
http://de.wikipedia.org/wiki/Knockout-Maus
Die Liste der Autoren ist hier einsehbar:
http://de.wikipedia.org/w/index.php?title = Knockout-Maus&action = history

Druck A[1] / Jahr 2013
Alle Drucke der Serie A sind im Unterricht parallel verwendbar.

Illustrationen: Jan Bintakies, Eike Gall, Brigitte Karnath,
Liselotte Lüddecke, Karin Mall, Tom Menzel, Heike Möller, Ingrid Schobel

Gestaltung: Jesse Konzept & Text GmbH, Hannover
Satz: media service schmidt, Hildesheim
Reproduktion: westermann druck GmbH, Braunschweig
Druck und Bindung: westermann druck GmbH, Braunschweig

ISBN 978-3-507-**76773**-7

Die Zelle – ein selbstständiges System

1 **Elektronenmikroskope geben neue Einblicke in die Feinstruktur** 8
1.1 Was leisten Elektronenmikroskope? 8
1.2 Pflanzen- und Tierzellen im Elektronenmikroskop 10
1.3 Einzeller und höhere Organismen – ein Vergleich 12
   EXKURS: Basiskonzept „System" – Zellarten . 13
2 **Biomembranen regeln das Leben in der Zelle** 14
2.1 Zellkern und Transportsysteme übernehmen verschiedene Aufgaben 14
2.2 Mitochondrien – „Kraftwerke" der Zelle 16
2.3 Chloroplasten nutzen die Lichtenergie 17
   EXKURS: Basiskonzept „Struktur und Funktion" – Oberflächenvergrößerung 18
   METHODE: Mit Modellen arbeiten – Biomembranen 19
3 **Zellen können sich selbst erneuern** 20
3.1 Gene enthalten den Erbcode 20
3.2 Vom Gen zum Protein 22
   PRAKTIKUM: Erbinformation 23
   PRÜFE DEIN WISSEN:
   Die Zelle – ein selbstständiges System 24
   BIO KOMPAKT:
   Die Zelle – ein selbstständiges System 25

Gene und Vererbung

1 **Warum sehen Nachkommen ihren Eltern ähnlich?** 28
   BIOSKOP: Vererbung von Merkmalen 29
2 **Chromosomen – Träger der Erbanlagen** 30
2.1 Feinbau der Chromosomen 30
   PRAKTIKUM: Gewinnung von Erbsubstanz 31
2.2 Kein Wachstum ohne Teilung 32
2.3 Keimzellen werden anders gebildet als Körperzellen 33
2.4 Genaustausch durch Crossing over 34
   PRAKTIKUM: Arbeit mit Modellen – Chromosomen 35
   METHODE: Präsentieren mit dem Computer 36
3 **Vererbungsregeln** 38
3.1 MENDEL entdeckte die Erbregeln 38
   EXKURS: Rückkreuzung 40
3.2 Erbanlagen können kombiniert werden 41
   PRAKTIKUM: Vererbung 42
3.3 Nicht immer wird nach MENDEL vererbt 44
3.4 Mutationen – „Druckfehler" in der Erbinformation 45
3.5 Mutagene bedrohen unsere Gesundheit 46
3.6 Bedeutung von Mutationen 47
3.7 Modifikationen – Einflüsse der Umwelt 48
4 **Vererbung beim Menschen** 50
4.1 Methoden der Erbforschung 50
4.2 Erbe oder Umwelt: Methoden der Zwillingsforschung 51
4.3 Erbregeln gelten auch für den Menschen 52
   EXKURS: HUGO entschlüsselt das menschliche Erbgut 54
4.4 Stammzellenforschung – Hoffnung für die Zukunft? 55
5 **Der Mensch nutzt die Kenntnisse der Erbgesetze und der Gentechnik** 56
5.1 Züchtung durch Auslese und Kreuzung 56
5.2 Biotechnik in der Tier- und Pflanzenzucht 58
5.3 Das Prinzip der Gentechnik 60
   METHODE: Biologische Sachverhalte verstehen und bewerten 61
   EXKURS: Was ist Gen-Food? 62
5.4 Gentechnik – Chancen und Risiken 63
   METHODE: Eine Facharbeit schreiben 64
   PRÜFE DEIN WISSEN:
   Gene und Vererbung 66
   BIO KOMPAKT:
   Gene und Vererbung 67

Stationen eines Lebens

1 **Die Entwicklungsphasen eines Menschen** .. 70
1.1 Keimesentwicklung und Embryonalphasen 70
1.2 Vorgeburtliche Untersuchungen 72
1.3 Präimplantationsdiagnostik in der Diskussion .. 73
1.4 Lebensalter des Menschen 74
2 **Einfluss der modernen Medizin auf das Leben des Menschen** 76
2.1 Bei Nierenfunktionsstörungen hilft die Dialyse .. 76
2.2 Organtransplantationen können Menschenleben retten 78
   METHODE: Arbeitsteilige Gruppenarbeit zur Organspende 79
3 **Das Nervensystem** 80

3.1 Ein Nachrichtennetz im Körper 80
3.2 Das Rückenmark – Schaltzentrale für Reflexe . . . 82
3.3 Das Gehirn – übergeordnete Schaltzentrale 83
3.4 Steuerung ohne Willen –
das vegetative Nervensystem 84
   BIOSKOP: Krankheiten und Schädigungen
   des Nervensystems 85
4 **Verhalten des Menschen** 86
4.1 Was schon der Säugling alles kann 86
   EXKURS: „Schnulleralarm" im
   Forschungslabor 87
4.2 Lernen – ein Leben lang 88
   METHODE: Das Lernen lernen 90
   PRAKTIKUM: Lernen und Gedächtnis 91
4.3 Menschen leben zusammen 92
4.4 Der Mensch lässt sich beeinflussen 94
5 **Drogen und süchtiges Verhalten** 97
5.1 Süchtig – wonach? 97
   EXKURS: Spielsüchtig 98
5.2 Drogen als Flucht in eine Traumwelt 99
5.3 Sind legale Drogen harmlos? 100
5.4 Wo finde ich Hilfe bei Drogenproblemen? 101
   BIOSKOP: Drogen 102
   EXKURS: 20 Jahre Drogenkonsum –
   Ein Erfahrungsbericht 103
   PRÜFE DEIN WISSEN:
   Stationen eines Lebens 104
   BIO KOMPAKT:
   Stationen eines Lebens 105

Evolution – Vielfalt und Veränderung

1 **Leben hat sich entwickelt** 108
1.1 Fossilien – Zeugen des Lebens
   vergangener Zeiten 108
1.2 Altersbestimmung von Fossilien 110
   PRAKTIKUM: Herstellung eines
   Fossilienmodells 110
1.3 Wie könnte das erste Leben entstanden
   sein? 111
1.4 Einordnung der Funde im Erdzeitalter 112
1.5 Pflanzen erobern das Land 114
1.6 Tiere erobern das Land 115
2 **Belege für eine Evolution** 116
2.1 Mosaikformen geben Rätsel auf 116
2.2 Vom Urpferd zum heutigen Pferd 117
2.3 Nur ähnlich oder verwandt? 118
   EXKURS: Atavismen 119

   BIOSKOP: Lebende Zeugen
   der Vergangenheit 120
2.4 Verhaltensähnlichkeiten können auf
   eine Verwandtschaft hinweisen 121
   EXKURS: Biochemische
   Verwandtschaften 122
   EXKURS: Verwandtschaftsnachweis
   durch DNA-Vergleich 123
3 **Ursachen der Evolution** 124
3.1 Die Entwicklung der Evolutionstheorien 124
3.2 Evolutionstheorie im Streit der Meinungen . . . 126
   EXKURS: Basiskonzept „Entwicklung" –
   Die Entstehung von Arten 127
3.3 Die Entstehung neuer Arten 128
3.4 DARWIN – missverstanden und missbraucht 130
   PRAKTIKUM: Evolutionsspiel 131
4 **Die Abstammung des Menschen** 132
4.1 Der Neandertaler – ein Knochenfund
   verändert die Welt 132
4.2 Von Menschenaffen und Menschen 133
4.3 Wege zum heutigen Menschen 134
4.4 Die kulturelle Entwicklung und Zukunft
   des Menschen 138
4.5 Die heutige Erdbevölkerung und
   ihre Konflikte 140
   METHODE: Mit Simulationsprogrammen
   arbeiten 142
   EXKURS: Methoden der modernen
   Archäologie 144
   EXKURS: Ötzi – Der Mann aus dem Eis . . . 145
   PRÜFE DEIN WISSEN:
   Evolution – Vielfalt und Veränderung 146
   BIO KOMPAKT:
   Evolution – Vielfalt und Veränderung 147

Zusatzinhalt:
Verhaltensweisen bei Tieren

1 **Erforschung tierischen Verhaltens** 150
1.1 Grundlagen der Verhaltensforschung 150
1.2 Fortpflanzungsverhalten bei Stichlingen 152
1.3 Angeborenes und erlerntes Verhalten 153
1.4 Wie Tiere lernen 154
   EXKURS: Prägung – ein besonderer
   Lernvorgang 155
1.5 Tiere können einsichtig handeln 156
1.6 Wie Tiere zusammenleben 158
   METHODE: Arbeitsweisen

der Verhaltensforschung 160

PRÜFE DEIN WISSEN:
Verhaltensweisen bei Tieren 161

BIO KOMPAKT:
Verhaltensweisen bei Tieren 161

Register 162
Bildquellenverzeichnis 165

Die Zelle – ein selbstständiges System

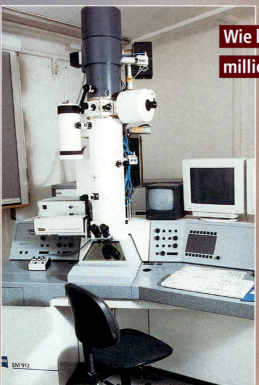

Wie kann man ein Objekt millionenfach vergrößern?

Welche Aufgaben übernehmen Zellorganellen?

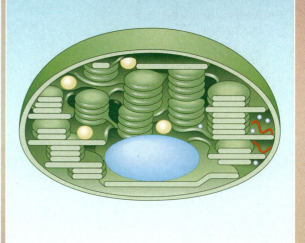

Welche Bedeutung haben Biomembranen in der Zelle?

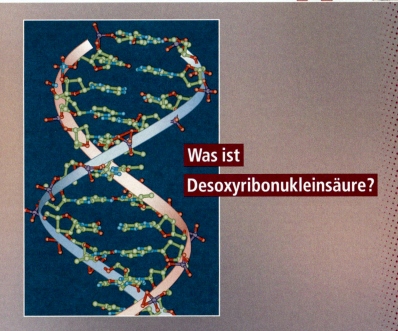

Was ist Desoxyribonukleinsäure?

Worin unterscheiden sich Einzeller von Vielzellern?

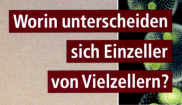

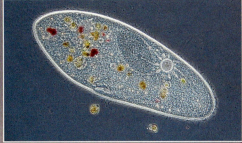
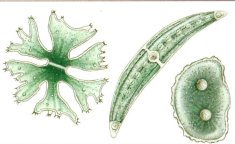
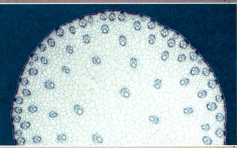

1 Elektronenmikroskope geben neue Einblicke in die Feinstruktur

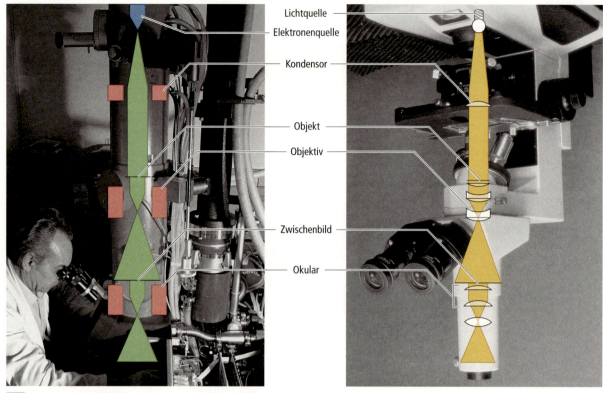

1 Elektronenmikroskop und Lichtmikroskop: Aufbau und Strahlengang

Amöbe	Eizelle (Mensch)	Blutkörperchen (rot)	Coli-Bakterium	Grippe-Virus (Dicke)	Zellmembran	Zuckermolekül 1 Millionstel mm	Wasserstoffatom 1 Zehnmillionstel mm
~ 1 mm	~ 0,1 mm	~ 0,01 mm	0,001 mm	0,0001 mm	0,00001 mm		
1 mm	10^{-1} mm	10^{-2} mm	10^{-3} mm	10^{-4} mm	10^{-5} mm	10^{-6} mm	10^{-7} mm
10^6 nm	10^5 nm	10^4 nm	1000 nm	100 nm	10 nm	1 nm	0,1 nm

Auge
Lichtmikroskop
Elektronenmikroskop

2 Größenbereiche in der Mikroskopie

1.1 Was leisten Elektronenmikroskope?

Ein Staubkorn mit einem Durchmesser von 0,03 Millimetern kann man mit bloßem Auge nicht mehr erkennen. Moderne **Elektronenmikroskope (EM)** können es aber bis zu 2 000 000-fach vergrößern. Man kann also noch Einzelheiten des Staubkorns erkennen, die nur etwa 1 Millionstel Millimeter groß sind.

Die enorme Vergrößerung wird durch die Verwendung von **Elektronenstrahlen** anstelle von *Licht* erreicht. Ein glühender Wolframdraht sendet dabei Elektronen aus. Bereits Luft oder ein Staubkörnchen bremsen die Elektronenstrahlen oder lenken sie ab. Innerhalb des EM besteht daher ein Vakuum. In diesem Vakuum erreichen die Elektronen bei einer Hochspannung von 10 000 Volt Geschwindigkeiten von 720 Millionen km/h. Dadurch verhalten sich die Elektronen ähnlich wie Lichtstrahlen, haben jedoch eine *extrem kurze Wellenlänge*. Man erreicht so ein hohes Auflösungsvermögen von 0,3 nm bis 2 nm. Statt Linsen verwendet man im EM Magnete und das vergrößerte Objekt erscheint auf einem Bildschirm.

Elektronenstrahlen können nicht so tief wie Lichtstrahlen in die Objekte eindringen. Damit sie das Objekt durchdringen, ist es erforderlich, sehr dünne Schnitte anzufertigen. Geeignete Dünnschnitte müssen dünner als 0,001 mm sein. Man bettet dazu die biologischen Objekte in Kunstharz oder Paraffin ein. Anschließend schneidet man mit einem speziellen Schneidegerät, dem **Mikrotom,** hauchdünne Scheibchen ab. Eine Seite dieses Buches könnte beim heutigen Stand der Technik in bis zu 2 000 Scheiben geschnitten werden. Im Vakuum des EM würde Wasser in den Objekten sofort verdampfen und das Präparat wäre zerstört. Daher kann man mit dem EM nur entwässerte, nicht lebende Objekte untersuchen.

Viele Objekte werden heute mit dem **Rasterelektronenmikroskop (REM)** untersucht. Bei ihm werden mit einem Elektronenstrahl die Oberflächen der Objekte punktweise abgetastet. Auf diese Weise erhält man räumliche Darstellungen der Oberflächen.

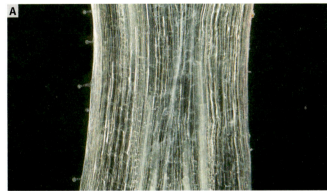

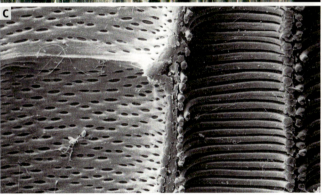

3 Vergrößerung eines Pflanzenstängels (Längsschnitt).
   A Lupenvergrößerung;   **B** im Lichtmikroskop;   **C** im REM

1. Stelle in einer Tabelle die wichtigsten Unterschiede zwischen dem Bau und der Arbeitsweise eines Lichtmikroskops und eines Elektronenmikroskops zusammen.
2. Mit dem EM kann man keine lebenden Objekte untersuchen. Begründe.
3. Wie viel Mal vergrößert ein EM stärker als ein Lichtmikroskop? Berichte.
4. Welchen Vorteil bietet das REM gegenüber dem EM? Erläutere.
5. Warum ist bei der Veranschaulichung der Mikroskope in Abbildung 1 das Lichtmikroskop auf den Kopf gestellt? Erläutere.

Die Zelle – ein selbstständiges System   **9**

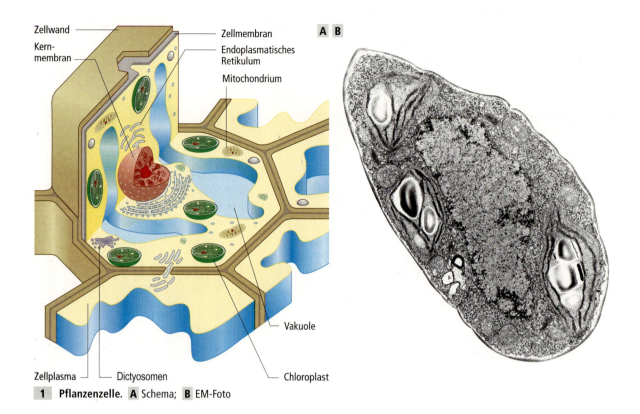

1 Pflanzenzelle. **A** Schema; **B** EM-Foto

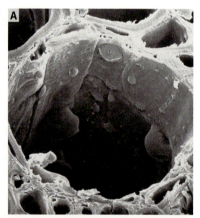

1.2 Pflanzen- und Tierzellen im Elektronenmikroskop

Mit dem Lichtmikroskop konnte man bis Anfang des 20. Jahrhunderts nur Hauptbestandteile von Zellen erkennen. Bereits 1665 ließ sich mit den damals noch einfachen und wenig vergrößernden Mikroskopen die *Zellwand* von **Pflanzenzellen** erkennen.

Um 1700 entdeckte man erste abgegrenzte Zellbestandteile, die **Zellorganellen.** Es waren *Chloroplasten*, über deren Bedeutung man allerdings noch nichts wusste. Um 1831 wurden der *Zellkern* und das *Kernkörperchen* beschrieben. Weiterhin entdeckten die Biologen um etwa 1875, dass Zellen mit *Zellplasma* gefüllt sind und dass Pflanzenzellen einen Hohlraum, die *Vakuole*, enthalten. Mit den weiterentwickelten Lichtmikroskopen, die zu Beginn des 20. Jahrhunderts bis zu 1000-fach vergrößerten, konnte man um 1910 auch schon weitere Zellorganellen wie die *Mitochondrien* und die *Dictyosomen* erkennen.

Erst mit der Entwicklung der **Elektronenmikroskopie** um 1930 wurde eine neue Di-

2 Pflanzliche Zellen im REM. **A** Holzpore; **B** Brennnesselhaare

Die Zelle – ein selbstständiges System

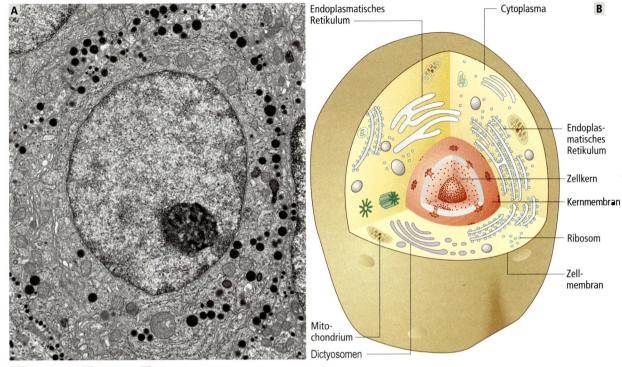

3 Tierzelle. **A** EM-Foto; **B** Schema

mension zur Erforschung des Aufbaus der Zelle erschlossen. Der Feinbau von Mitochondrien und Chloroplasten wurde sichtbar. Man entdeckte weitere Zellorganellen wie das *Endoplasmatische Retikulum* mit den *Ribosomen* und die *Dictyosomen*. Ferner erkannte man, dass die Zelle von einem weitläufigen System von *Biomembranen* durchzogen ist.

Mit der Weiterentwicklung der Elektronenmikroskope und dem Einsatz des **Rasterelektronenmikroskops** konnte man sogar räumliche Bilder von Zellen und deren Organellen erhalten, die wichtige Informationen zur Erforschung der Aufgaben dieser Organellen lieferten.

1. Vergleiche lichtmikroskopische Bilder von Pflanzen- und Tierzellen mit EM-Bildern dieser Zellen. Nenne Organellen, die nur im EM-Bild zu erkennen sind.
2. Vergleiche den Bau von Pflanzen- und Tierzelle miteinander. Stelle Gemeinsamkeiten und Unterschiede in einer Tabelle dar.
3. Suche im Internet lichtmikroskopische und elektronenmikroskopische Bilder. Stelle auf einem Plakat gleiche Zelltypen in den beiden Vergrößerungen gegenüber.

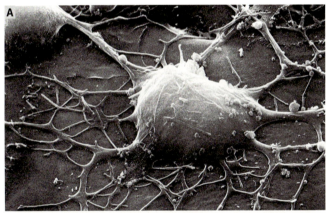
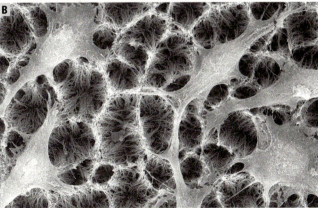

2 Tierische Zellen im REM. **A** Nervenzellen; **B** Knochenzellen

Die Zelle – ein selbstständiges System

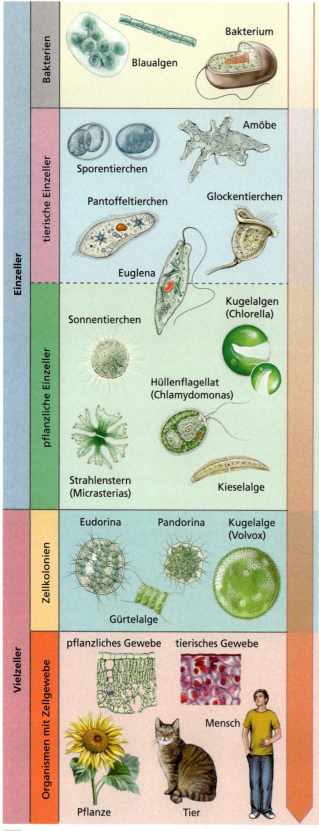

1 Einzeller und Vielzeller

1.3 Einzeller und höhere Organismen – ein Vergleich

Die ersten Lebewesen waren vermutlich **Einzeller** ohne einen echten Zellkern (*Prokaryoten*). Zu ihnen gehören *Bakterien* und *Blaualgen*. Sie besitzen keine Zellorganellen wie Mitochondrien oder Chloroplasten und ernähren sich vorwiegend von organischem Material. Es gibt keine sexuelle Fortpflanzung. Die Zellen sind sehr klein (0,001–0,01 mm).

Die ersten Einzeller mit echtem Kern (*Eukaryoten*) tauchten erst vor etwa 1,8 Milliarden Jahren auf.
In einer einzigen Zelle müssen alle Lebensfunktionen (Ernährung, Atmung, Fortbewegung und Vermehrung) erfüllt werden. Die Einzeller zeigen bereits Unterschiede in Bau und Funktion: Bei den parasitisch lebenden *Sporentierchen* zum Beispiel ist das Innere auf einen Kern und etwas Zellplasma reduziert. Die *Wimpertierchen* dagegen besitzen schon eine Vielzahl Organellen, die auf unterschiedliche Aufgaben spezialisiert sind.

Die Entwicklung zum **Vielzeller** begann mit der Kolonienbildung, wie sie bei der *Kugelalge Volvox* zu beobachten ist. Diese Grünalge bildet hohlkugelförmige Kolonien aus bis zu 20 000 jeweils mit zwei Geißeln ausgestatteten Zellen, die durch Plasmastränge in Verbindung stehen. Bei ihnen existieren schon zwei verschiedene Zellarten: **Körperzellen** mit Geißeln und Chloroplasten dienen der Fortbewegung und Ernährung. **Fortpflanzungszellen** bilden durch Teilung Tochterkugeln.

Bei weiter entwickelten Vielzellern übernehmen Verbände vieler gleichartiger Zellen mit einheitlicher Funktion, die **Zellgewebe**, die Aufgaben zur Aufrechterhaltung aller Lebensfunktionen. Im Körper der höher entwickelten Pflanzen und Tiere sind oft mehrere Gewebearten zu **Organen** zusammengefasst.

1. Wodurch unterscheiden sich Prokaryoten und Eukaryoten? Beschreibe und erkläre.
2. Stelle in Form einer Tabelle die Eigenschaften von Einzellern und Vielzellern zusammen.

Basiskonzept „System" – Zellarten

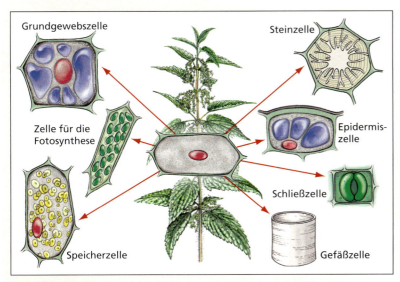

Zellarten einer Pflanze

Bei mehrzelligen Organismen müssen verschiedene Zellen unterschiedliche Aufgaben übernehmen. Dazu bildet sich in solchen Organismen eine **Vielfalt an Zellarten**, die unterschiedlich aufgebaut sind.

Bei Pflanzen zum Beispiel finden wir im Gewebe unterschiedliche Zellen, die mit mehr oder minder dicken Zellwänden voneinander abgegrenzt sind. Die Außenhaut von Spross und Blättern bilden die von starken Zellwänden begrenzten *Epidermiszellen*. Das Grundgewebe wird aus *Grundgewebszellen* mit Plasma und Vakuolen gebildet. In den Blättern sorgen Spaltöffnungen mit *Schließzellen* für den Gasaustausch. Längliche *Zellen für die Fotosynthese* in den Blättern enthalten zahlreiche Chloroplasten. In ihnen findet die Fotosynthese statt. *Speicherzellen* speichern den gewonnenen Zucker in Form von Stärke. Wasser und Nährstoffe werden in Gefäßen transportiert, deren Wände von kräftigen *Gefäßzellen* gebildet werden. Zellen mit stark verholzten, dicken Zellwänden, die *Steinzellen*, sorgen zum Beispiel in Steinfrüchten für die Festigkeit der Kerne.

Auch der Mensch besitzt eine Vielfalt von Zellarten mit unterschiedlichen Aufgaben: Verästelte *Nervenzellen* mit langen Fortsätzen sorgen für die Weiterleitung von Impulsen und können spindelförmige *Muskelzellen* veranlassen, sich aktiv zusammenzuziehen. Das Knochengerüst wird von *Knochenzellen* aufgebaut, die harte Knochensubstanz bilden. Gewebe aus *Hautzellen* sorgen für eine schützende Hülle des Körpers. Für entsprechenden Kälteschutz und die Speicherung von Energiereserven sind spezielle *Fettzellen* da. Den für den Menschen lebenswichtigen Sauerstoff transportieren besondere *Blutzellen,* die Roten Blutkörperchen. *Drüsenzellen* bilden Hormone oder Sekrete für die Verdauung.

Die spezialisierten Zellen der Pflanzen und des Menschen, die ganz unterschiedliche Aufgaben im Gesamtorganismus ausüben, sind Beispiele für das **Basiskonzept „System"**.

1. Erläutere, wie mehrzellige Organismen unterschiedliche Aufgaben erfüllen können.
2. Stelle Plakate mit verschiedenen Zellarten für andere Pflanzen oder Tiere zusammen.

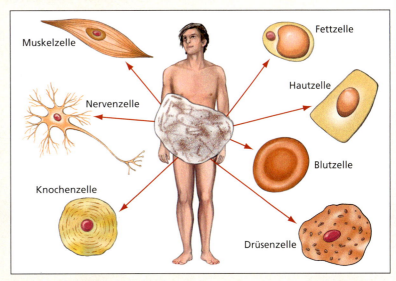

Zellarten des Menschen

Die Zelle – ein selbstständiges System

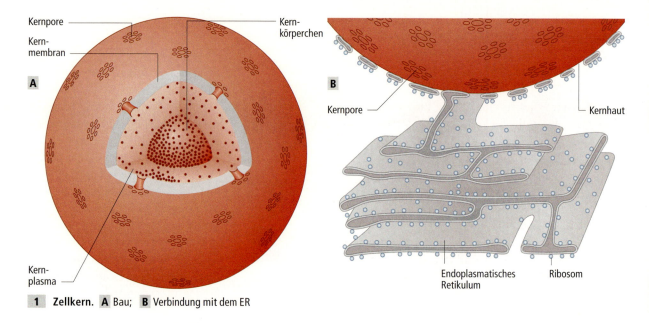

1 Zellkern. **A** Bau; **B** Verbindung mit dem ER

2 Biomembranen regeln das Leben in der Zelle

2.1 Zellkern und Transportsysteme übernehmen verschiedene Aufgaben

In einer Zelle laufen viele Vorgänge nebeneinander ab. Wie in einer gut funktionierenden Stadt sind die Zuständigkeiten auf einzelne Bereiche verteilt und Abläufe gut aufeinander abgestimmt. Damit beispielsweise Auf- und Abbauprozesse in einer Zelle gleichzeitig ablaufen können, sind Zellbereiche durch Membranen voneinander getrennt. Diese **Biomembranen** bestehen aus Proteinen und fettähnlichen Substanzen und setzen sich aus mehreren Schichten zusammen. Sie können Stoffe durchlassen oder auch zurückhalten.

Man kann die Membranen mit einer Wand mit Türen vergleichen. An den Türen wird kontrolliert, wer ein- und ausgeht. Durch Biomembranen abgegrenzte Räume nennt man **Zellorganellen**.

Ein Zellorganell ist der **Zellkern**. Er ist etwa 0,003 mm groß und besitzt eine doppelte Biomembran, die *Kernmembran*. Kleine Öffnungen, die *Kernporen*, ermöglichen einen Stoffaustausch mit dem Zellplasma. So steht der Zellkern mit den übrigen Zellorganellen in Verbindung.

Im Inneren des Kerns befindet sich ein Netz aus dünnen Fäden, das *Chromatin*. Es besteht

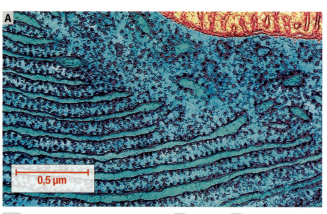

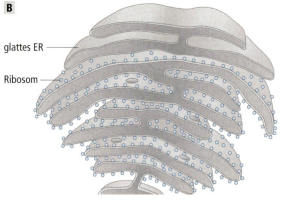

2 Endoplasmatisches Retikulum. **A** EM-Foto; **B** Schema

hauptsächlich aus **D**esoxyribo**n**ukleinsäure, abgekürzt **DNA** (**A** wie Acid, engl. für Säure). Die DNA enthält die Erbinformationen, die bei der Zellteilung von Zelle zu Zelle weitergegeben werden. Gleichzeitig steuert die DNA Entwicklung, Wachstum und alle Stoffwechselprozesse der Zelle. So koordiniert und kontrolliert der Zellkern – wie die Verwaltung einer Stadt – die unterschiedlichen Funktionen in einer Zelle.

Schon bei der ersten Betrachtung von Zellen mit dem Elektronenmikroskop fiel den Wissenschaftlern ein ausgedehntes „Kanalsystem" in den Zellen auf, das **Endoplasmatische Retikulum** (**ER**). Bei Pflanzen ist es etwa 0,000025 mm breit. Es besteht aus kanalartigen Hohlräumen, die das gesamte Zellplasma durchziehen.

Das ER steht mit der äußeren Zellmembran und auch mit dem Zellkern in Verbindung. An seiner Oberfläche findet man teilweise winzige, körnchenartige Gebilde, die **Ribosomen**. Hier werden Proteine aufgebaut. Feine Membranen bilden die Wände des ER. In ihnen werden zum Beispiel bestimmte Hormone hergestellt. Diese und auch die in den Ribosomen aufgebauten Proteine werden in die Membranen des ER eingebaut. Membranteile gelangen dann in Form kleiner, abgeschnürter Bläschen zu ihren Bestimmungsorten.

Durch den Einbau neuer Stoffe und die Abgabe von Membranteilen ändert das ER ständig seine Form. Das ER ist also zum einen Bildungsort für die Membranen der meisten anderen Zellorganellen. Zum anderen ist es ein wichtiges Transportsystem für Stoffe innerhalb einer Zelle.

Die **Dictyosomen** setzen sich aus 3 bis 12 abgeflachten Membransäckchen zusammen, die aus Biomembranen bestehen. Beim Menschen haben sie etwa eine Größe von 0,0003 mm. Alle Dictyosomen einer Zelle bilden den **Golgi-Apparat** – benannt nach dem Entdecker Camillo GOLGI.

Dictyosomen sind wichtig für den Umbau, die Verpackung und den Transport von Stoffen innerhalb einer Zelle. Diese Stoffe sammeln sich in den kleinen Bläschen am Ende der Scheib-

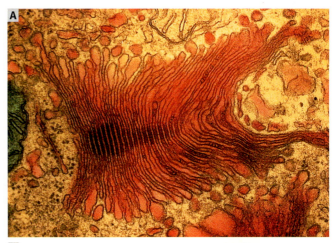

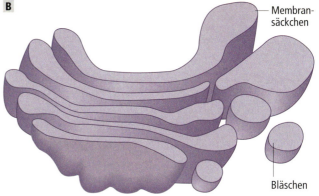

3 Dictyosomen. **A** EM-Foto; **B** Schema

chen. Ist ein Bläschen gefüllt, wird es abgeschnürt und die darin enthaltenen Stoffe werden beispielsweise zur Zelloberfläche transportiert. Hierbei arbeiten ER und Dictyosomen eng zusammen. Das ER liefert immer wieder neue Substanzen zum Aufbau neuer Stoffe oder zum Transport innerhalb der Zelle.

1. Beschreibe die Aufgaben des Zellkerns.
2. Wie steht der Zellkern mit den Zellorganellen im Plasma in Verbindung? Erläutere.
3. Beschreibe den Aufbau und die Aufgaben des Endoplasmatischen Retikulums.
4. Was versteht man unter Biomembranen und welche Aufgaben haben sie? Berichte.
5. Vergleiche das elektronenmikroskopische Bild des ER mit dem Schema in Abbildung 2. Zähle aus, wie viele Kanäle sich auf einer Strecke von einem Hundertstel Millimeter befinden.
6. Beschreibe den Aufbau und die Aufgaben des Golgi-Apparats.

Die Zelle – ein selbstständiges System

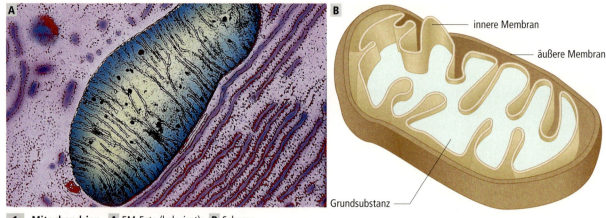

1 Mitochondrien. **A** EM-Foto (koloriert); **B** Schema

2.2 Mitochondrien – „Kraftwerke" der Zelle

Im Plasma von pflanzlichen und tierischen Zellen findet man ovale Körperchen. Es handelt sich bei diesen *Zellorganellen* um **Mitochondrien**. Erst mit Hilfe des Elektronenmikroskops konnte ihre Bedeutung geklärt werden.

Mitochondrien besitzen eine stäbchenförmige oder kugelige Gestalt. Die stäbchenförmigen Mitochondrien sind nur wenige tausendstel Millimeter lang, die kugeligen sind sogar noch kleiner.
Die Mitochondrienhülle besteht aus zwei *Biomembranen*. Nach außen begrenzt die *Außenmembran* das Organell. Die *Innenmembran* bildet unterschiedlich gestaltete Einstülpungen in die Grundsubstanz des Mitochondriums. Diese Einstülpungen haben die Gestalt von Falten, Röhren oder Säckchen.

In jeder Zelle liegen hunderte bis mehrere tausend Mitochondrien. Die Beobachtung, dass besonders dort viele Mitochondrien vorhanden sind, wo in der Zelle viel Energie benötigt wird, ließ die Vermutung zu: Mitochondrien müssen eine Bedeutung für die Energiegewinnung in der Zelle besitzen. Heute weiß man, dass sie bei der **Zellatmung** eine wichtige Rolle spielen.

Auf der Innenmembran und in der Grundsubstanz laufen ständig Vorgänge der Zellatmung ab. Dabei steuern die Atmungsenzyme den chemischen Abbau energiereicher Stoffe – wie zum Beispiel Glukose – mit Hilfe von Sauerstoff zu den energiearmen Stoffen Kohlenstoffdioxid und Wasser. Die dabei frei werdende Energie wird in Form einer chemischen Verbindung, dem *A*denosin*tri*phosphat (**ATP**), gebunden. Sie steht damit der Zelle für Energie verbrauchende Lebensvorgänge zur Verfügung. Aus diesem Grund kann man die Mitochondrien auch als „Kraftwerke" der Zelle bezeichnen.

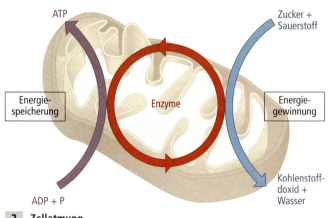

2 Zellatmung

1. Beschreibe das Vorkommen und den Aufbau der Mitochondrien.
2. Welche besondere Aufgabe haben Mitochondrien bei der Zellatmung und warum bezeichnet man sie als „Kraftwerke" der Zelle? Erkläre.
3. Mitochondrien besitzen zahlreiche Einstülpungen ihrer Oberfläche. Erläutere, welche Bedeutung dies für die Aufgabe der Mitochondrien hat.
4. Beschreibe den Ablauf der Zellatmung.

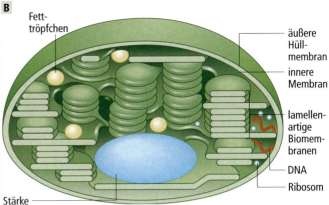

1 Chloroplasten. **A** EM-Foto (koloriert); **B** Schema

2.3 Chloroplasten nutzen die Lichtenergie

Betrachtet man ein Blättchen der Wasserpest oder einer Moospflanze mit dem Mikroskop, entdeckt man in den Zellen dieser Pflanzen kleine, grüne Körnchen. Es sind **Chloroplasten**. Sie enthalten den grün erscheinenden Farbstoff **Chlorophyll**. Manchmal sind die Chloroplasten in der Zelle so dicht gelagert, dass sie alle anderen Zellbestandteile überdecken.

Schon bei der ersten Betrachtung mit einem stark vergrößernden Lichtmikroskop sieht man, dass in den Chloroplasten das Chlorophyll nicht gleichmäßig verteilt ist. Die kleinen grünen Körnchen des Blattgrüns befinden sich in einer farblosen *Grundsubstanz*.

Bei einer elektronenmikroskopischen Untersuchung erkennt man, dass der Chloroplast von einer doppelten Biomembran umgeben ist. In der Grundsubstanz verlaufen zahlreiche Membranen, die im Längsschnitt wie Lamellen erscheinen.
Diese Membranen sind so angeordnet, dass sich jeweils zwei parallel verlaufende an den Enden vereinigen und so einen flachen Hohlraum bilden. An vielen Stellen sind sie geldrollenartig übereinander gestapelt. Diese „Stapel" heißen *Grana*. Auf der Granamembran findet man eine feine Schicht Chlorophyll. Durch ein solch ausgedehntes Membransystem wird die innere Oberfläche stark vergrößert.

Obwohl Chloroplasten schon um 1700 mit sehr einfach gebauten Mikroskopen sichtbar waren, blieb ihre Bedeutung zunächst unbekannt. Erst 150 Jahre später entdeckte man ihre grundlegende Aufgabe im Leben der Pflanzen. Nur mit Hilfe der Chloroplasten können Pflanzen aus Licht, Kohlenstoffdioxid und Wasser Nährstoffe herstellen. Bei dieser Fotosynthese entsteht zunächst Traubenzucker. Belichtet man einen Chloroplasten über längere Zeit, lassen sich außerdem Körnchen von Stärke nachweisen. Die Stärke wird aus dem Traubenzucker aufgebaut.

1. Beschreibe den Aufbau eines Chloroplasten.
2. Vergleiche den Aufbau von Mitochondrien und Chloroplasten miteinander. Welche Gemeinsamkeiten bestehen? Berichte.
3. Warum gäbe es ohne Chloroplasten kein menschliches Leben auf der Erde? Erläutere.
4. Beschreibe den Ablauf der Fotosynthese.

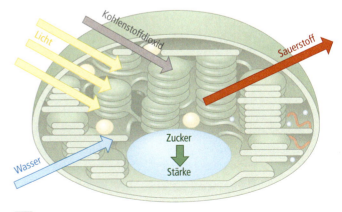

2 Fotosynthese

EXKURS

Basiskonzept „Struktur und Funktion" – Oberflächenvergrößerung

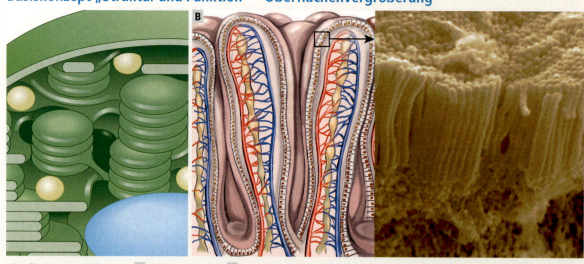

Oberflächenvergrößerung. **A** im Chloroplasten; **B** im Dünndarm (Darmzotten)

Bei Pflanzen, Tieren und dem Menschen laufen bei allen Lebensvorgängen zahlreiche biologische und chemische Reaktionen ab. Dabei müssen Wasser, Gase, gelöste Stoffe und Energie an bestimmten Orten miteinander reagieren.

Bei der Fotosynthese zum Beispiel findet dies im *Chloroplasten* statt. Hier werden zum Aufbau von Traubenzucker Chlorophyll und entsprechende Mengen an Kohlenstoffdioxid, Wasser und Lichtenergie benötigt.
Der Aufbau läuft nur optimal ab, wenn viel Chlorophyll zur Verfügung steht. Es muss also eine möglichst große Austauschfläche vorhanden sein. Deshalb ist das Chlorophyll nicht an den Wänden des winzigen Chloroplasten aufgelagert, sondern auf den zahlreichen geldrollenartig aufgestapelten Membranteilen. Durch diese **Oberflächenvergrößerung** erhöht sich die Reaktionsfläche für die Fotosynthese erheblich. Aber erst viele Chloroplasten mit den jeweiligen Oberflächenvergrößerungen im Gewebe eines Blattes schaffen eine gute Fotosyntheseleistung.

Auch der *Dünndarm* des Menschen ist ein gutes Beispiel für eine Oberflächenvergrößerung. Bei der Verdauung muss der Dünndarm aus dem Nahrungsbrei Nährstoffe, Flüssigkeit und Salze aufnehmen.

Auf der inneren Darmwand befinden sich in verschiedenen Abschnitten ringförmig verlaufende Falten. Sie sind mit vier bis sechs Millionen Darmzotten von etwa 1,5 mm Länge besetzt. Über diese Oberfläche werden die Stoffe aufgenommen. Die Schleimhautzellen der Zotten besitzen nach außen zusätzlich einen Stäbchensaum, der ihre Oberfläche weiter vergrößert. Damit erhöht sich die Gesamtoberfläche der Dünndarminnenwand auf etwa 200 m².
Durch die Vergrößerung aller Oberflächen, an denen ein Stoffaustausch stattfindet, kann also ein schneller und effektiver Stoffaustausch erreicht werden.

Diese Strukturen findet man bei allen Lebewesen. Man spricht deshalb vom **Basiskonzept „Struktur und Funktion"**.

1. a) Nimm eine Kiste oder einen kleinen Pappkarton und schneide aus Papier Zettel, die in ihrer Größe der Kartongrundfläche entsprechen.

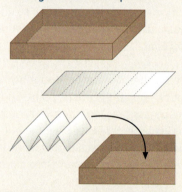

b) Bestimme die Oberfläche des Kartons und den Flächeninhalt eines Zettels (beide Seiten).
c) Falte etwa 10 Zettel ziehharmonikaartig, drücke sie zusammen und fülle damit die Kiste. Vergleiche die Oberfläche der Kiste mit der Gesamtfläche der Zettel. Erkläre.
2. Führe einen ähnlichen Versuch mit einem Honigglas und Murmeln durch. Vergleiche die Oberfläche des Glases mit der Oberfläche der Kugeln.
3. Nenne weitere Beispiele für Oberflächenvergrößerungen.

18 Die Zelle – ein selbstständiges System

Mit Modellen arbeiten – Biomembranen

Zur Veranschaulichung komplizierter biologischer Vorgänge arbeiten die Biologen oft mit Modellen. Besonders schwierig wird es aber, wenn diese Vorgänge sich im molekularen Bereich abspielen. In solchen Fällen verwendet man ein **Denkmodell** zur Veranschaulichung der Funktionen. Am Beispiel der **Biomembran** kann man die Entwicklung eines solchen Modells verfolgen.

Untersucht man *Zellmembranen* mit dem Elektronenmikroskop, findet man ein 6 nm breites Band, bei dem zwei dunkle Linien einen hellen Innenraum begrenzen. Dieser Aufbau kennzeichnet alle Biomembranen der Zellen.

Welche Aufgaben muss eine Biomembran erfüllen? Sie muss:
- innerhalb der Zelle Bereiche mit wässrigem Inhalt voneinander trennen;
- bestimmte Stoffe durchlassen, andere abhalten;
- beweglich, mitwachsend und abschnürbar sein (Abschnürung von Bläschen);
- als Zellgrenze auf Botenstoffe reagieren können.

Aus diesen Aufgaben folgern die Wissenschaftler:
- Membranen müssen einen „wasserabweisenden" Molekülteil **und** einen „wasserfreundlichen" Molekülteil besitzen.
- In die Membran müssen „tunnelartige" Moleküle eingebettet sein.
- Die Membran bildet keine „feste Haut".
- Es müssen bestimmte Moleküle wie „Schlösser" zu bestimmten „Schlüsselmolekülen" passen.

Chemische Untersuchungen zeigen: Als Bestandteile der Biomembranen findet man *Fette, Eiweißstoffe* und geringe Mengen an *Kohlenhydraten*. Die Membranen bestehen zur Hälfte aus *„wasserfeindlichen" Lipiden* und *„wasserfreundlichen" Proteinen*. Fettlösende Stoffe (zum Beispiel Seifen) lösen Membranen auf.

Aus diesen Untersuchungen und Vorüberlegungen entwickelten 1972 die beiden Forscher Jonathan SINGER und Garth NICOLSON ein Denkmodell, mit dem man den Aufbau und die Funktion von Biomembranen verdeutlichen kann.

Danach besteht die Membran aus einer Doppelschicht von **Phospholipiden** (Fettmoleküle mit einer Phosphatgruppe an einem Ende des Moleküls).

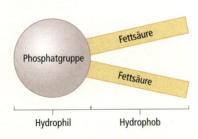

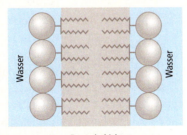

Doppelschicht

Der Phosphatteil des Lipids ist „wasserliebend" *(hydrophil)*. Der Fettsäureanteil ist „wasserabstoßend" *(hydrophob)*. Innerhalb der Schichten sind sie gegeneinander verschiebbar. So werden wässrige Räume durch eine Biomembran gegeneinander abgegrenzt.

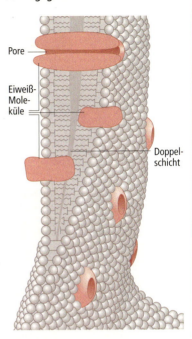

In der Doppelschicht befinden sich **Eiweißmoleküle,** die „schwimmend" mitbewegt werden. Diese können eingelagert oder aufgelagert sein. Bestimmte Eiweißstoffe, die durch die Membran hindurch ragen, bilden Poren, die nur bestimmte Stoffe durchlassen *(Kanalproteine)*. Andere Eiweißstoffe auf dem Rand der Membran nehmen nur spezifische Moleküle auf und transportieren sie durch die Membran *(Carrierproteine)*. Eine dritte Art von Eiweißstoffen *(Rezeptorproteine)* kann „Anweisungen" aus der Zelle erhalten (zum Beispiel durch Hormone).

Die einzelnen Eiweißstoffe sind beweglich und mosaikartig über die Membran verteilt. Daher wird das Modell als **Flüssig-Mosaik-Modell** bezeichnet.

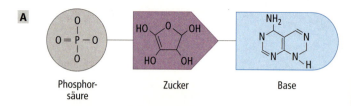
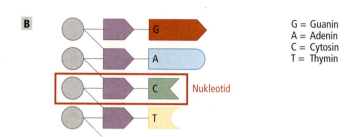
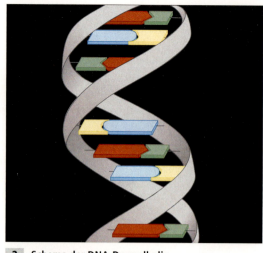

2 Schema der DNA-Doppelhelix

3 Zellen können sich selbst erneuern

3.1 Gene enthalten den Erbcode

Im Zellkern liegen die Erbinformationen – und zwar verschlüsselt in den *Nukleinsäuren*. Nukleinsäuren sind lange, unverzweigte Molekülketten, die aus vielen tausend Baueinheiten bestehen können. Die Grundbausteine nennt man **Nukleotide**. Ein Nukleotid besteht immer aus drei Molekülen: einem Zuckermolekül, einem Molekül Phosphorsäure und einer stickstoffhaltigen organischen Base.

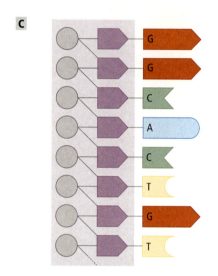
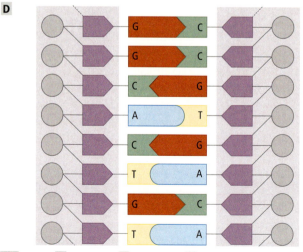

Handelt es sich bei dem Zucker um *Desoxyribose*, so spricht man von **Desoxyribonukleinsäure** DNS oder **DNA** (vom englischen **D**esoxyribo**n**ucleic **a**cid). Der wichtigste Bestandteil für den Informationsgehalt der Nucleinsäuren ist die organische Base. In der DNA treten nur vier verschiedene Basen auf: **Adenin (A)**, **Guanin (G)**, **Cytosin (C)** und **Thymin (T)**.

Die DNA ist so aufgebaut, dass sich immer zwei Stränge gegenüberstehen. Diesen Doppelstrang kann man mit dem Bau einer Strickleiter vergleichen. Die Basenpaare bilden jeweils eine Sprosse. Aufgrund der speziellen Bauweise der einzelnen Basen können jedoch keine beliebigen Kombinationen (Basenpaare) auftreten. Es liegen sich stets Adenin und Thymin sowie Guanin und Cytosin gegenüber. Durch

1 DNA. **A** Bausteine; **B** Nukleotide; **C** Einzelstrang; **D** Doppelstrang

Die Zelle – ein selbstständiges System

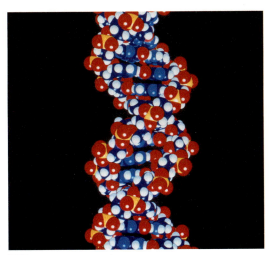

3 Molekülmodell

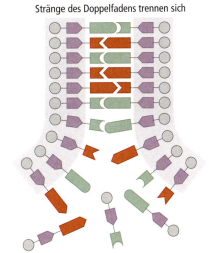

Stränge des Doppelfadens trennen sich

An die Basen der Einzelstränge lagern sich freie Nukleotide an

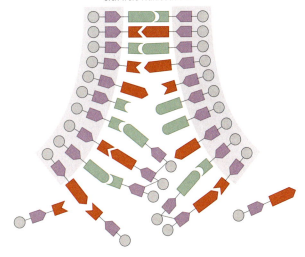

Durch Ergänzung der beiden Einzelstränge sind zwei übereinstimmende Doppelfäden entstanden

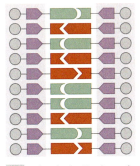
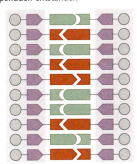

4 Identische Verdoppelung der DNA

diese Koppelung sind die beiden Stränge der DNA nicht identisch. Sie entsprechen sich wie Positiv und Negativ eines Abdruckes.

Untersuchungen der Forscher WATSON und CRICK führten 1953 zu einem Modell, in dem der Doppelstrang der DNA nicht gestreckt, sondern spiralförmig aufgebaut ist. Man könnte diese Doppelspirale, auch **Doppelhelix** genannt, mit einer Wendeltreppe vergleichen, bei der die Basenpaare die Stufen darstellen. Die genetische Information wird festgelegt durch die Abfolge der Basenpaare in der Doppelhelix. Sie wird auch **genetischer Code** genannt.

Bei der Zellteilung muss die Erbinformation exakt weitergegeben werden. Bei einer Verdoppelung der Chromosomen im Verlauf der Zellteilung muss sich auch die DNA verdoppeln. Dazu lösen sich die beiden Stränge der Doppelhelix voneinander wie die zwei Hälften eines Reißverschlusses. Anschließend wird an jedem Einzelstrang die fehlende Hälfte ergänzt. Hierzu lagern sich im Plasma vorhandene freie Nukleotide an die Basen der Einzelstränge an. Entsprechend der festgelegten Basenpaarung des Einzelstranges werden nur die passenden freien Nukleotide angelagert und zu einem neuen Strang verbunden. Bei dieser **identischen Verdoppelung** entstehen zwei identische DNA-Doppelstränge, die der ursprünglichen DNA völlig gleichen.

1. Schreibe eine andere Basenfolge als in Abbildung 1 B auf. Ergänze dann zur Doppelkette. Verwende zur Vereinfachung nur G, A, C, T.

2. Wie wird die Erbinformation bei der Verdoppelung der Chromosomen weitergegeben? Beschreibe.

3.2 Vom Gen zum Protein

Für den Aufbau neuer Zellen braucht der Körper *Eiweißstoffe*, die **Proteine**. Diese werden aus 20 verschiedenen Aminosäuren gebildet. Die Information dazu liegt in der DNA des Zellkerns. Jeweils drei Basen bilden eine Informationseinheit, das **Basentriplett**. Da es vier verschiedene Basen gibt, sind $4^3 = 64$ unterschiedliche Tripletts möglich. Die Basentripletts sind die Code-Wörter der Erbinformation, die in eine Abfolge von Aminosäuren übersetzt werden müssen. Diese Übersetzung erfolgt bei der *Proteinbiosynthese*.

An bestimmten Genorten kann man im Chromosom Verdickungen, die *Puffs*, erkennen. Hier hat sich die DNA-Spirale geöffnet, sodass ihre Information anhand der Basentripletts ablesbar wird. An die Stickstoffbasen der DNA lagern sich nun passende Nucleotide aus dem Zellplasma an. Aneinandergereiht bilden sie einen neuen Nukleotid-Strang, die **Boten-RNA** (Ribonukleinsäure). Bei der RNA tritt an Stelle der Base Thymin das **Uracil**. Die Boten-RNA löst sich fortlaufend von dem DNA-Strang und wandert durch die Poren der Kernmembran weiter in das Zellplasma. Hier dient sie als Vorlage für den Aufbau der körpereigenen Proteine. Die Eiweißsynthese erfolgt mithilfe von kleinen Körperchen, den **Ribosomen**, die im Zellplasma liegen. Die notwendigen Aminosäuren werden von der Träger-RNA gebunden und herantransportiert. Für jede der 20 Aminosäuren gibt es eine eigene **Träger-RNA**.

An die Tripletts auf der Boten-RNA können nur die passenden Tripletts der Träger-RNA angelagert werden. So tastet die Träger-RNA die Tripletts auf der Boten-RNA ab, bis sie ein entsprechendes Triplett gefunden hat, bei dem die Kombination der drei Stickstoffbasen passt. Damit wird nach dem **Schlüssel-Schloss-Prinzip** jede Aminosäure an den jeweiligen Platz in die Eiweißkette eingebaut.

Sind die Aminosäuren an der Eiweißkette angekoppelt, löst sich die Träger-RNA von der Boten-RNA ab. Später trennt sich auch die Träger-RNA von der Eiweißkette.

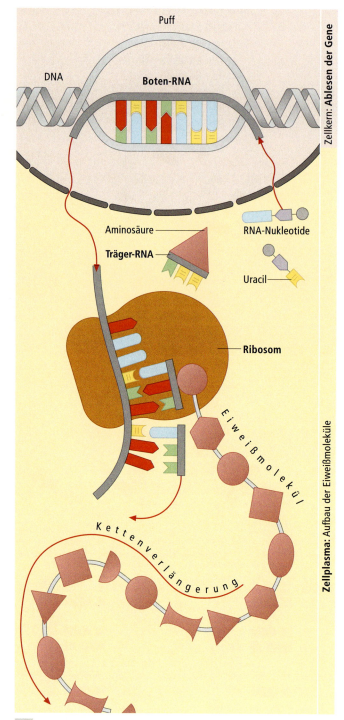

1 Ablesen der Erbinformation

1. Welche Aufgabe hat die Boten-RNA bei der Bildung von Proteinen? Berichte.
2. Erläutere anhand der Abbildung 1, wie die Information zur Bildung von Proteinen abgelesen wird.
3. Was versteht man unter dem Schlüssel-Schloss-Prinzip? Erläutere.

Erbinformation

V1 Modell zum Aufbau der DNA

Material: weißer Zeichenkarton oder dünne Pappe; Bindfaden; Büroklammern; Papierschere; Bleistift; Buntstifte: rot, grün, blau, gelb, braun

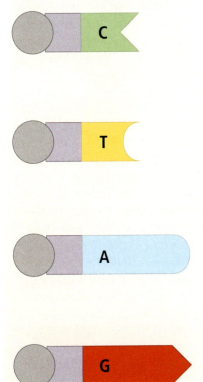

Durchführung: Zeichne die dargestellten Symbole auf Zeichenkarton. Färbe die einzelnen Bausteine entsprechend der Abbildung und schneide diese aus.
Stelle so viele Bausteine her, dass du 10 Nucleotide bauen kannst. Schneide zwei Bindfäden von etwa 60 cm Länge zu. Befestige die Nucleotide mit den Büroklammern an einem Bindfaden in beliebiger Reihenfolge.

Aufgabe: Ergänze den Einzelstrang auf die gleiche Weise zu einem Doppelstrang. Vergleiche mit dem Doppelstrang deiner Mitschüler.

V2 Identische Verdoppelung der DNA

Material: Doppelstrang aus V1; Symbole aus V1; 2 Bindfäden, je 60 cm lang; Büroklammern

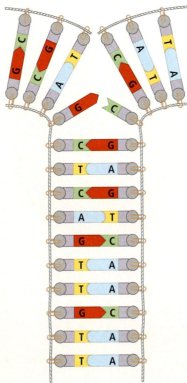

Durchführung: Nimm das Modell der DNA aus V1. Ziehe die freien Enden der Bindfäden reißverschlussartig auseinander.

Aufgaben:
a) Ergänze die Einzelstränge mit weiteren Symbolen, Büroklammern und Bindfäden zu Doppelsträngen. Vergleiche die beiden neu entstehenden Doppelstränge.
b) Erläutere die Bezeichnung „identische Verdoppelung der DNA".

V3 Kombinationsmöglichkeiten bei Basentripletts

Material: Zeichenpapier; Bleistift; verschiedene Buntstifte

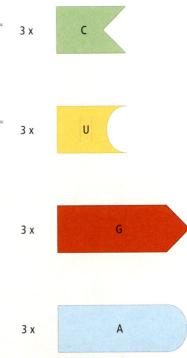

Durchführung: Durch Kombination der Symbole für die organischen Basen wird festgestellt, wie viele Basen einer Aminosäure zugeordnet sein müssen, um die 20 verschiedenen Aminosäuren festzulegen.

Aufgaben:
a) Kombiniere die Basenbausteine und stelle fest, wie viele Aminosäuren festgelegt werden könnten, wenn jede Aminosäure
– nur einer Base
– zwei Basen
– drei Basen zugeordnet wäre.
b) Zeichne 20 verschiedene Träger-RNAs mit angebundener Aminosäure. Wähle die Symbole für die Aminosäuren frei aus.

Die Zelle – ein selbstständiges System

Die Zelle – ein selbstständiges System

A1 a) Erläutere die Unterschiede zwischen dem Elektronenmikroskop (EM) und dem Lichtmikroskop.
b) Gib an, warum man mit dem EM keine lebenden Objekte mikroskopieren kann.
c) Welchen Vorteil besitzt das Rasterelektronenmikroskop gegenüber dem EM?

A2 a) Benenne die mit Ziffern bezeichneten Bestandteile der Zelle und beschreibe ihre Aufgaben.
b) Um welche Zelle handelt es sich? Begründe deine Aussage.

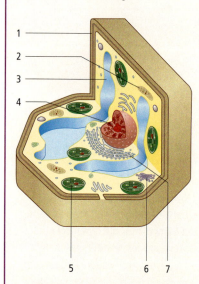

A3 Welche der folgenden Aussagen treffen zu? Begründe deine Entscheidungen.
a) Pflanzen- und Tierzellen besitzen den gleichen Aufbau.
b) Mitochondrien konnte man erst mit dem EM entdecken.
c) Alle Lebewesen bestehen aus Zellen.
d) Lebewesen brauchen immer eine Vielzahl spezialisierter Zellen zur Erfüllung aller Lebensfunktionen.
e) Pflanzliche Lebewesen können sich nicht aktiv bewegen.
f) Bakterien und Blaualgen gehören zu den ältesten Lebewesen der Erdgeschichte.

A4 Benenne die mit Buchstaben gekennzeichneten Bestandteile des Zellkerns.

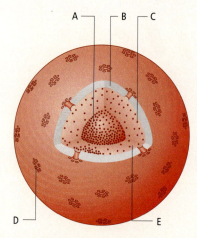

A5 Beschreibe die Aufgaben von Zellorganellen, indem du die folgenden Sätze vervollständigst.
… steuert Wachstum und Stoffwechsel der Zelle.
… bildet das wichtigste Transportsystem.
… stellen die nötige Energie für alle Leistungen der Zelle zur Verfügung.
… stellen bei der Fotosynthese Traubenzucker her und speichern Stärke.
… sind wichtig für den Umbau, die Verpackung und den Transport von Stoffen.
… sind winzige, körnchenartige Gebilde, in denen Proteine aufgebaut werden.

A6 a) Erläutere und bewerte die Aussage: Ohne Pflanzen gäbe es kein menschliches oder tierisches Leben auf der Erde.

b) Benenne die mit Ziffern bezeichneten Bestandteile des Chloroplasten.

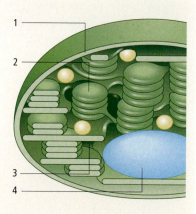

A7 a) Beschreibe das Desoxyribonucleinsäure-Molekül (DNA). Verwende dabei die Begriffe: Nucleinsäure, Phosphorsäure, Zucker, Basen, Nucleotid und Doppelhelix.
b) Zeichne einen DNA-Einzelstrang in dein Arbeitsheft. Ergänze ihn zu einem Doppelstrang und erläutere das Bauprinzip beim Aufbau der DNA.

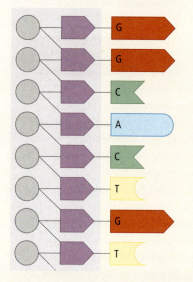

c) Beschreibe die identische Verdoppelung der DNA.
d) Welche Bedeutung hat die identische Verdoppelung der DNA für die Lebewesen? Erläutere.

Die Zelle – ein selbstständiges System

Mikroskope

- Das Elektronenmikroskop (EM) verwendet Elektronenstrahlen an Stelle von Lichtstrahlen.
- Lichtmikroskope vergrößern bis zu 2 000-fach, Elektronenmikroskope bis zu 2 000 000-fach.
- Unter dem Lichtmikroskop kann man die Zellmembran, das Zellplasma, den Zellkern, Vakuolen, Chloroplasten, Mitochondrien und Dictyosomen erkennen.
- Mithilfe der Elektronenmikroskope entdeckte man weitere Zellorganellen und konnte deren Bedeutung untersuchen.
- Elektronenmikroskope ermöglichen Einblicke in den Feinbau der Zelle.
- Mit dem Rasterelektronenmikroskop (REM) erhält man räumliche Darstellungen der Zellbestandteile.

Vom Einzeller zum Vielzeller

- Einzeller ohne echten Zellkern waren die ersten Lebewesen auf der Erde.
- Die ersten Einzeller mit Zellkern tauchten vor etwa 1,8 Milliarden Jahren auf.
- Bei Einzellern übernimmt eine Zelle alle Lebensfunktionen.
- Die Entwicklung der Vielzeller begann mit der Koloniebildung bei Einzellern.
- Bei Vielzellern übernehmen verschiedene Zellgewebe unterschiedliche Lebensfunktionen.

Zellorganellen

- Der Zellkern ist das wichtigste Zellorganell. Er enthält die DNA, die alle Stoffwechselprozesse in der Zelle steuert und die Erbinformationen enthält.
- Kernporen in der Kernmembran ermöglichen den Stoffaustausch mit dem Zellplasma.
- Das Endoplasmatische Retikulum (ER) dient dem Stofftransport und begünstigt Stoffwechselvorgänge in der Zelle.
- Dictyosomen erzeugen Sekrete, die sie zur Zelloberfläche transportieren.
- Mitochondrien sind an der Zellatmung beteiligt und liefern Energie für alle Vorgänge in der Zelle.
- Chloroplasten enthalten den grünen Blattfarbstoff Chlorophyll. Dieser ist unentbehrlich für den Aufbau von Nährstoffen mithilfe der Fotosynthese.

Gene und Erbcode

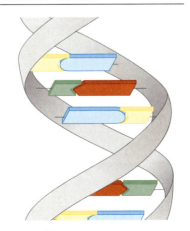

- Die Erbinformation liegt verschlüsselt in der Desoxyribonukleinsäure (DNA).
  – Grundbausteine der DNA sind die Nukleotide.
  – Nukleotide bestehen aus Zucker, Phophorsäure und Basen.
  – In den Nukleotiden treten nur vier Basen auf: Adenin, Guanin, Cytosin und Thymin.
  – Das DNA-Molekül besitzt die Form einer Doppelspirale (Doppelhelix).
  – Die DNA kann sich identisch verdoppeln und somit die gleiche Erbinformation weitergeben.
  – Jeweils drei Basen, das Basentriplett, bilden eine Informationseinheit zur Bildung von Proteinen.

Biomembranen

- Durch Biomembranen entstehen in der Zelle abgegrenzte Räume, die man Zellorganellen nennt.
  – Biomembranen setzen sich aus mehreren Schichten zusammen. Sie bestehen aus Proteinen und fettähnlichen Substanzen.
  – Biomembranen sorgen für den geregelten Transport von Stoffen in der Zelle.

Gene und Vererbung

Warum sehen wir unseren Vorfahren ähnlich?

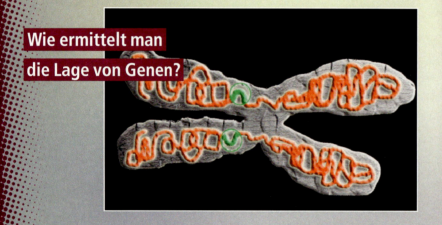

Wie ermittelt man die Lage von Genen?

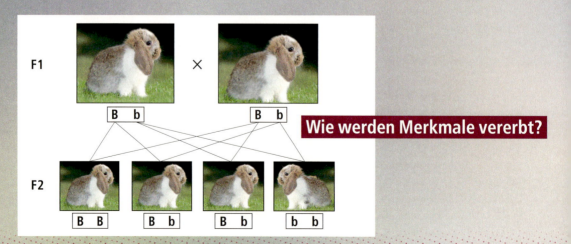

Wie werden Merkmale vererbt?

Wie entstehen Mutanten?

Ist Gen-Food gefährlich?

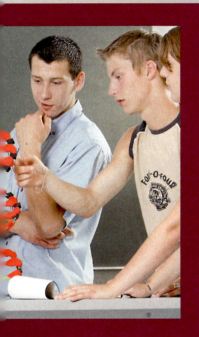

Was bestimmt den Menschen – Erbe oder Umwelt?

1　Familienähnlichkeiten?

1　Warum sehen Nachkommen ihren Eltern ähnlich?

Es gibt sicherlich *keine* biologischen Gründe, warum manche Hundehalter ihren „Lieblingen" ähnlich sehen. Beim Durchblättern des Familienalbums werden dir aber wahrscheinlich auch Ähnlichkeiten im Aussehen der Verwandten aufgefallen sein. Ebenso kann man häufig im Verhalten von Familienangehörigen Gleichartiges entdecken. Aus Erfahrung weiß man, dass bestimmte körperliche Merkmale und auch charakteristische Verhaltensweisen von Generation zu Generation übertragen werden. Diese Weitergabe von Merkmalen an die Nachkommen nennt man **Vererbung**.

Lange Zeit war unklar, auf welche Weise Merkmale von Eltern an Kinder weitergegeben werden. Griechische Wissenschaftler waren um 300 v. Chr. der Ansicht, dass der Nachkomme bereits im Samen des Vaters vorgefertigt sei. Im Mittelalter entwickelte man dann die *Homunculus-Theorie* (lateinisch: homunculus = Menschlein). Danach sollte der Samen des Vaters schon einen winzig kleinen, vorgefertigten Menschen enthalten, der im Mutterleib nur noch heranwächst. Als man später mit dem Mikroskop die Vereinigung der Kerne von Ei- und Samenzelle beobachten konnte, vermutete man, dass der Zellkern Träger der Erbinformation sei.

Mitte des 19. Jahrhunderts gelang es dem Augustinermönch Johann Gregor MENDEL, mithilfe von Versuchen Aufschlüsse über die Grundvorgänge der Vererbung zu geben. MENDEL fragte sich, ob die Weitergabe von Merkmalen nach bestimmten Gesetzmäßigkeiten abläuft. Er experimentierte dazu mit Erbsensorten, die sich nur in wenigen Merkmalen voneinander unterschieden.

Im Jahre 1866 veröffentlichte er die Ergebnisse seiner Untersuchungen. Die von ihm entdeckten Gesetzmäßigkeiten fanden bei seinen Zeitgenossen jedoch kein Interesse und gerieten bald in Vergessenheit. Sie wurden erst im Jahre 1900 neu „entdeckt". Die Botaniker CORRENS, TSCHERMAK und DE VRIES kamen unabhängig voneinander zu ähnlichen Ergebnissen, obwohl sie MENDELS Untersuchungen nicht kannten. Zu Ehren ihres Erstentdeckers nannte man später diese Erbgesetzmäßigkeiten **Mendelsche Regeln**.

1. Schau dir die Familie in Abbildung 1 an. Beschreibe Ähnlichkeiten und Unterschiede.
2. Blättere im Familienalbum deiner Eltern. Suche nach Ähnlichkeiten zwischen dir, deinen Familienangehörigen, Großeltern und Verwandten. Berichte.
3. Nenne Ähnlichkeiten zwischen dir und deinen Eltern oder deinen Geschwistern in Bezug auf Verhaltensweisen, Angewohnheiten, Hobbys, Vorlieben, … .
4. Stelle die Botaniker CORRENS, TSCHERMAK und DE VRIES in Form von Steckbriefen vor.

Vererbung von Merkmalen

Hautfarben

Großes Erstaunen riefen diese zweieiigen Zwillinge hervor. Wider Erwarten sind ihre Hautfarben keine gleichmäßige Mischung zwischen der weißen Mutter und dem schwarzen Vater. Tatsächlich besitzt der eine Zwilling eine sehr viel hellere Hautfarbe als der andere. Die Merkmale der Eltern verteilen sich offensichtlich zufällig und ungleichmäßig auf die Nachkommen.

Ohrläppchen

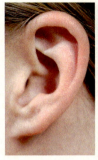 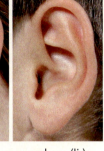

Ob Ohrläppchen angewachsen (li.) oder freistehend (re.) sind, ist vererbt.

Uringeruch nach Spargelessen

Nach dem Verzehr von Spargel bemerken einige Menschen einen auffälligen Geruch ihres Urins. Ein flüchtiger, schwefelhaltiger Stoff, das Methylmercaptan, ist die Ursache. Das Mercaptan wird durch ein bestimmtes Enzym aus Inhaltsstoffen des Spargels gebildet. Die Bildung dieses Enzyms wird von den Eltern auf die Kinder vererbt.

Daumenbiegen

Einige Menschen können das Endglied des Daumens beinahe im rechten Winkel nach außen biegen. Auch dieses seltene Merkmal wird vererbt.

PTH-Schmecker

Phenylthioharnstoff (PTH) ist ein sehr giftiger Stoff, der nicht geschluckt werden darf. Kommt er mit der Zunge in Berührung, empfinden einige Menschen einen bitteren Geschmack, andere Menschen schmecken nichts. Etwa 70 Prozent der deutschen Bevölkerung können PTH erschmecken, die anderen nicht.
Die Schmeckfähigkeit ist auf ein bestimmtes Enzym zurückzuführen, das im Körper des Schmeckers vorkommt. Die Fähigkeit, dieses Enzym zu bilden, wird von den Eltern auf die Kinder vererbt.

Haarfarbe und Haarform

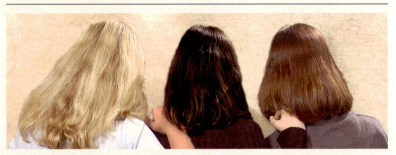

Die Haarfarbe wird durch das Vorhandensein von bestimmten Farbstoffen, den Pigmenten, bestimmt. Bei der Vererbung können die Erbinformation verschiedener Pigmente gemischt werden. Dadurch entstehen unterschiedliche Farbtöne.
Manchmal tauchen auch Farbtöne auf, die weder beim Vater noch bei der Mutter vorkommen, sondern bei einem der Großeltern oder sogar Urgroßeltern. Haare können glatt, gewellt, gelockt oder kraus sein. Auch Mischformen sind bei der Vererbung möglich.
Auf ähnliche Weise wie die Haarfarbe wird auch die Farbe der Iris im Auge vererbt.

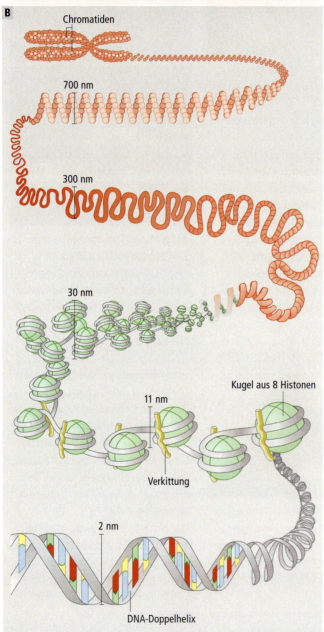

1 Bau der Chromosomen. A Makroaufnahme des X-Chromosoms vom Menschen; **B** Chromosomen-Feinbau

2 Chromosomen – Träger der Erbanlagen

2.1 Feinbau der Chromosomen

Schon Mitte des 19. Jahrhunderts entdeckten Forscher, dass Zellbestandteile besser sichtbar werden, wenn man sie mit bestimmten Farbstoffen anfärbt. Angefärbt kann man zum Beispiel den Zellkern gut erkennen. Besonders intensiv färben sich im Kernplasma schleifenartige Bänder. Wegen ihrer guten Färbbarkeit nannte man diese Kernschleifen **Chromosomen** (griech.: chromos = Farbe).

Die Bedeutung der Chromosomen war den Biologen lange Zeit unklar. Bekannt war, dass in den Körperzellen jeder Art eine typische Anzahl von Chromosomen vorhanden ist. Der Mensch hat zum Beispiel 46, die Hausmaus 40, der Mais 20 und ein bestimmter Farn 520. Dabei bilden jeweils zwei gleichartige Chromosomen ein Paar. Man nennt sie daher *homologe Chromosomen.* Die 46 Chromosomen des Menschen bilden also 23 Paare.

Bei stärkerer Vergrößerung erkennt man den Feinbau eines Chromosoms. Es ist in zwei Schenkel gegliedert, die **Chromatiden.** Etwa in der Mitte wird ein stark gefärbter Bereich sichtbar, das *Centromer.* Die beiden Chromatiden enthalten 10–35 nm dicke *Kernfäden,* deren Länge im menschlichen Zellkern bis zu 2 m beträgt. Diese Fäden umwickeln zweifach ein kugeliges Gebilde aus acht Eiweißmolekülen, den *Histonen.* Ein weiteres Eiweißmolekül verkittet die Kernfäden mit der Histonkugel. So entsteht eine perlenkettenartige Struktur.

Die um die Histonkugeln gewickelten Kernfäden zeigen bei noch größerer Vergrößerung ebenfalls einen spiraligen Aufbau. Diese Doppelspirale, die **DNA-Doppelhelix,** ähnelt dem Bau einer Wendeltreppe. Ihre Sprossen bestehen aus Basenpaaren, deren Aufeinanderfolge die Erbinformation darstellt.

1. a) Beschreibe den Aufbau der Chromosomen anhand der Abbildung 1.
b) Welchen Vorteil bietet dieser spezielle Feinbau der Chromosomen? Berichte.

Gene und Vererbung

Gewinnung von Erbsubstanz

V1 Präparation von Riesenchromosomen

Material: Zuckmückenlarven (gefroren aus Zoohandlungen); Pinzette; Präpariernadel; Stereolupe; Lichtmikroskop; Deckgläschen; Objektträger; Filtrierpapier; Karminessigsäure; Essigsäure; Zeichenmaterial

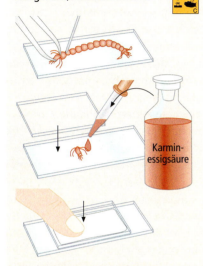

Zur Betrachtung von Chromosomen unter dem Lichtmikroskop eignen sich Riesenchromosomen, wie sie z. B. in den Speicheldrüsenzellen der *Zuckmückenlarve* vorkommen. Diese Chromosomen bestehen aus etwa 1000 parallelen Chromatiden.

Durchführung: Lege die Mückenlarve auf einen Objektträger und trenne unter der Stereolupe mithilfe der Präpariernadel und einer Pinzette den Kopf mit dem ersten Brustsegment ab.
Entferne den Rest der Larve und gib auf den Kopf etwas Karminessigsäure. Decke mit einem Deckgläschen ab und lass fünf Minuten einwirken. Decke das Präparat mit etwas Filtrierpapier ab. Zerdrücke nun mit dem Daumen den Kopf der Larve zwischen Objektträger und Deckglas.

Suche zunächst bei mittlerer Vergrößerung des Mikroskopes nach roten quergestreiften Bändern. Betrachte diese Stellen bei hoher Vergrößerung.

Aufgaben:
a) Fertige eine Skizze der gefundenen Chromosomen an.
b) Vergleiche das mikroskopische Bild mit Abbildungen von Chromosomen in diesem Buch. Berichte.

V2 Gewinnung von DNA aus Bananen

Material: Banane; Messer; Brettchen; 2 Bechergläser; Teelöffel; Mörser und Pistill; Trichter; Kaffeefilter; Erlenmeyerkolben; Reagenzglasständer; Reagenzgläser; Pipette; Holzstäbchen; eiskalter Spiritus; Spülmittel; Kochsalz; etwas Waschmittel; fuchsinschwefelige Säure

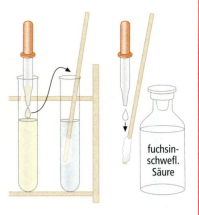

Durchführung:
Rühre in 50 ml Wasser etwa 1 g Kochsalz, 5 ml Spülmittel und 1 Teelöffel Waschmittel ein.
Schneide dann eine halbe Banane in sehr kleine Würfel und gib sie in ein Becherglas. Schütte die anfangs hergestellte Lösung dazu und lass die Mischung fünf Minuten stehen. Zerquetsche dann die Masse aus dem Becherglas (nicht zerreiben!) im Mörser. Filtriere die Aufschwemmung aus dem Mörser mithilfe eines Trichters und des Kaffeefilters in ein Reagenzglas.
Fülle in ein weiteres Reagenzglas 4 ml eiskalten Spiritus ein. Entnimm vom Filtrat aus dem ersten Reagenzglas mit der Pipette etwas Flüssigkeit und lass davon am Rand langsam 5–10 Tropfen in den kalten Spiritus fallen.
Die entstehende Substanz nimm mit einem Holzstäbchen auf.

Aufgaben:
a) Betrachte und beschreibe die entstandene Substanz. Warum kannst du keine Feinstrukturen wie in V1 feststellen? Erläutere.
b) Mit fuchsinschwefliger Säure kann DNA nachgewiesen werden. Prüfe die entstandene Substanz auf DNA. Berichte.

2.2 Kein Wachstum ohne Teilung

Wachstum durch Teilung – ein Widerspruch? Tatsächlich laufen in wachsenden Geweben ununterbrochen Zellteilungen ab. Die **Zellteilung** beginnt mit der **Kernteilung.** Man teilt diese in einzelne Abschnitte (Phasen) ein.

In der **Prophase** verkürzen und verdicken sich die Chromosomen, wobei die Chromatinfäden sich schraubenartig aufwickeln. In dieser kompakten Form werden die Chromosomen sichtbar. Nun löst sich die Kernmembran auf und das Kernkörperchen (Centrosom) verschwindet. An den Zellpolen entstehen nun Plasmaverdichtungen, die Polkappen, von denen strahlenförmig Spindelfasern ausgehen.

In der **Metaphase** ordnen sich die Chromosomen nebeneinander in einer Ebene in der Mitte der Zelle an. Die Spindelfasern „heften" sich dabei an die Centromeren der Chromosomen.

In der **Anaphase** verkürzen sich die Plasmafäden. Dadurch werden die beiden Chromatiden eines Chromosoms voneinander getrennt und zu den entgegengesetzten Polen gezogen.

In der **Telophase** hat sich an beiden Polen die gleiche Anzahl von Ein-Chromatid-Chromosomen gesammelt. Es bilden sich zwei neue Tochterkerne. Die Anzahl der Chromatiden entspricht der Anzahl der Chromosomen der Ausgangszelle.
Nun entspiralisieren sich die Chromatiden wieder zu langen Fäden. Dann verdoppeln sie sich zu Zwei-Chromatiden-Chromosomen. Die Kerne mit den Kernkörperchen werden deutlich sichtbar. Damit tritt der Kern in eine **Interphase** (**Zwischenphase**) ein.
Jetzt erst kommt es zur eigentlichen Zellteilung. Beide Tochterzellen wachsen anschließend zur Größe der Ausgangszelle heran. Diese Wachstumsteilung wird als **Mitose** bezeichnet.

Prophase

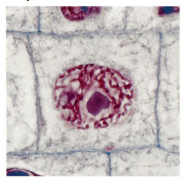
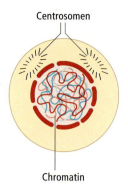

Metaphase

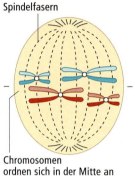

Anaphase

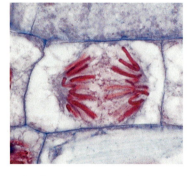
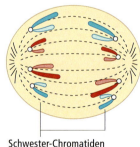

Telophase

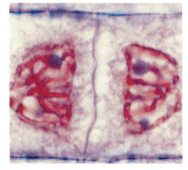
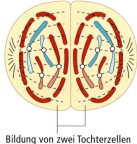

1 **Phasen der Mitose** (lichtmikroskopische Aufnahmen und Schemazeichnungen)

1. Beschreibe den Ablauf der Mitose.
2. Wie wird erreicht, dass sich das Erbgut identisch auf die beiden Tochterzellen verteilt? Erläutere.
3. Warum heißt die Mitose auch Wachstumsteilung?

2.3 Keimzellen werden anders gebildet als Körperzellen

Nur einige Zellen des Körpers sind darauf spezialisiert, die zur Fortpflanzung notwendigen **Keimzellen** zu bilden. Während der Reifung zur Ei- bzw. zur Samenzelle beim Menschen werden die 46 Chromosomen (23 Paare homologer Chromosomen), die in jeder Körperzelle vorhanden sind, auf die Hälfte vermindert. So wird sichergestellt, dass es bei der Befruchtung nicht zu einer Verdoppelung der Chromosomenzahl kommt.

Die Verminderung der Chromosomenzahl erfolgt in zwei Schritten. Wie bei der *Mitose* löst sich zunächst die Kernmembran auf. Nun allerdings ordnen sich die homologen Chromosomen paarweise übereinander in der Äquatorialebene an und die Spindelfasern bilden sich aus. Wieder heften sich die Spindelfasern an die Centromeren je eines Chromosoms, verkürzen sich und ziehen die 23 Chromosomenpaare auseinander. Eines der beiden homologen Chromosomen wird zu dem einen Zellpol, das andere Chromosom zu dem entgegengesetzten Pol gezogen. Dabei werden durch die zufällige Verteilung der homologen Chromosomen die Erbanlagen vermischt und neu kombiniert. An jedem Zellpol bilden sich nun zwei neue Kerne aus, die nur noch je 23 Chromosomen enthalten. Der doppelte Chromosomensatz ist also auf die Hälfte reduziert worden. Deshalb nennt man diese Zellteilung auch **Reduktionsteilung.**

Anschließend teilen sich die beiden entstandenen Zellen in einem 2. Reifeteilungsschritt noch einmal wie bei der Mitose.

Der gesamte Vorgang, der sich aus dem 1. und 2. Reifeteilungsschritt zusammensetzt, wird **Meiose** oder *Reifeteilung* genannt. Bei der Meiose wird das Erbgut von Vater und Mutter zufällig auf Spermien und Eizellen verteilt.

1. Beschreibe die Meiose und erläutere, warum sie auch Reduktionsteilung genannt wird.
2. Vergleiche in einer Tabelle Mitose und Meiose.
3. Erläutere den Vorteil der geschlechtlichen Fortpflanzung gegenüber der vegetativen Fortpflanzung.

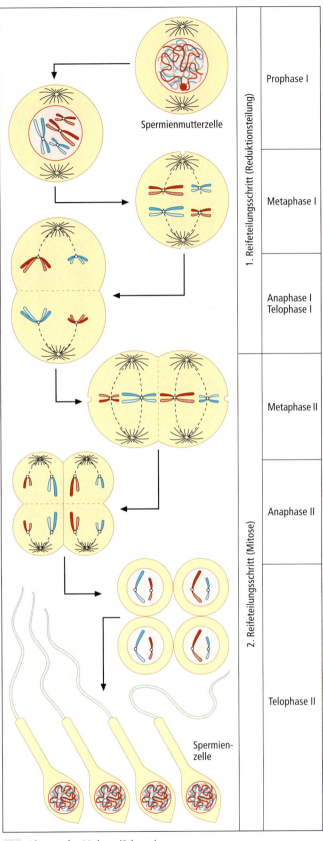

1 Phasen der Meiose (Schema)

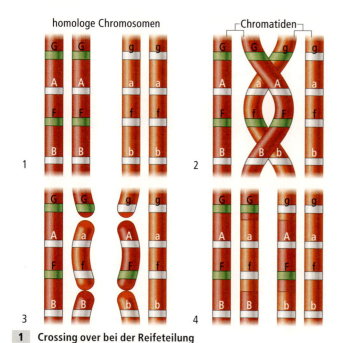

1 Crossing over bei der Reifeteilung

2.4 Genaustausch durch Crossing over

Wie kann man den Ort bestimmter Gene auf dem Chromosom ermitteln? – Der amerikanische Biologe Thomas Hunt MORGAN ging dieser Frage bei seinen Experimenten mit der **Taufliege** Drosophila nach. Dieses nur 3 mm kleine Insekt hat eine hohe Zahl von Nachkommen und eine rasche Generationenfolge. Es besitzt einen Chromosomensatz von nur 2 x 4 Chromosomen und bildet leicht untersuchbare „Riesenchromosomen" aus.

MORGAN konnte nachweisen, dass bei der Taufliege zum Beispiel die Körperfarbe und die Körperform nicht unabhängig voneinander vererbt werden. Er schloss daraus, dass diese Erbanlagen auf demselben Chromosom liegen. Dennoch traten einige Taufliegen auf, bei denen die sonst gekoppelten Merkmale getrennt waren. Offenbar musste zwischen den Chromosomen ein Austausch von Genen stattgefunden haben, aber auf welche Weise?

Während der Reifeteilung legen sich die homologen Chromosomen vorübergehend eng aneinander und umschlingen sich an einer oder an mehreren Stellen. Diesen Vorgang bezeichnet man als **Crossing over.** Trennen sie sich am Ende der Reifeteilung wieder voneinander, so kommt es vor, dass die Chromatiden an den Überkreuzungsstellen auseinanderbrechen. Dabei können Bruchstücke aus dem Chromatid des einen Chromosoms mit Bruchstücken aus dem Chromatid des benachbarten Chromosoms verschmelzen. Gene, die an entgegengesetzten Enden der Chromosomen liegen, werden beim Crossing over häufig getrennt. Eine Trennung benachbarter Gene tritt seltener auf.

MORGAN ermittelte die Häufigkeit der Trennung gekoppelter Gene. So konnte er deren relative Entfernung auf dem Chromosom bestimmen. Auf diese Weise konnte MORGAN von den Chromosomen der Taufliege **Genkarten** aufstellen.

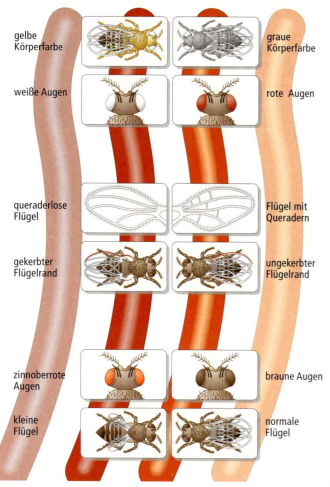

2 Genkarte der Taufliege (Ausschnitt)

1. Warum eignete sich die Taufliege für MORGANS Versuche in besonderem Maße? Berichte.
2. Beschreibe, wie man Genorte auf einem Chromosom ermitteln kann.

Arbeit mit Modellen – Chromosomen

V1 Chromosomenmodell

Material: farbige, biegsame Drähte (zum Beispiel Klingeldraht); große Druckknöpfe; Bleistift

Durchführung: Rolle verschiedenfarbige Drähte über einem Bleistift auf und drehe sie so zu engen Spiralen. Baue mehrere Chromosomenmodelle aus jeweils zwei in Länge und Farbe identischen Spiralen. Befestige dazu zwischen den Spiralen einen Teil eines Druckknopfes und stecke anschließend den Druckknopf zusammen.

Aufgaben:
a) Vergleiche die Teile deiner Modelle mit den Bestandteilen eines Chromosoms.
b) Vollziehe den Ablauf der Mitose an deinem Chromosomenmodell nach.
c) Vollziehe den Ablauf der Meiose an deinem Chromosomenmodell nach.

V2 Mikroskopische Untersuchung von Mitosestadien

Material: Mikroskop und Zubehör; Zeichenpapier; Bleistift; Fertigpräparat einer Wurzelspitze der Küchenzwiebel

Durchführung: Mikroskopiere das Bildungsgewebe der Wurzelspitze bei mittlerer Vergrößerung.

Aufgaben:
a) Suche vier Zellen in verschiedenen Phasen der Kernteilung.
b) Stelle die stärkste Vergrößerung ein und zeichne diese Zellen.
c) Markiere durch Ziffern die Reihenfolge der Kernteilungsstadien.

V3 Kombination von Chromosomen bei der Meiose

Material: Spielkarten

Durchführung: Nimm von den Spielkarten jeweils ein Paar mit gleichen Zahlenwerten. Diese Paare stellen jeweils ein Chromosomenpaar dar. Dabei kommt zum Beispiel Karo von der Mutter, Kreuz vom Vater.

Aufgaben:
a) Spiele mit den Spielkartenpaaren die Reduktion des Chromosomensatzes nach. Gehe von einem Lebewesen mit zwei Chromosomenpaaren im doppelten Chromosomensatz aus.
b) Wie viele Kombinationsmöglichkeiten ergeben sich für Lebewesen mit …
… drei Chromosomenpaaren?
… vier Chromosomenpaaren?
… fünf Chromosomenpaaren?

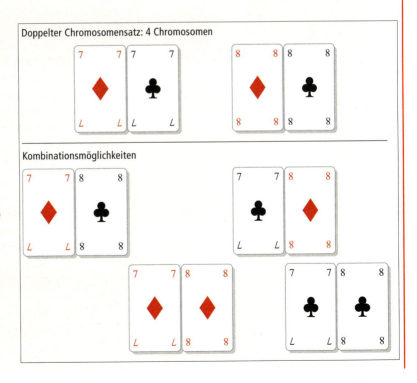

PRAKTIKUM

METHODE

Präsentieren mit dem Computer

Mit *Beamer* und *PC* kannst du Referate für den Zuhörer interessanter und abwechslungsreicher gestalten. Für solche **Präsentationen** gibt es unterschiedliche Programme.

Die technische Vorbereitung

Kontrolliere, ob alle benötigten Geräte vorhanden sind: PC oder Notebook, Maus, Beamer, Leinwand, alle benötigten Anschluss- und Verbindungskabel. Stelle für den Notfall einen Overheadprojektor mit Folien aus deiner gefertigten PC-Präsentation bereit. Teste bei Bedarf auch Verdunklungsmöglichkeiten.

Gestaltung der Präsentation

- Gib allen Folien Überschriften und verwende maximal zwei Schriftarten (z.B. Arial mit mindestens 16 pt, für Überschriften 44 pt).
- Formuliere Kernaussagen in Stichworten und hebe sie hervor.
- Verwende pro Folie maximal 30 Wörter, um übersichtlich zu bleiben und die Aufmerksamkeit zu erhalten.
- Achte auf eine dezente und einheitliche Hintergrundfarbe.
- Der Text sollte auf der Hintergrundfarbe gut lesbar sein.
- Vermeide optischen, akustischen und inhaltlichen „Ballast".
- Gehe sparsam mit Animationseffekten um.
- Veranschauliche Zahlen möglichst durch Diagramme.

Präsentationstipps

- Stelle dich vor die Klasse – alle möchten dich sehen.
- Sorge für freie Sicht auf die Projektionsfläche.
- Sprich deutlich und laut, aber nicht zu schnell.
- Halte während der Präsentation Blickkontakt mit deinen Zuhörern.
- Stelle das Thema möglichst anschaulich dar.
- Wechsele zwischen unterschiedlichen Methoden (Sprache, Abbildung, ggf. Animation und Schriftsatz).
- Zeige jede Folie mindestens drei Minuten lang.
- Fasse zum Abschluss zusammen und gib Gelegenheit zu Fragen.

Die inhaltliche Vorbreitung

Wähle ein Thema aus, dass du in etwa 30 Minuten präsentieren kannst (siehe Beispiele auf der rechten Seite zum Thema „Der genetische Fingerabdruck"). Stelle dazu zunächst eine Stoffsammlung zusammen (Lehrbuch, Zeitschriften, Internet): Welche Texte verwende ich? Welche Abbildungen, Schemazeichnungen oder Diagramme veranschaulichen die Sache gut? Gibt es kurze Animationen oder Filmszenen, die dem besseren Verständnis dienen?

Die Gestaltung der Präsentation

Zur Gestaltung von Präsentation und Referat lies dir die Hinweise der nebenstehenden Kästchen durch. In jedem Fall gilt für den Einsatz der Folien: So viel wie nötig, so wenig wie möglich.

Vorbereitung

- Lege eine Stoffsammlung an: Thema, Kernaussagen, Informationsquellen, ggf. Anschauungsmaterial oder Modelle.
- Stelle PC, Beamer, Overheadprojektor, Leinwand und alle Verbindungskabel bereit und kontrolliere auf Funktionstüchtigkeit.
- Versieh alle Vortragsfolien am PC mit deinem Vortragskommentar im Notizbereich der Folie und verwende die Ausdrucke als Handzettel.
- Markiere auf dem Handzettel wichtige Begriffe als „roten Faden".

Gene und Vererbung

Der genetische Fingerabdruck

Einleitung: Begriff genetischer Fingerabdruck

Hauptteil:
1. Struktur der DNA und identische Verdoppelung
2. Technik des Verfahrens zur Gewinnung der DNA
3. Vervielfältigung der Probe-DNA
4. Gelenktrophorese
5. Auswertung der Probe
6. Geschichte und Einsatz des genetischen Fingerabdrucks

Schlussteil: Gesetzliche Regelungen, kritische Betrachtung des Verfahrens und Ausblick auf die Zukunft

Folie 1: Gliederung

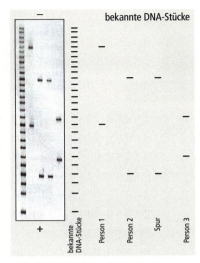

Folie 2: Fingerabdruck-Vergleich

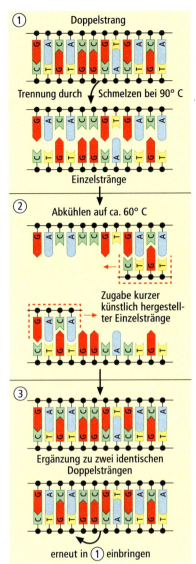

Folie 3: Vervielfältigung der Spuren-DNA

Das Erbgut des Menschen besteht nicht nur aus Genen, die eine bestimmte Aufgabe erfüllen. Über 90% des Erbmaterials bestehen aus scheinbar sinnlosen Aneinanderreihungen von vermutlich funktionslosen Bausteinen. Ein Drittel davon zeigt ständige Wiederholungen von immer gleichen Basenfolgen, zum Beispiel 100 Mal die Folge Guanin Thymin – also …GTGTGTGT… . Der Sinn dieses „genetischen Ballasts" ist noch ungeklärt. Bei diesen „eintönigen" Basenfolgen kommt es zu Fehlern während der Vervielfältigung der Zellen. Diese Fehler treten bei jedem Menschen an anderen Stellen auf. Sie sind – ähnlich seinem Fingerabdruck – also nur für ihn charakteristisch. Deshalb spricht man vom **genetischen Fingerabdruck.**

Zur Anfertigung des genetischen Fingerabdrucks eines Menschen genügt heute eine einzige Zelle, ein winziger Blutstropfen, eine Haarwurzel oder Hautschuppe. Aus dieser Probe wird zunächst das Erbmaterial (die DNA) vervielfältigt. Beim sogenannten **PCR-Verfahren** trennt man durch Erhitzen den Doppelstrang der DNA auf und ergänzt nach Abkühlung die Einzelstränge durch Zugabe kurzer, künstlich hergestellter Einzelstränge zu zwei Doppelsträngen. Häufiges Wiederholen des Vorganges sorgt so für eine schnelle Vermehrung der Probe-DNA.

Der anschließende Vorgang der **Gelelektrophorese** trennt die gewonnenen DNA-Bruchstücke. Dazu gibt man die DNA-Lösung auf ein Gel und schließt an dieses eine Gleichspannung an. Die DNA-Bruchstücke wandern dann zum Plus-Pol, die großen langsamer und die kleinen schneller. Man taucht dann das Gel mit der sortierten DNA in eine Lösung, die künstlich hergestellte DNA enthält – und zwar sehr kurze DNA-Stücke, sogenannte **Sonden**. Die Basen der Sonden-DNA werden von den dazu passenden Basen der DNA-Bruchstücke im Gel angezogen. Durch Anfärben der angelagerten Sonden entsteht ein Muster dünner farbiger Streifen – der genetische Fingerabdruck. Vergleicht man die Muster zweier Proben, kann man erkennen, ob sie von der gleichen Person stammen oder nicht.
Diese DNA-Analyse wurde zum ersten Mal 1986 in England bei der Aufklärung eines Mordes kriminaltechnisch angewandt. In Deutschland ist die Methode 1998 durch die Aufklärung des Mordes an der Schülerin Christina NYTSCH bekannt geworden.

1 Kreuzung von Wunderblumen und die beteiligten Forscher. **A** und **C** Elterngeneration; **B** 1. Tochtergeneration

3 Vererbungsregeln

3.1 Mendel entdeckte die Erbregeln

Der Mönch Johann Gregor MENDEL erkannte als erster Naturforscher wichtige Gesetzmäßigkeiten der Vererbung. Seine Erkenntnisse veröffentlichte er 1866. Sie gerieten jedoch in Vergessenheit. Erst 1900 wurden sie „wiederentdeckt". Der deutsche Botaniker Carl Erich CORRENS experimentierte um 1900 mit der *Wunderblume*. Er benutzte Pflanzen, die sich in einem auffälligen Merkmal unterschieden.

Die Blütenfarbe einer Sorte war rot, die Blütenfarbe einer anderen Sorte war weiß.
Pflanzen, die seit Generationen in einem bestimmten Merkmal gleich bleiben, nennt man **reinerbig**. Bei solchen Erbversuchen werden die Narben der reinerbig rot blühenden Sorte mit Pollen der reinerbig weiß blühenden bestäubt und umgekehrt. Die Ausgangspflanzen für diese Kreuzungen bilden die *Elterngeneration* oder **Parentalgeneration**. In schematischen Darstellungen der Vererbungsvorgänge

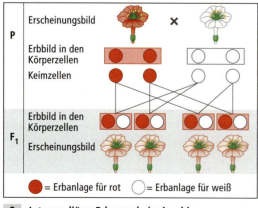

2 Intermediärer Erbgang bei reinerbigen Wunderblumen

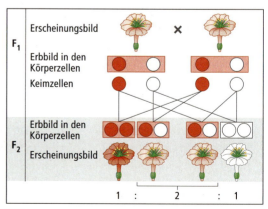

3 Intermediärer Erbgang bei mischerbigen Wunderblumen

Gene und Vererbung

wird dafür der Großbuchstabe **P** benutzt. Lässt man aus den Samen dieser Kreuzung neue Pflanzen heranwachsen, so bilden diese die *1. Tochtergeneration* oder **1. Filialgeneration.** Die Abkürzung dafür lautet F1. Alle Pflanzen dieser F1-Generation blühen rosa. Da sie die Merkmale beider Eltern in sich vereinen, nennt man sie **Mischlinge.** Dass die Pflanzen der F1-Generation alle gleich oder *uniform* aussehen, hatte schon MENDEL um 1860 bei seinen Versuchen mit Erbsen herausgefunden. So lautet die **1. Mendelsche Regel,** die *Uniformitätsregel:*

Kreuzt man zwei Individuen einer Art, die sich in einem Merkmal reinerbig unterscheiden, so sind die Nachkommen der 1. Tochtergeneration in diesem Merkmal gleich.

Weil die Blütenfarbe rosa zwischen den Blütenfarben der Eltern liegt, spricht man von einem *intermediären Erbgang.* Kreuzt man anschließend die Mischlinge der F1-Generation miteinander, erhält man Pflanzen, die entweder rot, weiß oder rosa blühen. Von 100 Pflanzen blühen etwa 50 rosa, 25 rot und 25 weiß. Es findet also eine Aufspaltung der Merkmale im Verhältnis 1 : 2 : 1 statt. Das entspricht der **2. Mendelschen Regel,** der *Spaltungsregel:*

Kreuzt man die Mischlinge der F1-Generation unter sich, so spaltet die F2-Generation in einem bestimmten Zahlenverhältnis auf. Dabei treten die Merkmale der P-Generation wieder auf.

Die Aufspaltung in der F2-Generation gab MENDEL die Möglichkeit, Erbvorgänge zu erklären. Er wusste bereits, dass bei den Pflanzen jeweils ein Pollenkorn eine Eizelle befruchtet. Er nahm an, dass jedes Merkmal durch das *Zusammenwirken* von **zwei Erbanlagen** ausgeprägt wird. Eine der beiden Anlagen stammt von der Mutter, die andere vom Vater. Erbanlagen werden heute **Gene** genannt. Daher bezeichnet man das Erbbild auch als *Genotyp,* das Erscheinungsbild nennt man *Phänotyp.* Das Gen für die Blütenfarbe tritt in zwei verschiedenen **Allelen** auf: ein Allel für die Blütenfarbe rot und ein Allel für weiß.

Bei den Versuchen mit Erbsen stieß MENDEL auf einen Erbgang, der in der Natur viel häufiger vorkommt als der intermediäre Erbgang. Er kreuzte weiß blühende mit rot blühenden Erbsenrassen. In der F1-Generation entstanden nur rot blühende Pflanzen. Offenbar hatte das Merkmal *rot* das andere Merkmal *weiß* überdeckt. Solche überdeckenden Merkmale werden als **dominant** bezeichnet. In Erbschemata werden dominante Merkmale mit Großbuchstaben gekennzeichnet. Das überdeckte Merkmal nennt man **rezessiv.** Man verwendet hierfür Kleinbuchstaben.

Sind nun alle folgenden Generationen rot blühend? Auch in einem solchen *dominant-rezessiven Erbgang* spalten bei der F2-Generation die Pflanzen auf. Von vier Pflanzen blühen durchschnittlich drei rot und eine weiß. Das Erscheinungsbild zeigt also ein Verhältnis der

4 Dominant-rezessiver Erbgang bei reinerbigen Erbsen

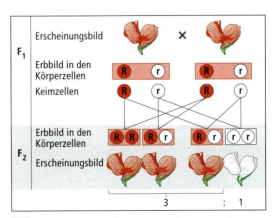

5 Dominant-rezessiver Erbgang bei mischerbigen Erbsen

Gene und Vererbung **39**

Blütenfarben von 3:1. Das **Erbbild** der drei rot blühenden Pflanzen ist jedoch unterschiedlich. Vergleicht man in Abbildung 5 auf Seite 103 das **Erbbild** mit dem Erscheinungsbild, so erkennt man eine Aufspaltung entsprechend der Spaltungsregel im Verhältnis 1:2:1. Diese Beobachtung liegt darin begründet, dass bei einem Zusammentreffen der Allele R und r das rezessive Allel r vom dominanten Allel R unterdrückt wird.

Sind beide Erbanlagen für ein Merkmal gleich, so sind die Nachkommen reinerbig. Die rote Blütenfarbe der Wunderblume entsteht also durch das Zusammenwirken der beiden gleichartigen Allele rot. Die Mischfarbe rosa bildet sich durch das Zusammenwirken der beiden Allele rot und weiß. Die Pflanzen mit den rosa Blüten sind also **mischerbig**.

1. a) Informiere dich, zum Beispiel im Internet, über das Leben und die Forschungen von Gregor MENDEL. Stelle Lebenslauf und Forschungsergebnisse als Computerpräsentation zusammen. Nimm die Methode „Präsentieren mit dem Computer" zu Hilfe.
b) Erkunde, wie MENDEL seine Kreuzungsversuche praktisch durchgeführt hat. Berichte.
c) Warum waren Erbsen für die Vererbungsversuche in besonderem Maße geeignet? Erläutere.
2. Beschreibe anhand der Abbildungen 2 und 3 den intermediären Erbgang der Wunderblume.
3. Beschreibe anhand der Abbildungen 4 und 5 den dominant-rezessiven Erbgang der Erbse. Unterscheide dabei den Erbgang nach Erscheinungsbild (Phänotyp) und Erbbild (Genotyp).
4. Vergleiche den dominant-rezessiven Erbgang mit dem intermediären Erbgang. Stelle Gemeinsamkeiten und Unterschiede zusammen.

EXKURS

Rückkreuzung

Beim intermediären Erbgang kann man den Genotyp am Phänotypen ablesen. Wie lässt sich aber beim dominant-rezessiven Erbgang feststellen, welche Tiere oder Pflanzen reinerbig sind?
Planmäßiges Züchten kann nämlich nur dann erfolgreich sein, wenn man den Genotyp der Zuchttiere oder Zuchtpflanzen genau kennt. Pflanzen oder Tiere, die im Phänotyp das rezessive Merkmal zeigen, müssen reinerbig sein. Von ihnen kennt man also die Erbnatur des entsprechenden Merkmals. Um den Genotyp eines Tieres, dessen Erbanlagen man nicht kennt, festzustellen, kreuzt man es mit einem reinerbig rezessiven Individuum der gleichen Art. Man nennt diesen Vorgang Rückkreuzung, weil man mit einem bestimmten Elterntier zurückkreuzt. Tritt bei einer solchen Rückkreuzung im Phänotyp ein Zahlenverhältnis 1:1 auf, so war das untersuchte Tier mischerbig (Abbildung links).

1. Übertrage die rechte Abbildung in dein Biologieheft. Vervollständige das Erbschema.
2. Die Rückkreuzung wird oft auch Testkreuzung genannt. Erkläre diesen Begriff.

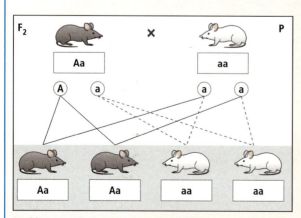

Rückkreuzung bei einer mischerbigen Maus

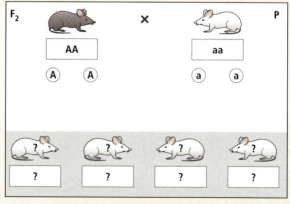

Rückkreuzung bei einer reinerbigen Maus

3.2 Erbanlagen können kombiniert werden

MENDEL interessierte sich auch dafür, wie zwei oder mehrere unterschiedliche Merkmale gleichzeitig vererbt werden. Zur Überprüfung dieser Frage untersuchte er Erbsenrassen, die sich in den leicht festzustellenden Merkmalen *Samenform* und *Samenfarbe* deutlich unterschieden. Die Samen der einen Rasse waren *gelb* und *rund*, die der anderen Rasse *grün* und *runzlig*. Entsprechend der Uniformitätsregel sahen die Mischlinge der F1-Generation gleichartig aus. Ihre Samen waren gelb und rund. Die Samenform *rund* und die Samenfarbe *gelb* mussten also dominant sein. Es waren durch Vereinigung des Erbgutes beider Eltern *doppelt-mischerbige* Nachkommen entstanden.

Als MENDEL die Mischlinge von 15 Pflanzen dieser F1-Mischlinge miteinander kreuzte, entwickelten sich in der F2-Generation 315 gelbrunde, 101 gelb-runzlige, 108 grün-runde und 32 grün-runzlige Erbsen. Es entstanden also vier verschiedene Samenformen, die etwa in einem Zahlenverhältnis von 9 : 3 : 3 : 1 aufspalteten. Diese Aufspaltung zeigt, dass die Merkmale der Ausgangsrassen unabhängig miteinander kombiniert werden können. So wurde etwa grün mit rund und gelb mit runzlig kombiniert. Das Ergebnis fasste MENDEL in seiner **3. Mendelschen Regel** *(Unabhängigkeitsregel)* zusammen:

Kreuzt man zwei Individuen, die sich in mehreren Merkmalen reinerbig unterscheiden, so werden die einzelnen Anlagen unabhängig voneinander vererbt.

Bei zwei Merkmalspaaren ergeben sich in der F2-Generation 16 Anlagekombinationen. Von den vier reinerbigen Nachkommen entsprechen zwei den Großeltern. Die beiden anderen sind neue reinerbige **Kreuzungsrassen.** Auf diese Weise ist es also möglich, „Neuzüchtungen" zu schaffen.

1. Beschreibe und erläutere das Ergebnis der F2-Generation in MENDELS Versuch.
2. Warum können bei der Züchtung Individuen mit neuen Merkmalen entstehen? Berichte.

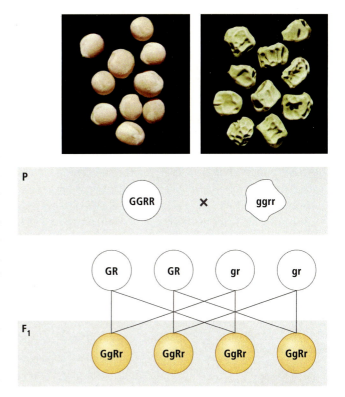

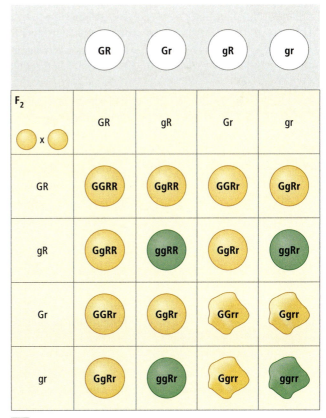

1 Erbgang mit zwei Merkmalspaaren bei der Erbse

Vererbung

V1 Vererbung von Blütenfarben

Material: Zeichenkarton in den Farben Weiß, Rosa und Rot; Schere; Stift

Durchführung: Zeichne auf jeden der drei Zeichenkartons je fünf Blütensymbole, etwa in der Größe eines 2-Euro-Stücks und schneide diese aus. Mit diesen Blütensymbolen kannst du sowohl einen intermediären als auch einen dominant-rezessiven Erbgang nachvollziehen. Lege deine Blütensymbole nach folgendem Schema:

Parentalgeneration:

F_1-Generation:

Aufgaben:
a) Lege mit den Blütensymbolen einen intermediären Erbgang, bei dem die Eltern vier Nachkommen haben. Verwende Eltern mit den Blütenfarben Weiß und Rot.
b) Lege mit den Blütensymbolen einen dominant-rezessiven Erbgang, bei dem die Eltern vier Nachkommen haben. Verwende Eltern mit den Blütenfarben Weiß und Rot.
c) Gib zu jedem Erbgang den Genotyp an. Vergleiche.
d) Übertrage die Erbgänge, die du erhalten hast, in dein Heft.

V2 Mischlingskreuzung

Material: Blütensymbole aus V1

Durchführung: Mit den Blütensymbolen der F1-Generation aus V1 kannst du Mischlingskreuzungen nachvollziehen. Verfahre dabei wie in V1 (je 2 Blüten der F1-Generation aus V1 sind jetzt die Eltern).

Aufgaben:
a) Lege mit den Blütensymbolen eine Kreuzung von Mischlingen, die aus einem intermediären Erbgang stammen.
b) Lege mit den Blütensymbolen eine Kreuzung von Mischlingen aus einem dominant-rezessiven Erbgang.
c) Gib zu jedem Erbgang den Genotyp an. Vergleiche.
d) Übertrage die Erbgänge, die du erhalten hast, in dein Heft.

V3 Weitergabe der Erbanlagen

Material: Zeichenkarton in den Farben Weiß und Rot; Schere; Blütensymbole aus V1

Durchführung: Schneide aus dem roten und dem weißen Karton je zwölf Kreise etwa in der Größe eines 10-Cent-Stücks aus. Mit den Blütensymbolen und den ausgeschnittenen Kreisen kannst du die Weitergabe der Erbanlagen nachvollziehen. Lege Blütensymbole und Erbanlagen nach folgendem Schema:

Aufgaben:
a) Lege mit den Blütensymbolen und den Symbolen für die Erbanlagen das Schema eines intermediären Erbgangs.
b) Lege mit den Blütensymbolen das Schema eines dominant-rezessiven Erbgangs.
c) Ordne den einzelnen Blütensymbolen in jedem Erbgang je zwei Farbpunkte als Erbanlagen zu.
d) Übertrage die Erbgänge, die du erhalten hast, in dein Heft. Verbinde die Erbanlagen der Parentalgeneration und Filialgeneration mit Linien, die die jeweilige Zusammenstellung der Erbanlagen bei der Vererbung zeigen.

V4 Rückkreuzung

Material: Zeichenkarton in den Farben Weiß und Rot; Schere; Blütensymbole aus V1, ausgeschnittene Kreise aus V3

Durchführung: Vollziehe mithilfe der Blütensymbole und der Kreise eine Rückkreuzung für eine Blüte „unbekannten" Erbbildes. Lege Blütensymbole und Erbanlagen nach folgendem Schema:

P:

F_1: ? ? ? ?

P:

F_1: ? ? ? ?

Aufgaben:
a) Lege mit den Blütensymbolen das Schema einer Rückkreuzung für eine Blüte mit dominant-rezessivem Erbgang. Welche Ergebnisse erhältst du für eine reinerbige Blüte, welche für eine mischerbige?
b) Lege mit den Blütensymbolen das Schema einer Rückkreuzung für eine Blüte mit zwischenelterlichem Erbgang.
c) Übertrage die Erbgänge, die du erhalten hast, in dein Heft.

V5 Vererbung von zwei Merkmalspaaren

Material: zwei Bogen Zeichenkarton oder dünne Pappe (DIN A4); Papier (DIN A2) oder Tapete; Farbstift schwarz; Bleistift; Schere

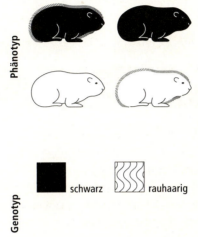

Durchführung: Zeichne die in der oben stehenden Abbildung dargestellten Symbole für das Aussehen (Phänotyp) der Meerschweinchen auf Zeichenkarton. Stelle auf gleiche Weise die Symbole für die Erbbilder (Genotyp) her. Es bedeuten: großes Quadrat = dominantes Merkmal; kleines Quadrat = rezessives Merkmal.
Zeichne auf das Papier – entsprechend der Abbildung – ein Kombinationsquadrat mit 16 Kreuzungsfeldern. Wähle die Größe der Kreuzungsquadrate so, dass die Symbole der Tiere und der Genotypen hineinpassen.

Aufgaben:
a) Erläutere den Erbgang der Kreuzung zweier reinrassiger Meerschweinchen.
b) Ermittle die möglichen Erbbilder der Meerschweinchen in der F2-Generation. Lege dazu den Erbgang für die Kreuzung der F1-Mischlinge mithilfe der ausgeschnittenen Symbole. Verwende ein Kombinationsquadrat entsprechend der Abbildung.
c) Welche Bedeutung hat das Ergebnis von Aufgabe b) für die Züchter? Berichte.

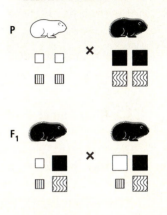

1 Wunderblume. A Foto; B Vererbung der Blattfarbe

3.3 Nicht immer wird nach MENDEL vererbt

Die von Gregor MENDEL entdeckten Vererbungsvorgänge wurden früher als Mendelsche Gesetze bezeichnet. Heute spricht man von den *Mendelschen Regeln*, da man bei einigen Erbvorgängen Erscheinungen beobachtet hat, die von den „Gesetzen" abweichen.

Der Botaniker Carl CORRENS untersuchte 1909 die Vererbung bei Japanischen Wunderblumen mit weiß-grün gefleckten, sogenannten panaschierten Blättern. Bei seinen Kreuzungsversuchen machte er folgende Beobachtungen. Überträgt man Pollen einer grünblättrigen Pflanze auf die Narbe einer Pflanze mit panaschierten Blättern, entstehen Pflanzen mit grünen, mit panaschierten oder mit farblosen Blättern. Überträgt man dagegen Blütenpollen einer panaschierten Pflanze auf die Narbe einer Pflanze mit grünen Blättern, dann erhält man nur Pflanzen mit grünen Blättern. Das Erscheinungsbild der Nachkommen in der F_1-Generation ist also im Hinblick auf die Blattfarbe nicht gleich. Die 1. Mendelsche Regel trifft somit nicht zu. Wie kann man dies erklären?

Das Erscheinungsbild in der F_1-Generation wird ganz oder hauptsächlich durch das Individuum bestimmt, von dem die Eizelle stammt. Man spricht hier von einer *mütterlichen Vererbung*. Heute weiß man, dass Mitochondrien und bei Pflanzen auch die Chloroplasten in geringem Umfang eigene Gene besitzen. Sie sind für diese sogenannte **nicht-chromosonale Vererbung** zuständig. Weibliche Eizellen enthalten mehr Zellplasma als die männlichen Pollen. Nur 1 % des Plasmas einer befruchteten Eizelle stammt aus dem Pollenkorn, 99 % kommen von der weiblichen Eizelle. So werden die im Zellplasma vorhandenen Zellorganellen und somit auch deren Erbgut hauptsächlich über die weiblichen Geschlechtszellen weitervererbt.

Eine Abweichung von den Mendelschen Regeln stellt auch die **Genkopplung** dar. Die 3. Mendelsche Regel, die Unabhängigkeitsregel, gilt nur in bestimmten Fällen. Entweder die Gene liegen auf unterschiedlichen Chromosomen oder sie befinden sich auf einem Chromosom, aber dann weit auseinander. Liegen die Gene für die bei einer Kreuzung beobachteten Merkmale auf demselben Chromosom in unmittelbarer Nähe, werden sie nicht unabhängig voneinander vererbt.

1. Maultier und Maulesel sind Beispiele für nichtchromosomale Vererbung. Beschreibe.
2. Warum spricht man heute von den Mendelschen Regeln und nicht mehr von Gesetzen?

1 Albino-Hirsch

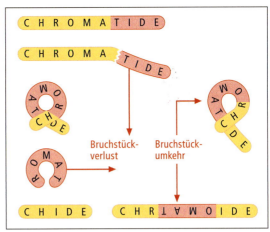

2 Chromosomenmutationen

3.4 Mutationen – „Druckfehler" in der Erbinformation

Der Hirsch in Abbildung 1 hat im Gegensatz zu seinen schwarzen Artgenossen ein weißes Fell und eine rosa Haut. Tiere, denen gewisse Farbstoffe fehlen, nennt man *Albinos*. Auch bei anderen Tierarten und beim Menschen kann Albinismus vorkommen. Er entsteht durch plötzlich auftretende Änderungen im Erbgut, **Mutationen** genannt. Sie treten zufällig auf und sind teilweise vererbbar. Mutationen sind selten und wirken sich in den meisten Fällen nachteilig aus. Albinos zum Beispiel werden in der Natur leichter erbeutet als normalfarbige Artgenossen.

Die häufigsten Mutationen erfolgen durch Änderung eines Gens. Es sind **Genmutationen**. Im Zuge der Verdoppelung der DNA können Fehler auftreten. Wird hierbei zum Beispiel ein falsches Nukleotid im DNA-Molekül eingebaut, ändert sich die Basenfolge auch in allen weiteren Kopien. Sie übernehmen automatisch diesen Fehler. Da die Basenfolge die Reihenfolge der Aminosäuren in einem bestimmten Protein festlegt, kann durch diesen „Tippfehler" im „Text" der Erbinformation ein verändertes Eiweiß aufgebaut werden. Tritt die Mutation in den Keimzellen auf, wird sie vererbt.

Bei **Chromosomenmutationen** werden ganze Teile der Chromosomen verändert. So kann es zum Abbrechen von Chromosomenteilen kommen. Ein solcher Bruchstückverlust vernichtet eine sehr große Anzahl von Erbanlagen. Die Bruchstücke können aber auch umgekehrt wieder eingebaut werden.

Es kann sich auch der gesamte Chromosomensatz verändern. Eine solche Änderung nennt man **Genommutation**.

Verschiedene chemische Substanzen sowie radioaktive Strahlung, Röntgenstrahlung und UV-Strahlung können Mutationen auslösen. Man nennt sie **Mutagene**. Man sollte deshalb zum Beispiel das Einatmen von Lösungsmitteln vermeiden. Ebenso sollte man sich vor übermäßiger Sonneneinstrahlung schützen und Röntgenuntersuchungen auf das notwendige Maß beschränken. Besonders gefährdet gegenüber Mutagenen sind Embryonen.

1. Nenne Beispiele für Mutationen bei Pflanzen und Tieren. Informiere dich dazu im Internet oder in Fachbüchern.
2. Verdeutliche an einem Beispiel, wie bei Genmutationen die Erbinformation verfälscht wird. Streiche zum Beispiel aus den Basentripletts GTU GTU GTU… . eine Base. Ordne dann neu und lies ab. Verfahre ähnlich mit dem Text: WAS HAT DIE DNA MIT DIR VOR?
3. a) Nenne Mutagene, die auch dem Menschen gefährlich werden können und überlege, wie man sich davor schützen kann. Berichte.
   b) Warum sollen Schwangere nicht geröntgt werden? Erläutere.

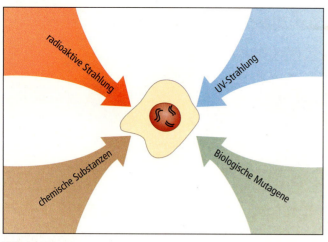

1 Mutagene

3.5 Mutagene bedrohen unsere Gesundheit

Mutationen treten normalerweise spontan und selten auf. Aber auf verschiedene Weise verursacht der Mensch heute eine Erhöhung der Mutationsrate. Einflüsse, die Mutationen auslösen, nennt man **Mutagene.**

Zu solchen Mutagenen gehören zum Beispiel **ionisierende Strahlen** wie *Röntgenstrahlen* oder *radioaktive Strahlung,* die durch Atombombentests und Reaktorunfälle freigesetzt wird. Aber auch energiereiche **UV-Strahlung** hat eine mutagene Wirkung. Unsere Haut wird bei Sonneneinstrahlung braun. Diese Bräune ist ein natürlicher Schutz davor, dass UV-Strahlen zu tief in unser Hautgewebe eindringen. Ist die Sonneneinstrahlung jedoch zu intensiv, trägt die Haut einen Sonnenbrand davon. Ständige intensive UV-Bestrahlung wirkt mutagen. Sie führt zu einer Veränderung der Basenpaare der DNA in den Hautzellen. UV-Strahlen werden von der DNA „verschluckt", also absorbiert. Bei diesem Vorgang trennen sich die Basen Thymin oder Cytosin von ihrem gegenüberliegenden Strang und verbinden sich untereinander. Normalerweise kann der Körper diesen Schaden beheben, indem der Zelltod in mutierten Zellen auslöst wird. Versagt dieser Mechanismus jedoch, verbleibt der Fehler in der DNA und führt bei der Replikation zu Veränderungen. Diese Mutation kann bei der Haut von einem Muttermal bis zu **Hautkrebs** reichen.

Aber auch **chemische Stoffe** wirken mutagen und schädigen das Erbgut. Verschiedene *Pflanzenschutzmittel, Farben, Lösungsmittel, Konservierungsstoffe* und *Rauschdrogen* stehen im Verdacht, das Erbgut zu schädigen. Entwicklungsschäden und schwere Missbildungen können die Folge sein.

Zu den **biologischen Mutagenen** gehören die *Viren.* Sie dringen in den Zellkern ein und verändern die DNA dieser Zelle. Das führt bei bestimmten Viren zu ungehemmtem Wachstum der Zellen – zur Krebserkrankung.

1. Warum sollte man sich nicht längere Zeit ungeschützt der Sonne aussetzen? Erläutere.
2. Beim Röntgen wird der Unterleib der Patienten mit einer Bleischürze geschützt. Gib eine Erklärung für diese Maßnahme.
3. Informiere dich im Internet über mutagene Stoffe (zum Beispiel Asbest oder angebrannte Fette). Berichte auf welche Weise wir in Kontakt mit diesen Stoffen kommen und welche gesundheitlichen Schäden sie auslösen.
4. Lies Gebrauchsanleitungen von Farben, Lacken oder Lösungs- und Reinigungsmitteln. Stelle fest, welche gesundheitsschädlichen Stoffe enthalten sind und wie man sich davor schützen kann. Berichte.
5. a) Erläutere, warum sich die Belastung des Menschen durch Mutagene ständig erhöht!
b) Wie kann man sich vor der Einwirkung der Mutagene schützen?

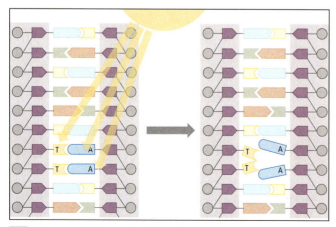

2 Mutagene Wirkung der UV-Strahlen

 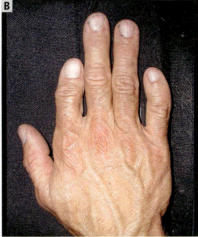 

1 Mutationen. A Korkenzieherwuchs (Hasel); B Kurzfingrigkeit; C Schleierschwanz (Goldfisch)

3.6 Bedeutung von Mutationen

Mutationen werden oftmals als negativ empfunden. Aber können sich Mutationen nicht auch positiv auswirken? In der *Pflanzenzucht* werden Mutationen teilweise sogar bewusst durch den Einsatz von *Mutagenen* ausgelöst. Mutationen sind für ein Lebewesen selten ohne Auswirkung, meistens nachteilig und nur in wenigen Fällen günstig.

Manche Mutationen, zum Beispiel die weiße Haarsträhne beim Menschen, bedeuten weder Vor- noch Nachteile für das Lebewesen. Bei manchen Mutationen sind überhaupt keine Veränderungen im Erscheinungsbild zu erkennen. Sie sind demnach im Augenblick weder von Vorteil noch wirken sie sich nachteilig aus.

Mutationen können aber in bestimmten Fällen auch von Vorteil sein. Werden Gene durch Mutationen verändert, so kann sich diese Änderung zunächst ungünstig auf die Leistungsfähigkeit, die Fortpflanzungsfähigkeit und die Lebensfähigkeit auswirken.
Ändern sich aber die Umweltbedingungen, können die mutierten Gene Vorteile bringen, während die „Normalgene" Nachteile haben. In Bakterienstämmen findet man neben den „Normalbakterien" auch immer Bakterien mit mutierten Genen. Diese *Mutanten* sind unter normalen Lebensbedingungen häufig in ihrer Lebensfähigkeit eingeschränkt. Beim Einsatz bestimmter Arzneien wird aber der größte Teil der Bakterien getötet. Eventuell überleben nur die Mutanten. Sie können sich jetzt ungehindert fortpflanzen und das Arzneimittel wird auf Dauer unwirksam und muss neu entwickelt werden.

Mutationen können sich aber auf Dauer auch nachteilig auswirken. Werden zum Beispiel die Erbinformationen in Körperzellen verändert, so wird diese Mutation bei der Zellteilung weitergegeben. So können sich Krebszellen entwickeln. Mutationen in den Geschlechtszellen können zu Erbkrankheiten führen.

1. Übertrage die folgende Tabelle in dein Heft.

Mutationen ohne Auswirkung	Vorteilhafte Mutationen	Nachteilige Mutationen
……	……	……

a) Ordne die folgenden Beispiele in die Tabelle ein: dünnes Fell bei Polartieren – Krebs – Trisomie 21 – Kurzfingrigkeit – Trauer- oder Hängeformen bei Buche und Hasel – weißes Fell bei Polartieren – Erhöhung der Erträge durch Erhöhung der Chromosomenzahl bei Getreide
b) Suche im Internet weitere Beispiele und ordne sie in die Tabelle ein.
2. Gestaltet ein Plakat zum Thema „Erhöhung der Überlebensfähigkeit durch Mutationen".
3. Bewerte die Aussage „Mutationen sind immer nachteilig."

1 Löwenzahn. A Schattenblätter; **B** Sonnenblätter; **C** auf Fettwiesen; **D** auf Magerwiesen

2 Russenkaninchen (Kälteform)

3.7 Modifikationen – Einflüsse der Umwelt

Lebewesen mit gleichem Erbgut müssten eigentlich in allen Einzelheiten übereinstimmen. Beobachtungen und auch Versuche haben jedoch gezeigt, dass sich Pflanzen an unterschiedlichen Standorten verschieden entwickeln. Äußere Einflüsse wie zum Beispiel Licht, Feuchtigkeit und Nahrung können das Aussehen von Pflanzen derselben Art stark verändern.

Löwenzahn zeigt eine besonders große Wandelbarkeit oder *Variabilität*. Die Blattformen und die Wuchsgröße an trockenen und feuchten Standorten unterscheiden sich deutlich voneinander. Zieht man Stecklinge einer Löwenzahnpflanze an unterschiedlichen Standorten, so weichen ihre Erscheinungsbilder so stark voneinander ab, dass man meinen könnte, zwei unterschiedliche Arten zu sehen. Solche Änderungen im Erscheinungsbild der Pflanzen, die durch *Einwirkungen der Umwelt* zustande kommen, nennt man **Modifikationen**.

Auch bei Tieren kann man Modifikationen beobachten. So kann man zum Beispiel beim Landkärtchen, einem Tagfalter, unterschiedlich aussehenden Generationen beobachten. Aus überwinternden Puppen schlüpfen die Frühjahrsfalter. Sie unterscheiden sich in der Grundfärbung und in der Flügelzeichnung deutlich von der folgenden Generation, den Sommerfaltern. Der Farbwechsel und die Flügelzeichnung beim Landkärtchen wird offensichtlich durch die unterschiedliche Tageslänge während der Puppenruhe verursacht. Beim weißen Russenkaninchen beeinflusst die Außentemperatur das Aussehen. Lässt man ein weißes Russenkaninchen zum Beispiel in kalten Ställen aufwachsen, bildet sich an den Pfoten, den Ohren, der Schwanzspitze und der Schnauzenspitze ein schwarzes Fell. Zieht man die Tiere in warmen Ställen auf, bleiben das Fell weitgehend weiß.

Auch beim Menschen kann man Modifikationen beobachten. So kann zum Beispiel die Hautfarbe durch UV-Strahlung verändert werden. In sonnigen Gebieten bildet sich in der Haut der Farbstoff, der uns braun werden lässt. In Gebieten mit wenig intensiver Sonneneinstrahlung bleibt die Haut dagegen blass. Die jeweilige Umwelt hat also großen Einfluss auf unser Aussehen. Aber auch handwerkliche, künstlerische oder geistige Fähigkeiten entwickeln sich in einem engen Zusammenspiel zwischen Umwelteinflüssen und genetischer Veranlagung. Leistungssportler besitzen sicherlich gewisse genetische Voraussetzungen für gute sportliche Leistungen. Trotzdem müssen sie täglich hart und ausdauernd trainieren, um Spitzenleistungen zu erbringen. Eine Schwäche in Sprachen oder Mathematik sollte also nicht als Ausrede für schlechte Leistungen herhalten. Sondern man sollte daran arbeiten, sie zum Beispiel durch zusätzliche Übungen auszugleichen.

Aber kann die Umwelt die Fähigkeiten und das Aussehen von Lebewesen beliebig ändern? Dies kann man überprüfen, wenn man beispielsweise alle Samen einer Bohnenpflanze erntet und deren Länge misst. Stellt man die Messergebnisse in einem Kurvendiagramm dar, lässt sich ablesen, wie weit die Länge variiert. Die Variationskurve zeigt, dass Bohnen mit einer *mittleren Länge* am häufigsten vorkommen. Sie bilden den *Mittelwert*. Die gesamte Breite möglicher Größen heißt **Variationsbreite.**

Kann man nun aus den großen Bohnensamen Pflanzen züchten, die ausschließlich große Bohnensamen ausbilden? Versuche haben ergeben, dass sich auch aus sehr großen und sehr kleinen Samen bei gleichen Wachstumsbedingungen wieder Bohnensamen in allen Größen entwickeln. *Modifikationen* haben also keinen Einfluss auf das Erbgut eines Lebewesens und sind nicht vererbbar. Die Umwelt kann ein Lebewesen nur innerhalb eines Rahmens verändern, der durch die Gene vorgegeben wird. Erbgut und Umwelt prägen gemeinsam das Erscheinungsbild eines Lebewesens.

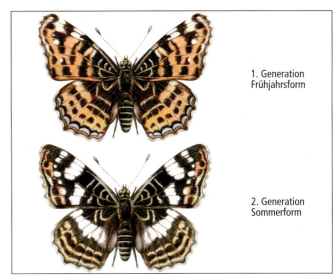

3   **Modifikationen beim Landkärtchen**

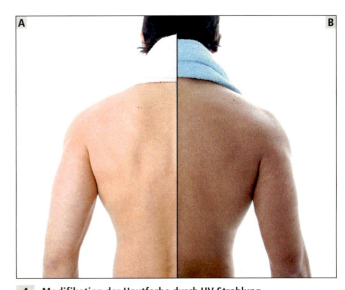

4   **Modifikation der Hautfarbe durch UV-Strahlung.**
A geringe Sonneneinstrahlung;   **B** starke Sonneneinstrahlung

1. Suche im Internet nach weiteren Beispielen für Modifikationen und berichte.
2. Trenne von einem großen Buchenzweig alle Blätter ab (ungefähr 100 Blätter).
   Ordne sie nach ihrer Länge und bilde dabei fünf Größengruppen. Stelle die Anzahl der Blätter in den einzelnen Gruppen fest. Zeichne eine Variationskurve. Vergleiche mit der Abbildung 5.
3. An einem Efeustrauch findet man Blätter, die sich in Form und Größe unterscheiden. Zeichne die unterschiedlichen Blätter und schreibe dazu, an welchen Stellen des Strauches du sie gefunden hast. Wodurch kommen unterschiedlichen Blattformen und Blattgrößen zustande? Erläutere.
4. Der Engländer GALTON baute einen „Zufallsapparat". Aus einem Trichter fallen Kugeln durch Nagelreihen in gleich breite Fächer. Vergleiche die Abbildung mit der Kurve in Abbildung 5. Erkläre.

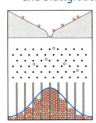

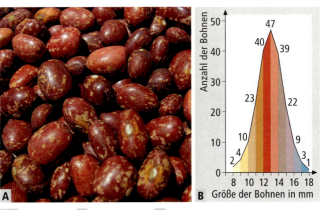

5   **Variation.** **A** Bohnensamen; **B** Variationskurve

Gene und Vererbung

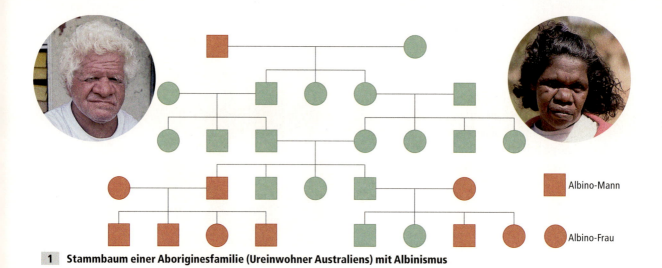

1 Stammbaum einer Aboriginesfamilie (Ureinwohner Australiens) mit Albinismus

4 Vererbung beim Menschen

4.1 Methoden der Erbforschung

Die Ureinwohner Australiens haben normalerweise eine dunkle Haut, dunkelbraune Augen und schwarze Haare. Einige dieser Aborigines besitzen aber rote Augen und weiße Haare, weiße Augenbrauen und Wimpern sowie eine sehr helle Haut. Dies sind Merkmale von Albinos. Der Aufbau von Farbstoffen, den *Pigmenten*, ist bei diesen Menschen gestört.

Albinismus ist eine Erscheinung, die sich auf eine defekte Erbanlage zurückführen lässt. Wie wird dieses Gen, das die Bildung des Hautfarbstoffes Melanin unterbindet, an die Nachkommen vererbt? Bei Menschen können zur Klärung dieser Frage aus ethischen Gründen keine Kreuzungsversuche durchgeführt werden. Es müssen also andere Methoden zur Erforschung genutzt werden.

Eine wichtige Methode ist die **Familienforschung** oder die **Stammbaumanalyse.** Hierbei wird über mehrere Generationen bei den Nachkommen eines Elternpaares das Auftreten eines bestimmten Merkmals untersucht. Mithilfe von *Stammbäumen* wie in Abbildung 1 können Aussagen zu Erbgesetzen beim Menschen gemacht werden. Der abgebildete Stammbaum der Aboriginesfamilie zeigt beispielsweise folgendes: Albinismus ist nicht geschlechtsgebunden. Er tritt sowohl bei Männern als auch bei Frauen auf. Die Krankheit erscheint nicht in jeder Generation. Hieraus lässt sich folgern, dass Albinismus durch ein rezessives Gen vererbt wird. Albinos sind also hinsichtlich des Gendefektes immer reinerbig. Auch „gesunde" Eltern können demnach ein Kind mit Albinismus bekommen, wenn sie bezüglich dieses Merkmals mischerbig sind.

Die **genetische Bevölkerungsanalyse** ist eine andere Methode zur Erforschung von Erbgesetzmäßigkeiten beim Menschen. Hierbei wird eine möglichst große Zahl von Menschen untersucht. Anschließend lassen sich Aussagen zur Häufigkeit und Verteilung von Erbkrankheiten innerhalb einer Bevölkerung machen.

In der heutigen Erbforschung spielt auch die Untersuchung der DNA eine große Rolle. Da inzwischen das menschliche Erbgut weitgehend entschlüsselt ist, kann bei einer **Genanalyse** nicht nur der Verwandtschaftsgrad untersucht werden, sondern auch Erbkrankheiten erkannt werden.

1. Beschreibe die Methoden der Erbforschung, die beim Menschen angewendet werden.
2. a) Erläutere, was man unter Albinismus versteht und wie er zustande kommt.
   b) Albinismus taucht in der Aboriginesfamilie in Abbildung 1 nicht in jeder Generation auf. Beschreibe und erkläre.

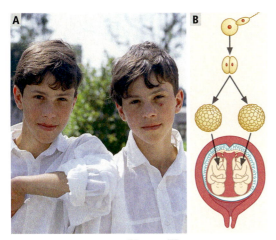

1 Eineiige Zwillinge. **A** Foto; **B** Entstehung

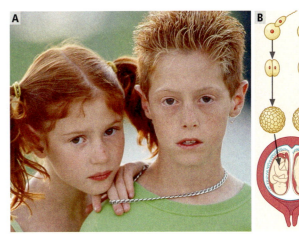

2 Zweieiige Zwillinge. **A** Foto; **B** Entstehung

4.2 Erbe oder Umwelt: Methoden der Zwillingsforschung

Blutgruppe, Augenfarbe oder Erbkrankheiten werden – wie viele andere Merkmale – nach bestimmten Gesetzmäßigkeiten an die Nachkommen vererbt. Diese Merkmale bleiben im Laufe des Lebens unverändert. Andere Eigenschaften wie beispielsweise das Körpergewicht oder die Intelligenz verändern sich. Beeinflusst die Umgebung die Ausbildung dieser Merkmale? Antworten auf diese oder ähnliche Fragen kann die **Zwillingsforschung** geben.

Es gibt eineiige und zweieiige Zwillinge. *Eineiige Zwillinge* entwickeln sich aus einer Eizelle. Nach der ersten Teilung der befruchteten Eizelle trennen sich die beiden Tochterzellen. Aus ihnen entstehen zwei erbgleiche Individuen. *Zweieiige Zwillinge* dagegen entwickeln sich aus zwei befruchteten Eizellen. Sie besitzen demnach keine identischen Erbanlagen, sondern haben wie normale Geschwisterpaare unterschiedliche Erbanlagen.

Um Aussagen über Erbvorgänge beim Menschen zu machen, sammelt man verschiedene Informationen zu ein- und zweieiigen Zwillingen. Bei eineiigen Zwillingen werden auch solche befragt, die über einen möglichst langen Zeitraum nicht zusammen aufwuchsen. Der Einfluss von Erbgut und Umwelt auf bestimmte Merkmale oder Eigenschaften lässt sich bei ihnen genauer bewerten, da eineiige Zwillinge dasselbe Erbgut besitzen. Die Auswertung zeigt, dass beispielsweise das Körpergewicht von der Umwelt, unter anderem der Ernährung, abhängig ist. Die Körpergröße dagegen ist überwiegend genetisch festgelegt. Beim Vergleich von Intelligenztests zeigt sich, dass Fähigkeiten wie logisches Denken, Zahlenverständnis und Merkfähigkeit überwiegend angeboren sind. Diese Fähigkeiten können aber durch Lernen und Erziehung beeinflusst werden. Erbanlagen und die Umwelt beeinflussen also die Merkmale eines Menschen gemeinsam.

1. Welche Schlussfolgerungen ergeben sich aus dem Vergleich der Häufigkeit der aufgetretenen Krankheiten bei den Zwillingen in Abbildung 3?
2. Informiere dich im Internet über die Zwillingsforschung. Stelle ein Beispiel vor.

Zwillingspaare	Unterschiede			Übereinstimmungen		
	Körpergröße (cm)	Körpergewicht (kg)	Punkte beim Intelligenztest	Masern	Zuckerkrankheit	Tuberkulose
zweieiige Zwillinge	4,5	7,9	13,4	47	37	25
eineiige Zwillinge (getrennt aufgewachsen)	2,1	4,8	9,5	95	84	69
eineiige Zwillinge (gemeinsam aufgewachsen)	1,3	4,7	7,4			

3 Zwillinge: Merkmale und Krankheiten im Vergleich (in %)

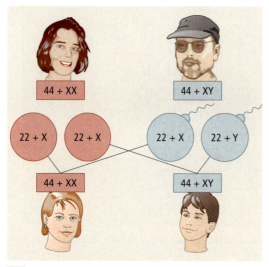

1 Entstehung des Geschlechts (Schema)

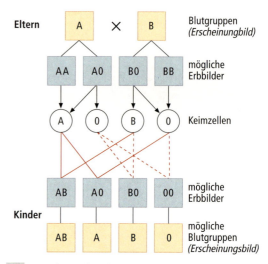

2 Vererbung der Blutgruppen

4.3 Erbregeln gelten auch für den Menschen

„Ich hätte gerne einen Sohn, aber jetzt ist schon das dritte Mädchen zur Welt gekommen," hört man manchmal von Eltern. Das Geschlecht des Menschen wird vererbt. Jede Körperzelle von Mann und Frau besitzt 46 Chromosomen. 44 davon lassen sich zu 22 gleichartigen Paaren ordnen. Das 23. Paar ist bei Mann und Frau unterschiedlich. Bei der Frau sehen die Paarlinge gleich aus. Sie werden X-Chromosomen genannt. Männliche Körperzellen enthalten jedoch nur ein X-Chromosom. Das zweite, kleinere Chromosom wird als Y-Chromosom bezeichnet. X- und Y-Chromosomen heißen **Geschlechtschromosomen.**
Bei der Bildung der Keimzellen entstehen bei der Frau nur Eizellen mit X-Chromosomen. Spermien dagegen können ein X- oder ein Y-Chromosom enthalten. Wird eine Eizelle von einem Spermium mit einem X-Chromosom befruchtet, entwickelt sich daraus ein Mädchen. Bei Befruchtung durch ein Y-Chromosom entwickelt sich ein Junge. Das Spermium bestimmt also das Geschlecht des Kindes.

Auch die Blutgruppe des Menschen wird vererbt. Die **Gene A, B** oder **0** legen die jeweilige Blutgruppe fest. Jeder Mensch besitzt zwei von diesen drei möglichen Genen. Sie bestimmen seine Blutgruppe. Ein Gen stammt von der Mutter, das zweite vom Vater. Dabei sind die Gene A und B dominant über das Gen 0. Menschen mit der Blutgruppe A können demnach unterschiedliche Erbbilder aufweisen. Das Erbbild kann AA oder A0 sein, da A über 0 dominant ist. Ein Mensch mit der Blutgruppe 0 ist immer reinerbig. Bei der Blutgruppe AB lautet auch das Erbbild AB, da sich beide Gene im Erscheinungsbild gleich stark auswirken.

Körperliche Merkmale werden von Generation zu Generation weitervererbt. Wie aber verhält es sich mit anderen Eigenschaften wie beispielsweise handwerklichen, künstlerischen oder geistigen Begabungen?
Im Bekanntenkreis oder in der eigenen Familie gibt es sicherlich Beispiele für die Vererbung solcher Begabungen. Die Anlage für eine bestimmte Begabung ist jedoch nicht so eindeutig auf ein Gen festgelegt wie bei körperlichen Merkmalen. Mehrere Gene wirken hier zusammen. Umwelteinflüsse wie z. B. Erziehung und Unterricht fördern zusätzlich die Ausbildung einer bestimmten Begabung. Der Wille eines Menschen, seine Anlagen zu nutzen, kann sich auf die Entwicklung der Begabung ebenfalls positiv oder negativ auswirken.

Auch Krankheiten des Menschen können vererbt werden. Schwächen bei der Unterscheidung der Farben Rot und Grün bezeichnet man als **Rot-Grün-Blindheit.** Es handelt sich um

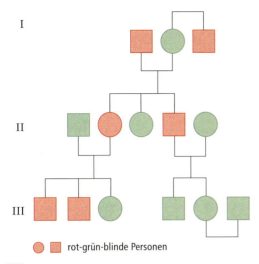

3 Erbgang der Rot-Grün-Blindheit

eine Erbkrankheit, die rezessiv vererbt wird. Die Erbanlagen für die Rot-Grün-Unterscheidung liegen auf dem X-Chromosom. Auf Y-Chromosomen befinden sich keine entsprechenden Gene für das Farbsehen. Trifft bei der Befruchtung ein defektes X-Chromosom auf ein Y-Chromosom, so kommt die Krankheit bei dem männlichen Nachkommen zum Ausbruch. Frauen dagegen erkranken nur dann, wenn beide X-Chromosomen die Anlage für die Krankheit besitzen.

Eine der häufigsten Erbkrankheiten in Deutschland ist die **Mukoviszidose.** Aufgrund eines Gendefektes produzieren die Drüsen in den Atmungs- und Verdauungsorganen statt flüssiger Drüsenflüssigkeiten zähflüssigen Schleim, der die Organfunktionen beeinträchtigt. Von etwa 2500 Neugeborenen leidet ein Kind an dieser Krankheit.

Es gibt aber auch Veränderungen im Erbgut, die ganze Chromosomen oder Chromosomensätze betreffen. Durch einen „Fehler" bei der Meiose trennt sich beim **Down-Syndrom,** auch *Trisomie 21* genannt, das Chromosom Nr. 21 nicht. Dies führt dazu, dass nach der Befruchtung dieses Chromosom dreifach vorhanden ist. Äußere Merkmale dieser Krankheit sind ein kleiner Kopf, herabhängende obere Augenlider, Wachstumsstörungen und eine starke Anfälligkeit für Infektionskrankheiten.

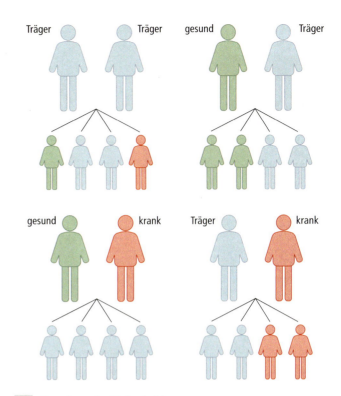

4 Vererbung der Mukoviszidose

1. Erläutere die Bestimmung des Geschlechts beim Menschen. Zeichne ein Erbschema.
2. Die Mutter hat die Blutgruppe AB und der Vater die Blutgruppe 0. Welche Blutgruppen können die Kinder haben? Zeichne ein Erbschema.
3. Warum tritt die Rot-Grün-Blindheit verstärkt bei Männern auf? Erläutere.
4. Erläutere die Abbildung 4. Um welchen Erbgang handelt es sich bei der Mukoviszidose? Begründe deine Entscheidung.
5. Nimm Stellung zu der Aussage: „Die Plattfüße habe ich von meinem Vater geerbt, die Begabung für Sprachen von meiner Mutter."

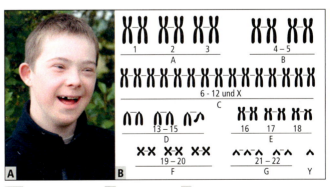

5 Down-Sydrom. **A** „Erkrankter"; **B** Chromosomensatz

EXKURS

HUGO entschlüsselt das menschliche Erbgut

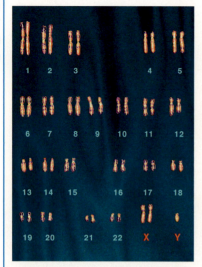

Chromosomensatz des Menschen

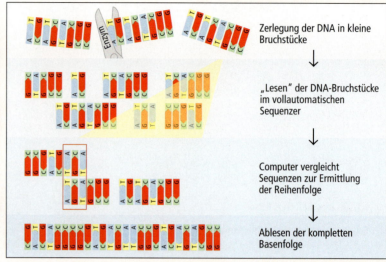

Gen-Sequenzierung

Die Sensationsmeldung kam im April 2003: Das **menschliche Genom** ist entschlüsselt! Die Idee, die Gesamtheit des menschlichen Erbgutes zu *sequenzieren,* also die Abfolge der Nukleotidbausteine A, T, C und G aufzuklären, war bereits 1985 diskutiert worden. Das Projekt wurde dann ab 1990 von der **Hu**man **G**enom **O**rganisation (**HUGO**) koordiniert.

An der internationalen Zusammenarbeit der Wissenschaftler waren 20 Forschungsinstitute aus den USA, Frankreich, England, Deutschland, Japan und China beteiligt.

Im Rahmen von HUGO haben deutsche Wissenschaftler vor allem an der Entschlüsselung des Chromosoms 21 mitgearbeitet. Auf diesem Chromosom liegen die genetischen Ursachen für Alzheimer und spezielle Formen der Epilepsie.

Wie kann man den chemischen Aufbau von Genen überhaupt untersuchen? Erst die technischen Fortschritte Ende der 90er Jahre machten sehr viele Untersuchungen in kurzer Zeit möglich.

Zur Bestimmung einer unbekannten DNA-Sequenz wird zunächst das Erbmaterial aus dem Zellkern isoliert. Danach wird die DNA mithilfe von „chemischen Scheren" (bestimmten Enzymen) in viele kleine „Schnipsel" zerteilt.

Im vollautomatischen „Sequenzer" wird jedes der DNA-Bruchstücke Base für Base gelesen und so die Folge der Basenpaare bestimmt.

Analyseroboter und Hochleistungscomputer vergleichen die ermittelten Sequenzen und suchen nach gleich lautenden Basenfolgen. Aus den Überlappungen kann man auf die richtige Reihenfolge der DNA-Schnipsel schließen. Sind alle Schnipsel in der richtigen Reihenfolge angeordnet, können die Forscher die komplette Basenfolge des untersuchten DNA-Stranges ablesen.

Die daraus erstellten Nucleotidsequenzen und Genkarten des Menschen werden in umfangreichen Datenbanken gesammelt. Es wird jedoch noch Jahrzehnte dauern, um hieraus Erkenntnisse, beispielsweise für die Entwicklung neuer Medikamente, zu gewinnen.

Der Mensch besitzt 100.000.000.000 Zellen
Jede Zelle: 46 Chromosomen zu 23 Paaren
Anzahl der Gene einer Zelle: 20.000 – 25.000
1 Gen: mehrere Tausend Basen
insgesamt 3.040.000 Basenpaare
99% des menschlichen Genoms entschlüsselt

Genom des Menschen in Zahlen

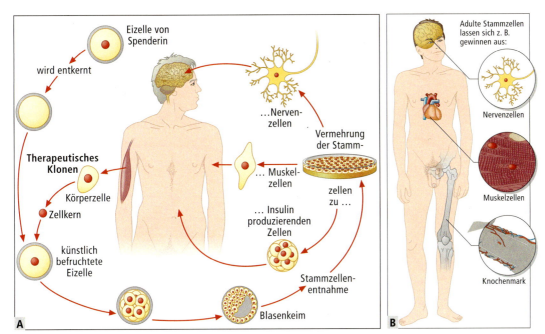

1 **Stammzellenforschung.** A Heilung durch Stammzellen; B Adulte Stammzellen

4.4 Stammzellenforschung – Hoffnung für die Zukunft?

Stammzellen eröffnen neue Wege bei der Behandlung von bisher unheilbaren Krankheiten wie Alzheimer, Parkinson-Syndrom oder Leukämie. Warum ist die Stammzellenforschung dennoch so stark umstritten?

Stammzellen sind eine Art Ursprungszellen, die sich unbegrenzt vermehren lassen und alle Zelltypen des Körpers bilden können (zum Beispiel Muskelzellen oder Blutzellen). Man unterscheidet dabei zwei Arten von Zellen. Die aus künstlich befruchteten Eizellen gewonnenen Stammzellen heißen **embryonale Stammzellen.** Sie können sich zu sämtlichen Geweben und Organen des menschlichen Körpers entwickeln. Zur Behandlung von Krankheiten müssen embryonale Stammzellen durch Klonen gewonnen werden. Dazu wird der Zellkern aus einer Eizelle entfernt. Aus einer Körperzelle des Patienten entnimmt man einen Zellkern und überträgt diesen in die gespendete kernlose Eizelle. Sie entwickelt sich in einer Kultur zu einem Embryo. Im Stadium des Blasenkeims entnimmt man Stammzellen, die sich im Reagenzglas zu beliebigen gesunden Zellen entwickeln. Durch Zurückverpflanzen des gezüchteten Gewebes wäre es möglich, bisher unheilbare Krankheiten zu behandeln. Man spricht in diesem Fall von **therapeutischem Klonen.**

Bei der Gewinnung der Stammzellen werden die verwendeten Embryonen zerstört. Daher sind in Deutschland diese Methoden durch das *Embryonenschutzgesetz* verboten. Nur die Einfuhr von Material aus dem Ausland wird zu Forschungszwecken unter hohen Auflagen genehmigt. Allerdings kann man heute schon Stammzellen gewinnen, zum Beispiel aus Knochenmarkszellen erwachsener Menschen oder dem Nabelschnurblut Neugeborener. Diese **adulten Stammzellen** entwickeln sich jedoch nicht so vielseitig wie embryonale Stammzellen und vermehren sich auch nur begrenzt. Die moderne Medizin entwickelt jedoch zurzeit Methoden, damit man auch diese Stammzellen wie embryonale Stammzellen verwenden kann.

1. Worin unterscheiden sich Stammzellen von anderen Körperzellen? Erläutere.
2. Was sind embryonale Stammzellen? Erkläre.
3. a) Erläutere den Begriff therapeutisches Klonen.
   b) Berichte, wie man damit Krankheiten behandeln kann.
4. Nenne Bedenken von Gegnern der Stammzellenforschung.

1 Kohlsorten – durch Auslesezüchtung entstanden. **A** Blumenkohl; **B** Weißkohl; **C** Rosenkohl; **D** Broccoli; **E** Grünkohl; **F** Kohlrabi

5 Der Mensch nutzt die Kenntnisse der Erbgesetze und der Gentechnik

5.1 Züchtung durch Auslese und Kreuzung

Die heutige Vielfalt der Pflanzensorten, aber auch der Haustierrassen, ist das Ergebnis unterschiedlicher *Züchtungsmethoden*. Als **Züchtung** bezeichnet man Maßnahmen, die gewünschte Eigenschaften erhalten oder verbessern.

Die älteste Methode ist die **Auslesezüchtung.** Man wählt aus einer großen Anzahl von Pflanzen oder Tieren immer diejenigen aus, die ein gewünschtes Merkmal wie einen höheren Ertrag oder besondere Blattformen zeigen. Das Zuchtziel wird aber erst dann erreicht, wenn man diese Auslese über mehrere Generationen hinweg durchführt. Ähnlichkeiten mit den ursprünglichen Wildformen gehen dabei häufig verloren. Die verschiedenen Kohlsorten wie Blumenkohl, Weißkohl, Rotkohl, Rosenkohl oder Grünkohl sind nur ein Beispiel dafür, wie aus der Wildform eines Lebewesens durch Auslese unterschiedliche Nutzpflanzen entstanden sind.

Auch Veränderungen durch *Mutationen* werden bei der Auslesezüchtung genutzt. Beispiele hierfür sind Früchte ohne Kerne bei Apfelsinen, das Angorafell bei Katzen oder Trauerformen bei Bäumen.

Die Kenntnis der MENDELschen Regeln ermöglichte zu Beginn des letzten Jahrhunderts neue Methoden der Züchtung. Bei der **Kombinationszüchtung** werden nun Merkmale gezielt kombiniert. So kreuzt man verschiedene Pflanzensorten oder Tierrassen miteinander, um die Merkmale miteinander zu kombinieren. Rindern beispielsweise werden so große Milchleistungen, schnelle Gewichtszunahme oder fettarmes Fleisch angezüchtet.

Eine besondere Form der Kombinationszüchtung ist die *Inzucht*. Um die gewünschten Eigenschaften zu erreichen, kreuzt man zwei Tiere aus der gleichen Zuchtlinie miteinander. Da die nahe miteinander verwandten Tiere in vielen Merkmalen übereinstimmen, erhält man schnell eine Reinerbigkeit im Hinblick auf die gewünschten Merkmale. Als Folge der Inzucht treten aber auch häufig Kleinwüchsigkeit, eingeschränkte Fruchtbarkeit oder eine geringe Widerstandsfähigkeit auf. Kreuzt man nun zwei Inzuchtlinien miteinander, sind die Nachkommen, *Hybriden* genannt, oft gesünder und ertragreicher als ihre Eltern. Man spricht vom *Heterosis-Effekt*. Diese sogenannte **Heterosis-Züchtung** wird auch in der Pflanzenzucht angewandt. Da sich der Heterosis-Effekt in nachfolgenden Generationen schnell

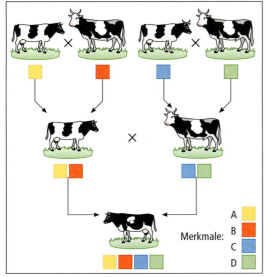

2 Kombinationszüchtung

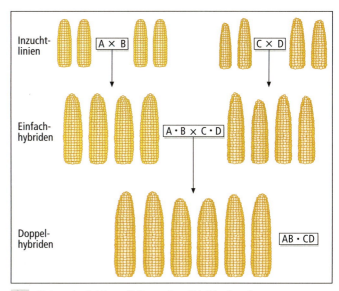

3 Heterosiszüchtung (Schema eines Hybridaufbaus)

wieder verliert, müssen Hybridsaatgut und Hybridnutztiere immer wieder neu durch Kreuzung von Inzuchtlinien erzeugt werden.

Die Entstehung der heutigen Kulturpflanzen aus einer Wildform lässt sich gut beim Weizen nachvollziehen. Dabei nutzte man die Erscheinung der **Polyploidie** aus. Hierbei entstehen beim Einkreuzen mehrfache Chromosomensätze. Polyploide Individuen sind oft ertragreicher als solche mit einfachem Chromosomensatz. Beim Weizen entstand durch Kreuzen zweier Wildgräser mit einfachem Chromosomensatz zunächst der Wildemmer. Planmäßige Weiterzucht führte schließlich zu dem heutigen Kulturweizen mit sechsfachem Chromosomensatz. Dieser Weizen besitzt zahlreiche, große Körner. Er hat feste Ähren und die Körner lösen sich gut von den Spelzen.

1. a) Was versteht man unter Auslesezüchtung? Berichte.
   b) Welchen Einfluss haben Modifikationen auf den Erfolg bei Auslesezüchtungen? Erläutere.
2. Beschreibe die Kombinationszüchtung.
3. Erläutere die Entstehung polyploider Pflanzen am Beispiel des Weizens.
4. Warum können die Züchtungslinien bei der Heterosis-Züchtung bei den Nachkommen nicht ständig weitergeführt werden?

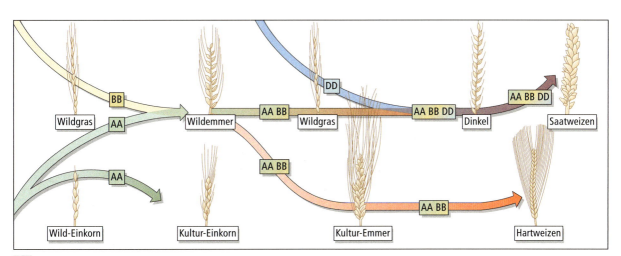

4 Weizenzüchtung aus Wildformen. AA, BB, DD – doppelte Chromosomensätze

Gene und Vererbung

1 Kuh mit „Zehnlingen" durch Embryotransfer

5.2 Biotechnik in der Tier- und Pflanzenzucht

Rinder bekommen in der Regel ein Kalb pro Jahr. Warum aber sollte eine Kuh zehn Kälber gleichzeitig haben? Man könnte auf diese Weise zum Beispiel von Rindern, die viel Milch geben oder deren Fleisch wenig Fett enthält, in möglichst kurzer Zeit viele Nachkommen erhalten. Mit herkömmlichen Zuchtmethoden ist dieses Ziel nicht zu erreichen.

Deshalb nutzt man auch in der Rinderzucht vermehrt biotechnische Verfahren. Unter dem Begriff **Biotechnik** fasst man Verfahren und Methoden zusammen, die biologische Prozesse bei der Herstellung und Verarbeitung, z. B. von Lebensmitteln nutzen. Auch in der Tier- und Pflanzenzucht haben Wissenschaftler unterschiedliche biotechnische Verfahren entwickelt, die heute vermehrt angewandt werden.

Die **künstliche Befruchtung** ist die älteste routinemäßig angewandte Biotechnik in der Tierzucht. In Besamungsstationen werden Zuchtbullen mit den gewünschten Eigenschaften gehalten. Das von ihnen gewonnene Sperma wird tiefgefroren verschickt und von einem Tierarzt auf viele Rinder übertragen. So kann ein Bulle der Erzeuger von mehreren tausend Kälbern sein. Auf diese Weise werden heute etwa 90 % aller Rinder künstlich befruchtet. Auch in der Schweinezucht ist die künstliche Befruchtung mit rund 60 % weit verbreitet.

Mithilfe der künstlichen Befruchtung kann man zwar die Qualität des Nachwuchses, nicht aber seine Anzahl steigern. In der Rinderzucht sorgt man deshalb heute durch eine Hormonbehandlung dafür, dass in den Eierstöcken wertvoller Rinder gleichzeitig mehrere Eizellen heranreifen. Ungefähr sieben Tage nach der künstlichen Befruchtung werden die Embryonen aus der Gebärmutter entfernt und eingefroren oder sofort in die Gebärmutter sogenannter *Ammenkühe* eingesetzt. Diese braucht man nur, um Kälber mit gewünschten Eigenschaf-

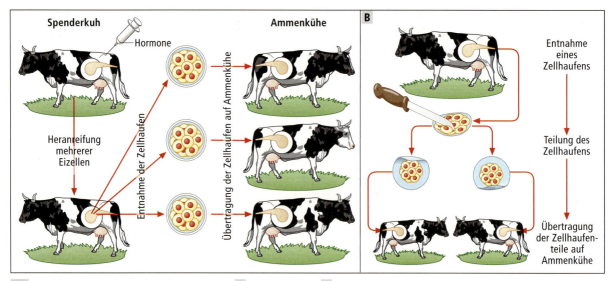

2 Nachkommen beim Rind durch Biotechnik. **A** Embryotransfer; **B** Klonen mit embryonalen Stammzellen

Gene und Vererbung

ten auszutragen. Ein solcher **Embryotransfer** steigert die Zahl der Nachkommen von Hochleistungsrindern auf zehn und mehr Nachkommen pro Jahr.

Eine weitere Vervielfachung der Nachkommen kann man durch das **Klonen mit embryonalen Zellen** erreichen. In sehr frühen Entwicklungsstadien besteht ein Embryo aus einem Zellhaufen. Unter dem Mikroskop wird dieser Zellhaufen mit einem winzigen Glasmesser geteilt. Aus den verbliebenen Hälften entwickeln sich in der Gebärmutter von Ammenkühen zwei genetisch identische Kälber, sogenannte *Klone*.

Klone lassen sich aber heute auch aus Körperzellen erzeugen. Beim **Klonen aus Körperzellen** wird zuerst aus einer unbefruchteten Eizelle der Zellkern entfernt. Der Euterzelle eines anderen erwachsenen Tieres entnimmt man den Zellkern und überträgt ihn in die kernlose Eizelle. In einer Nährlösung entwickelt sich nun ein Embryo, der anschließend von einem Ammentier ausgetragen wird. Im Jahre 1998 gelang es bayerischen Wissenschaftlern erstmals in Europa, ein Klonkalb aus der Euterzelle einer erwachsenen Kuh zu erzeugen. Das 1997 geborene Klonschaf „Dolly" war der erste Klon, der aus einer Körperzelle eines erwachsenen Tieres hergestellt wurde.

In der Tierzucht hat diese Methode des Klonens bisher nur wissenschaftliche Bedeutung, während sie in der Pflanzenzucht heute schon häufig genutzt wird. Usambaraveilchen, Begonien, Orchideen und auch Chrysanthemen klont man oft mithilfe der **Gewebekulturtechnik.** Dabei überträgt man kleine Gewebestückchen auf eine Nährlösung. Nach einiger Zeit entwickeln sich daraus neue Pflanzen, die mit der Mutterpflanze identisch sind.

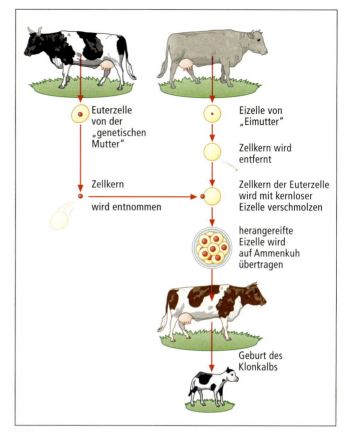

3 Klonen eines ausgewachsenen Rindes

4 Vermehren von Zierpflanzen durch Klonen

1. Nenne Vorteile der künstlichen Befruchtung.
2. a) Erkläre, warum ein Rind zehn und mehr Kälber gleichzeitig haben kann.
   b) Berichte über Vorteile beim Embryotransfer.
   c) Ist der Begriff Embryotransfer eigentlich biologisch korrekt? Begründe deine Antwort.
3. Informiere dich im Internet oder bei Spezialgärtnereien über Gewebekulturtechnik. Berichte.
4. Beschreibe die beiden Klonverfahren mit embryonalen Zellen oder Körperzellen.
5. Lies in Zeitschriften nach oder suche im Internet nach aktuellen Berichten über das Klonen. Stelle ein kurzes Referat zusammen.

1 Bioreaktoren zur Insulinproduktion mit gentechnisch veränderten Bakterien

5.3 Das Prinzip der Gentechnik

Während man bei vielen biotechnischen Verfahren mit ganzen Zellen oder Zellkulturen arbeitet, greift man mithilfe der **Gentechnik** gezielt in das Erbgut der Lebewesen ein. Mit *Schneideenzymen*, sogenannten *„molekularen Scheren"*, zerschneidet man das Erbgut und setzt einzelne Stücke an anderen Stellen oder in andere Organismen ein.

Die Gentechnik spielt in der Pflanzen- und Tierzucht eine große Rolle. Auch in der Medizin, zum Beispiel bei der Herstellung von Impfstoffen und Enzymen, wird sie angewandt. Gentechnische Verfahren ermöglichen heute beispielsweise die Herstellung von menschlichem Insulin, das in großen Mengen zur Behandlung von Diabetes erforderlich ist. Dazu gewinnt man zunächst aus menschlichen Spenderzellen DNA. Mithilfe von molekularen Scheren isoliert man den DNA-Abschnitt mit der Erbinformation für die Insulinbildung. Dieses Gen fügt man anschließend in das Erbgut von Kolibakterien ein.

Bei Bakterien liegt ein Teil des Erbgutes ringförmig in sogenannten **Plasmiden** vor. Ein solches Plasmid wird isoliert und ebenfalls mithilfe von molekularen Scheren aufgespalten. Anschließend setzt man in die Schnittstelle das menschliche Gen mit der Erbinformation „Insulin" ein und fügt beides mit „Binde-Enzymen" zusammen. Das Plasmid mit der neu kombinierten DNA wird nun in ein Kolibakterium eingeschleust. Diesen Vorgang nennt man **Gentransfer.** Es ist jetzt ein Bakterium entstanden, das menschliches Insulin herstellt. Bei jeder Teilung entstehen nun neue Bakterien, die das menschliche Hormon Insulin produzieren. Schließlich werden die „reifen" Bakterien abgetötet und das Insulin aus der Zellmasse isoliert.

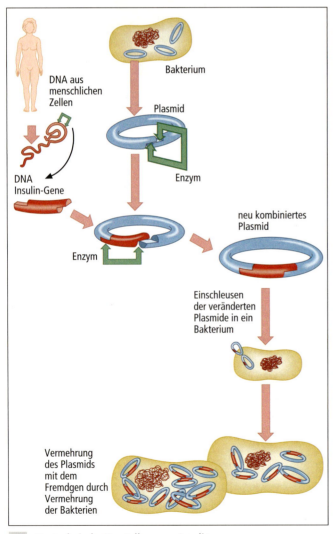

2 Gentechnische Herstellung von Insulin

1. Erläutere das Verfahren der Gentechnik anhand von Abbildung 2.
2. Was macht Bakterien zu bevorzugten Forschungsobjekten in der Gentechnik? Berichte.
3. Welchen Vorteil hat das gentechnische Verfahren gegenüber der Gewinnung von Insulin aus Tierorganen? Erläutere.

Biologische Sachverhalte verstehen und bewerten

Das Internet bietet dir eine Vielzahl von Berichten mit biologischen Sachverhalten. Wie kannst du diese Quellen für den Unterricht nutzen?

1. Übersicht
Verschaffe dir zunächst einen Überblick über den gesamten Artikel.
– Wie heißt die Überschrift?
– Welche Fotos, Skizzen oder Schemazeichnungen sind vorhanden?
– Welche Wörter sind besonders hervorgehoben (Fettdruck)?
– Gibt es weiterführende Links?

2. Lesen
Lies den Text vollständig.
– Kann der Artikel in mehrere Abschnitte gegliedert werden und welche möglichen Teilüberschriften kannst du geben?
– Welche Informationen sind wichtig für das Thema?
– Welche Fachwörter und Informationen hast du nicht verstanden?
– Wie sind die Abbildungen zuzuordnen?

3. Sicherung
Drucke den Artikel aus, speichere ihn oder fertige Notizen und Schemaskizzen an.

4. Aktualität und Bewertung
– Bei welcher Quelle (Zeitung, Zeitschrift, Fernsehanstalt, Uni, Firma, …) ist der Artikel erschienen?
– Handelt es sich möglicherweise um eine Werbeanzeige oder einen Artikel von bestimmten Interessenverbänden (Wirtschaftsverbände, Berufsorganisationen, Umweltverbände, …)?
– Wann ist der Artikel erschienen?
– Kannst du Informationen über den Autor bekommen?
– Welche Bedeutung hat das Thema für die Biologie, Medizin oder Technik?

5. Nutzung
Die gewonnenen Informationen kannst du nutzen:
– zum Eintrag in deine Biologiemappe als Ergänzung zum Lehrbuch
– für ein eigenes Referat
– als Vorlage für eine „Veröffentlichung" in Form eines Plakates oder für die Schülerzeitung (Achtung, Urheberrechte beachten!)
– Schreibe bei allen Verwendungen sofort die Quelle auf.

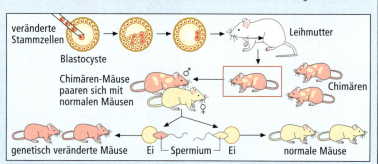

Knockout-Maus (Auszug)
Eine Knockout-Maus (engl. *knock-out – außer Gefecht setzen*) ist eine Maus, bei der mittels einer genetischen Manipulation gezielt ein oder mehrere **Gene** deaktiviert wurden. Diese Manipulation geschieht an den embryonalen **Stammzellen** (von Mäusen), die dann in die Keimbahn einer Maus eingebracht werden.

Der Vorgang des Knockouts
Aus **Blastozysten** eines **Inzuchtmäusestamms** werden embryonale Stammzellen entnommen und *in vitro* vermehrt. Nun wird ein Inaktivierungsvektor durch **Elektroporation,** Mikroinjektion oder einem anderen geeigneten Verfahren in die noch undifferenzierten Stammzellen übertragen. […] Der Austausch zwischen den DNA-Abschnitten erfolgt durch **homologe Rekombination.** Bei der homologen Rekombination lagern sich die benachbarten Abschnitte des Gens auf dem Vektor an die gleiche Stelle im Maus-Genom und werden in manchen Fällen rekombiniert. Die rekombinierten Stammzellen werden in eine Blastozyste eingesetzt, die wiederum einer vorbehandelten Empfängermaus eingepflanzt wird. In der Leihmutter entwickeln sich dann gemischtzellige Tiere (Chimären). Durch Rückkreuzung gegen den **Wildtyp** können die **heterozygoten Tiere** herausgefiltert werden. Durch **Kreuzungen** erhält man homozygote Tiere, bei denen also alle Zellen des gewünschten Gens zerstört – *ausgeknockt sind*.

Weblinks
- Länger leben dank der Knockout-Maus. (http://www.heise.de/tp/r4/html/result.xhtml?url=/tp/r4/artikel/14/14033/l.html) Telepolis vom 26.01.2003.
- Nobelpreise 2007 – Kooperativer Genausfall-Einfall. (http://www.spektrum.de/artikel/907213&_z=798888) Spektrumdirekt vom 08.10.2007.

- Diese Seite wurde zuletzt am 15. Januar 2013 um 21:02 Uhr geändert.
- Der Text steht unter der Lizenz *Creative Commons Attribution/Share Alike 3.0*.

---

1. a) Erstelle zum Text der Abbildung einen Kurzbericht über die Züchtung von Knockout-Mäusen.
b) Bewerte die Aktualität und Verlässlichkeit der Quelle.

2. Informiere dich im Internet über die Bedeutung der Knockout-Mäuse. Berichte.

3. Vergleiche verschiedene Quellen zu einem Thema miteinander und untersuche sie auf Aktualität, Verlässlichkeit, verständlichen Text und anschauliche Abbildungen. Überlege auch, welche Absicht mit dem betreffenden Artikel verfolgt wurde.

EXKURS

Was ist Gen-Food?

Mit der vereinfachenden Bezeichnung „**Gen-Food**" sind Lebensmittel gemeint, bei deren Herstellung in unterschiedlicher Art und Weise gentechnische Verfahren angewendet werden. Dabei werden fremde Gene in andere Organismen eingepflanzt. Es entstehen **transgene Organismen.** Hierfür drei Beispiele:

Antimatsch-Tomaten

Diese Tomaten wurden im Mai 1994 als der weltweit erste gentechnisch veränderte Organismus für die menschliche Ernährung in den USA auf den Markt gebracht. Bei der Reifung herkömmlicher Tomaten sorgt ein Gen für die Bildung des Zellwand abbauenden Enzyms Polygalacturonase (PG). Dies ist für ein Weichwerden der Tomate verantwortlich. Durch Einpflanzen eines „Gegengens" wird die Bildung von PG erheblich verringert. Die Tomaten können am Stock ausreifen und müssen nicht mehr grün gepflückt, gekühlt gelagert und künstlich nachgereift werden. Sie bleiben 14 Tage länger fest als herkömmliche Tomaten und gelangen trotz langer Transportwege im schnittfesten Zustand zum Verbraucher.

Bt-Mais

Die Fraßschäden der Larve des Maiszünslers an Stängel und Kolben der Maispflanze sorgen für einen fast 40%-igen Ernteausfall. Beim gentechnisch veränderten Bt-Mais wird ein zusätzliches Gen aus dem Bodenbakterium *Bacillus thuringiensis* (Bt) eingeschleust. Dieses Gen produziert das Bt-Eiweiß, das bestimmte Schmetterlingslarven wie den Maiszünsler bekämpft. Der Maiszünsler besitzt auf der Oberfläche seines Verdauungstraktes spezielle Bindungsstellen für das Bt-Eiweiß. Das dort gebundene Bt-Eiweiß zerstört Darmzellen, die für die Nährstoffaufnahme wichtig sind. So führt es zum Tod des Insektes. Für andere Lebewesen soll das Bt-Eiweiß harmlos sein und wie die übrigen Eiweiße der Nahrung in Magen und Darm abgebaut werden.

Transgene Zuckerrüben

Beim Zuckerrübenanbau entstehen große Schäden durch das Rhizomania-Virus. Es wird durch einen Bodenpilz auf die Zuckerrübe übertragen und lässt die Hauptwurzel der Pflanze verkümmern. Mithilfe der Gentechnik züchtete man virusresistente Pflanzen. Dabei wurde zunächst die Erbinformation für das Hüllprotein des Virus vermehrt und anschließend isoliert. Der DNA-Abschnitt wurde nun in das Plasmid einer Bakterienzelle eingebaut und mithilfe dieser in das Erbgut der Pflanze eingeschleust. Diese trägt jetzt in ihrem Erbgut die Informationen zum Aufbau der Hüllproteine des Virus. Die Hüllproteine verleihen der gentechnisch veränderten Rübe eine Art Immunität und schützen sie bei Virusbefall vor der Ausbreitung der Infektion.

1 Mindmap „Gentechnik" (Beispiel)

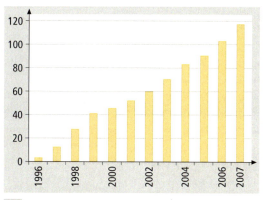

2 Anbauflächen weltweit mit gentechnisch veränderten Pflanzen (in Millionen Hektar)

5.4 Gentechnik – Chancen und Risiken

In zehn Jahren ist die Anbaufläche für gentechnisch veränderte Pflanzen auf weltweit 114 Millionen Hektar angewachsen. Welche Vorteile hat der Anbau gentechnisch veränderter Pflanzen?

Beim Raps hat man beispielsweise mit der Gentechnik **transgene Pflanzen** mit einer Resistenz gegen Unkrautvernichtungsmittel, sogenannte Herbizide, erzeugt. Man kann nun auf den Rapsfeldern unerwünschte Wildkräuter mit Herbiziden bekämpfen, ohne die Rapspflanze zu schädigen. Auch bei Mais und Baumwolle gibt es herbizidresistente Sorten.

In der Tierzucht werden gentechnische Verfahren ebenfalls genutzt. Mithilfe **transgener Nutztiere** versucht man zum Beispiel eine Verbesserung der Milchqualität zu erreichen oder die Zusammensetzung der Kuhmilch so zu verändern, dass sie der Muttermilch ähnelt.
Ein weiterer wichtiger Bereich der Gentechnik ist das „Gen-Pharming". Hier werden landwirtschaftliche Nutztiere wie Rinder oder Schafe als „Bioreaktoren" für die Herstellung von Arzneimitteln gebraucht.

Dennoch gibt es eine große Anzahl von Menschen und Organisationen, die der Gentechnik ablehnend gegenüberstehen. Sie befürchten durch gentechnisch veränderte Lebensmittel unter anderem negative Folgen für ihre Gesundheit.

So sind bei gentechnischen Verfahren *medizinische* und *ökologische Probleme* aufgetreten. Rinder, die mit gentechnisch erzeugten Wachstumshormonen aufgezogen werden, geben diese beispielsweise über die Milch ab. In ihr enthaltene Spuren dieser Stoffe können zu Fehlentwicklungen bei Kindern führen. Gentechnisch veränderte Lebensmittel können außerdem Allergien hervorrufen.

Insektenresistente Pflanzensorten schädigen auch Nützlinge und stören so natürliche Nahrungsketten. So wirkt Bt-Mais nicht nur auf Schädlinge, sondern auch auf einen Nützling, die grüne Florfliege. Außerdem besteht die Gefahr, dass Wildpflanzen in der Nähe dieser Felder durch Wind oder Insekten mit dem Pollen gentechnisch veränderter Pflanzen bestäubt werden.

Aufgrund der Gefahren muss gut überlegt werden, ob der Einsatz gentechnischer Verfahren sinnvoll ist. Kritisch sollte auch der vermehrte Einsatz der Gentechnik beim Menschen begleitet werden.

1. Vergleiche die Gentechnik mit herkömmlichen Züchtungsmethoden. Lies dazu auch im Exkurs „Was ist Gen-Food?" nach. Berichte.
2. Informiere dich über gentechnische Verfahren, zum Beispiel im Internet, und stelle zwei Beispiele vor.
3. Sammle Argumente, die für oder gegen Gentechnik sprechen. Diskutiere diese mit deiner Klasse und vergleiche mit Abbildung 1.

Eine Facharbeit schreiben

Die Facharbeit ist eine selbstständige schriftliche Ausarbeitung. Sie soll zeigen, ob du fähig bist,
- ein gewähltes Thema klar zu erfassen und selbstständig zu bearbeiten,
- fachbezogene Denkweisen und Arbeitsformen anzuwenden,
- die zur Ausarbeitung erforderliche Literatur bzw. das notwendige Material zu beschaffen,
- den Stoff sinnvoll zu gliedern,
- die Ergebnisse in angemessenem Umfang darzustellen und sprachlich einwandfrei und für den Leser verständlich zu formulieren,
- der Arbeit eine korrekte äußere Form zu geben.

Themenwahl
- Thema der Facharbeit aussuchen, Formulierung festlegen unter Mithilfe der Biologielehrkraft.
- Umfang und Schwerpunkte des Themas festlegen. Dabei die zur Verfügung stehenden Zeit und mögliche Informationsquellen berücksichtigen.

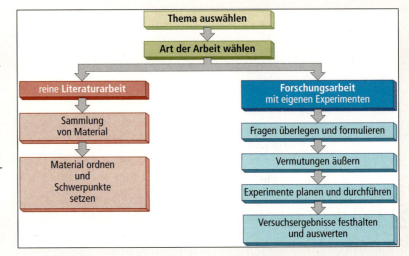

Art der Facharbeit
Bei einer **Literaturarbeit** bereitest du das Thema ausschließlich aus schriftlichen Quellen auf. Dazu kannst du Informationen aus Fachbüchern, Lexika, Zeitschriften oder aus dem Internet verwenden. Besonders Informationen aus dem Internet musst du kritisch prüfen.

Bei einer **praktischen Forschungsarbeit** führst du selbst Experimente durch. Dabei werden Fragen und Vermutungen anhand praktischer Versuche überprüft und Ergebnisse festgestellt.

Gestaltung der Arbeit
- Verwende einen Ordner oder eine Mappe (keine lose Blattsammlung!).
- Gestalte das Deckblatt ansprechend und aussagekräftig. Suche dazu ein besonderes Foto, das zum Thema passt.
- Du kannst auch mit einer Digitalkamera selbst ein Foto erstellen.
- Verwende Fotos und eigene Zeichnungen, um den Text aufzulockern.
- Benutze weißes Papier und beschreibe es einseitig.
- Schreibe den Text möglichst mit dem Computer.
- Verwende die Schrift Calibri (Größe 11) oder Times New Roman (Größe 12) im Blocksatz.
- Setze den Zeilenabstand 1,5-zeilig und lasse rechts und links einen 3 cm breiten Rand zum Beispiel für die Heftung.
- Bringe die Seitenzahlen in der Fußzeile zentriert an.
- Ein neuer Gedanke bekommt einen neuen Absatz.
- Wenn du die Möglichkeit hast, nutze die Neuen Medien zur Erstellung deiner Facharbeit.
- Vergiss nie: Auch elektronisch gespeicherte Information ist geistiges Eigentum.
- Überprüfe kritisch die Qualität und sachliche Richtigkeit von Informationen, die du aus dem Internet entnimmst (siehe auch **Methode „Biologische Sachverhalte verstehen und bewerten"**).

Aufbau der Facharbeit
Nachdem du die Materialien für deine Facharbeit gesammelt hast, musst du die Arbeit folgendermaßen gliedern:
- Titelblatt

- Inhaltsverzeichnis
- Textteil mit Einleitung als Entwicklung der Fragestellung
- Hauptteil mit untergliederten Zwischenüberschriften
- Schlussteil mit Zusammenfassungen der Ergebnisse
- Literaturverzeichnis und Angabe der Hilfsmittel

Textgestaltung

Damit deine Facharbeit übersichtlich gestaltet wird, musst du dem Text eine Gliederung geben:
- Jeder Gliederungspunkt bekommt eine neue Seite, neuer Gedanke einen neuen Absatz.
- Grundsätzlich wird in ganzen Sätzen geschrieben.
- Bilder, Zeichnungen oder Tabellen sollen in den Text eingebunden werden. Sie müssen inhaltlich zum jeweiligen Text passen.
- Wörtliche Übernahmen (Zitate) muss man kennzeichnen. Die Herkunft des Zitates muss im Anhang oder in der Fußzeile anhand der Quelle nachgewiesen werden.
- Ergänzendes Material (Grafiken, Karten, zusätzliche Übersichten, zum Thema gehörende Materialien, …) gehört in den Anhang.

Visualisierung

Vor allem bei komplizierten Sachverhalten hilft es, diese durch Bilder oder grafische Darstellungen zu hervorzuheben und zu veranschaulichen.
- *Fotos, Bilder, Zeichnungen* oder *Karikaturen* veranschaulichen Sachverhalte. Sie können auch Gefühle wecken und zum Nachdenken anregen. Sie sollen aussagekräftig sein und nicht nur „schmückendes" Beiwerk darstellen.

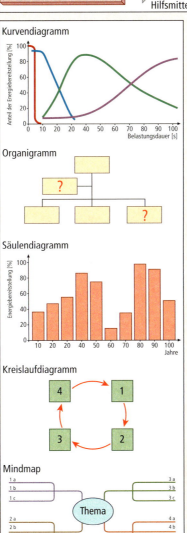

- *Tabellen* helfen, Texte übersichtlich zu gliedern und Sachverhalte anschaulich darzustellen.
- *Kurvendiagramme* zeigen den Verlauf von Sachverhalten. Dabei wird die Abhängigkeit von zwei veränderlichen Werten veranschaulicht.
- *Säulendiagramme* lassen Zahlenwerte anschaulich vergleichen.
- *Kreisdiagramme* zeigen die prozentuale Verteilung.
- *Kreislaufdiagramme* können die Beziehungen einzelner Abschnitte verdeutlichen.
- *Baumdiagramme* können gegliederte Hierarchieebenen und Abstammungen darstellen.
- *Flussdiagramme* veranschaulichen Abläufe.
- *Mindmaps* ordnen Teilthemen und zeigen deren Beziehungen und Zusammenhänge zum Hauptthema auf.
- *Organigramme* zeigen Entwicklungsstufen und Abstammungen.
- *Modelle* können Aufbau und Funktionen verdeutlichen.
- *Gegenstände* oder *Produkte* können mit allen Sinnen erfasst werden.

Gene und Vererbung

Gene und Vererbung

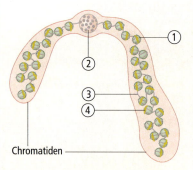
Chromatiden

A1 a) Ordne den Ziffern in der Schemazeichnung die richtigen Begriffe zu.
b) Welchen Vorteil besitzt die besondere Art des Feinbaus beim Chromosom? Erläutere.
c) Nenne die Aufgaben, die Chromosomen in den Zellen aller Lebewesen haben.

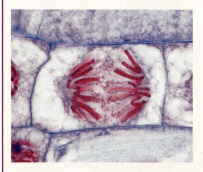

A2 a) Erläutere die Begriffe: Chromatid, homologe Chromosomen, doppelter Chromosomensatz, Reduktionsteilung.
b) Schreibe in Stichworten den Verlauf der Mitose auf.
c) Welche Phase der Mitose ist auf dem Foto dargestellt? Begründe deine Aussage.
d) Wie wird verhindert, dass sich der Chromosomensatz bei der Befruchtung einer Eizelle durch eine Spermazelle verdoppelt? Erläutere.
e) Wachstum der Organismen durch Teilung – ein Widerspruch? Gib eine Stellungnahme dazu ab.

A3 Welche der folgenden Aussagen sind richtig? Begründe deine Entscheidung und berichtige die falschen Aussagen.
a) Es werden nur Körpermerkmale wie Haarfarbe oder Blutgruppe vererbt.
b) Jedes Lebewesen besitzt eine unterschiedliche Anzahl von Chromosomen.
c) Frauen bestimmen mit dem X-Chromosom das Geschlecht des Neugeborenen.
d) Genorte auf den Chromosomen werden mithilfe des Crossing over ermittelt.
e) Im Chromosom ist die DNA in Form zahlreicher kleiner Kugeln eingelagert.

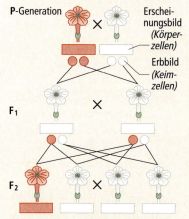

A4 a) Welcher Erbgang ist in der Zeichnung dargestellt? Nenne die zugehörigen MENDELschen Regeln für die F1- und F2-Generation.
b) Wie ermittelt man beim dominant-rezessiven Erbgang das Erbbild? Erläutere.
c) Erkläre die Unabhängigkeitsregel und gib eine Beispiel an.
d) Welche Möglichkeiten eröffnet die Unabhängigkeitsregel für die Züchtung von Pflanzen und Tieren? Berichte.

A5 a) Welche Erbkrankheit ist auf der Abbildung zu sehen und wodurch wird sie ausgelöst? Berichte.
b) Vergleiche Mutation und Modifikation miteinander und gib jeweils ein Beispiel an.

A6 a) Wie kann man beim Menschen erforschen, welche Einflüsse Erbe oder Umwelt auf seine Entwicklung haben? Berichte.
b) Nenne die Ursache des DOWN-Syndroms.
c) Erläutere, was man unter dem genetischen Fingerabdruck des Menschen versteht und wo dieser verwendet wird.
d) Nenne die Bedeutung von Stammzellen für den Menschen und nenne Gründe, warum die Forschung gesetzlich geregelt wird.

A7 a) Erläutere die Begriffe Auslesezüchtung und Kombinationszüchtung. Gib jeweils ein Beispiel an.
b) Stelle zwei biotechnische Verfahren in der Tier- und Pflanzenzucht anhand von Beispielen dar.
c) Was sind transgene Nutzpflanzen und Tiere? Erläutere.
d) Nenne Vorteile und Risiken von Gen-Food.

Gene und Vererbung

Ähnlichkeit

- Die Weitergabe von Merkmalen an die Nachkommen heißt Vererbung.
- Vererbt werden körperliche Merkmale, aber auch Fähigkeiten und Fertigkeiten.

Chromosomen

- Auf den Chromosomen liegen die Erbanlagen, auch Gene genannt.
- Die Anzahl der Chromosomen ist typisch für jede Art. Der Mensch hat zum Beispiel 46 Chromosomen in den Körperzellen.
- Die Chromosomen bestehen aus DNA. Diese enthält die Erbinformation.
- Durch Genaustausch beim Crossing over lässt sich der Genort bestimmen.

Mitose – Meiose

- Die Mitose ist eine Zellteilung, die bei allen Wachstumsprozessen abläuft.
- Durch die Verdoppelung der DNA besitzen beide Tochterzellen einen identischen, doppelten Chromosomensatz.
- Die Meiose ist eine Reifeteilung, die bei der Bildung der Ei- und Samenzellen abläuft.
- Während der Meiose wird der doppelte Chromosomensatz halbiert. Dabei werden die Erbanlagen neu kombiniert.

Mendelsche Regeln

- Gregor MENDEL entdeckte Mitte des 19. Jahrhunderts bei Kreuzungsversuchen mit Erbsen die Vererbungsregeln.
- *Uniformitätsregel:* Kreuzt man zwei Individuen einer Art, die sich in einem Merkmal reinerbig unterscheiden, so sind die Nachkommen in der F1-Generation in diesem Merkmal gleich.
- *Spaltungsregel:* Kreuzt man die Mischlinge der F1-Generation unter sich, so treten in der F2-Generation die Merkmale der P-Generation in einem bestimmten Zahlenverhältnis wieder auf.
- *Unabhängigkeitsregel:* Kreuzt man Individuen, die sich in mehreren Merkmalen reinerbig unterscheiden, so werden die einzelnen Anlagen unabhängig voneinander vererbt.

Mutation und Modifikation

- Mutationen sind Veränderungen im Erbgut, die vererbt werden können.
- Modifikationen sind nicht vererbbare Anpassungen an die Umwelt.

Erbregeln gelten auch für den Menschen

- Die Mendelschen Regeln gelten auch für den Menschen.
- Bestimmte körperliche Merkmale wie die Blutgruppen werden dominant-rezessiv vererbt.
- Erbkrankheiten werden dominant oder rezessiv vererbt.
- Die Merkmale des Genoms eines Menschen sind einzigartig und werden genetischer Fingerabdruck genannt.

Pflanzen- und Tierzucht

- Durch Kreuzung und Auslesezüchtung sind viele Nutztiere und Nutzpflanzen entstanden.
- Embryonentransfer und Klonen sind biotechnische Zuchtmethoden.
- Durch gentechnische Verfahren entstehen bei der Übertragung von artfremden Genen sogenannte transgene Organismen.
- Durch die Zucht transgener Nutztiere und Nutzpflanzen erhofft man sich eine Steigerung von Qualität und Leistung.

Stationen eines Lebens

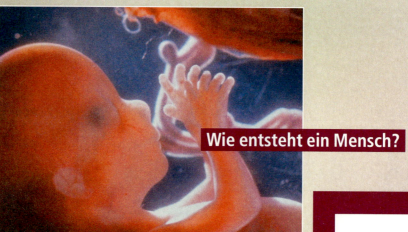
Wie entsteht ein Mensch?

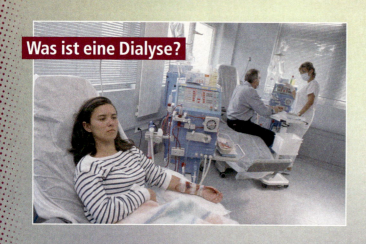
Was ist eine Dialyse?

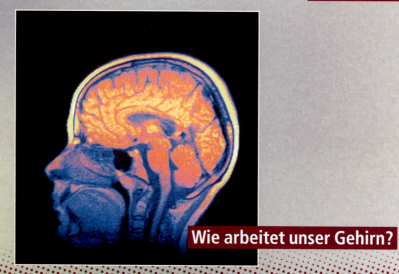
Wie arbeitet unser Gehirn?

Können Tiere lernen?

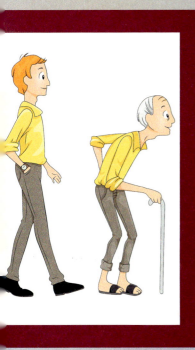

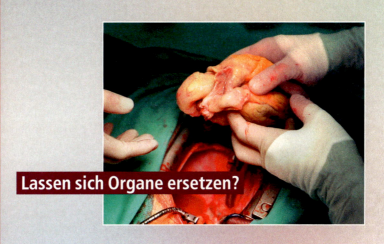
Lassen sich Organe ersetzen?

Legal, also unschädlich?

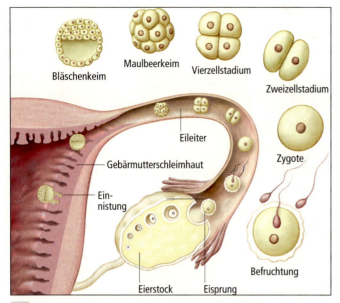

1 Von der Befruchtung der Eizelle bis zur Einnistung

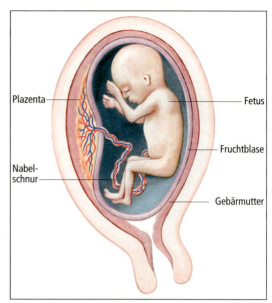

2 Fetus in der Gebärmutter

1 Die Entwicklungsphasen eines Menschen

1.1 Keimesentwicklung und Embryonalphasen

In den Eierstöcken einer Frau werden Eizellen gebildet. Jeden Monat wird eine reife Eizelle in den Eileiter abgegeben. Diesen Vorgang nennt man *Eisprung*. Kommt es in dieser Zeit zum Geschlechtsverkehr, kann eine *Schwangerschaft* entstehen. Spermien des Mannes gelangen in die Scheide und wandern durch die Gebärmutter in die Eileiter bis zur befruchtungsfähigen Eizelle. Sobald ein Spermium an die Eizelle andockt, wird die Membran der Eizelle für andere Spermien undurchlässig. Es kann also nur ein einziges Spermium mit seinem Kopf in die Eizelle eindringen und seinen Zellkern freisetzen. Dieser Kern verschmilzt mit dem Zellkern der Eizelle. Diesen Vorgang bezeichnet man als Befruchtung. Die befruchtete Eizelle heißt nun **Zygote.** Etwa einen Tag nach der Befruchtung teilt sich die Zygote. Es entstehen die ersten beiden Zellen des neuen Menschen. Diese teilen sich weiter und nach etwa 96 Stunden entsteht ein Zellhaufen aus etwa 30 Zellen, der **Maulbeerkeim.**

Die Flimmerhärchen des Eileiters transportieren den Keim weiter bis zur Gebärmutter. Währenddessen nimmt die Anzahl der Zellen immer mehr zu. Im Inneren entsteht allmählich ein mit Flüssigkeit gefüllter Hohlraum. Nun nennt man den Keim **Bläschenkeim.** Nach etwa einer Woche nistet dieser sich in die Gebärmutterschleimhaut ein. Damit beginnt die Schwangerschaft.

Aus dem Bläschenkeim entwickeln sich der **Embryo** und auch die Fruchtblase. Der Embryo schwimmt in der mit Flüssigkeit gefüllten Fruchtblase und ist so vor Verletzungen geschützt. Während seiner Entwicklung wird der Embryo über die **Plazenta** mit Nährstoffen und Sauerstoff versorgt. Die Plazenta besteht vorwiegend aus Blutgefäßen, die einerseits von der Gebärmutterschleimhaut, andererseits auch aus Teilen des embryonalen Gewebes gebildet werden. Das Blut des Embryos und das Blut der Mutter bleiben durch eine dünne Membran voneinander getrennt. Durch diese Membran erfolgt der Stoffaustausch. Über Blutgefäße in der Nabelschnur sind Plazenta und Embryo miteinander verbunden.

Innerhalb der ersten vier Wochen wächst der Embryo auf eine Größe von etwa sechs Millimeter heran.

Die Grundgestalt eines Menschen ist jetzt schon gut zu erkennen. Auch das Herz arbeitet bereits. Nach der achten Woche sind alle Organe angelegt. Ab diesem Zeitpunkt wird der Embryo **Fetus** genannt. Er ist jetzt etwa zwei Zentimeter groß und wiegt etwa zwei Gramm. In den nächsten Wochen entwickeln sich alle lebensnotwendigen Organe wie Leber, Niere und Gehirn. Der Fetus bewegt jetzt Arme und Beine und auch den Kopf. Am Ende des dritten Monats sind die Organe voll ausgebildet und funktionstüchtig. Der Fetus lernt schlucken und trinkt Fruchtwasser. Seine Haare wachsen, Nägel an Fingern und Zehen entstehen. Er hat nun eine Größe von ungefähr sechs Zentimetern und ein Gewicht von 15 Gramm erreicht.

In den nächsten Monaten entwickeln sich die Organe des Fetus weiter, damit das Baby auch außerhalb des Mutterleibes überleben kann. Etwa in der 15. Schwangerschaftswoche sind die äußeren Geschlechtsorgane so weit entwickelt, dass man bei dem etwa 10 Zentimeter großen Fetus durch eine Ultraschalluntersuchung das Geschlecht feststellen kann. Zwischen der 16. und 20. Woche ist der Fetus so groß und kräftig, dass es für die Mutter möglich ist, die Bewegungen des Babys zu spüren. Bis zur 34. Woche ist der Fetus fertig entwickelt und wächst nur noch und wird schwerer.

In der Regel wird ein Baby in der 40. Schwangerschaftswoche mit einem Gewicht von etwa 3500 Gramm und einer Körpergröße von ungefähr 50 Zentimeter geboren.

1. Erkläre die Begriffe: Befruchtung, Schwangerschaft, Maulbeerkeim, Bläschenkeim, Embryo, Fetus.
2. Beschreibe die Entwicklung von einer befruchteten Eizelle bis zur Einnistung in die Gebärmutterschleimhaut.
3. Erkläre Aufgabe und Funktion von Fruchtblase und Nabelschnur.
4. Beschreibe die körperlichen Veränderungen von Embryo und Fetus anhand der Abbildungen 3 bis 6.
5. Informiere dich, zum Beispiel im Internet, über die Fähigkeiten eines Fetus im Alter von 8 Wochen, 12 Wochen, 16 Wochen, 20 Wochen 25 Wochen, 30 Wochen. Berichte.

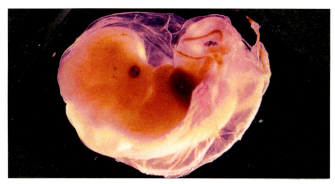

3 Embryo, 4. Woche

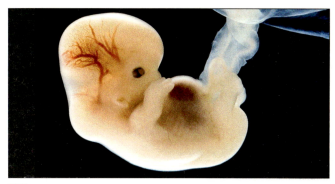

4 Fetus, 8. Woche

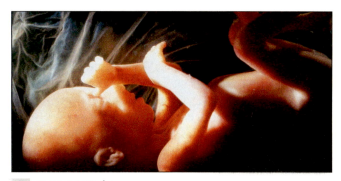

5 Fetus, 14. Woche

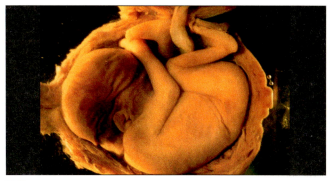

6 Fetus, 30. Woche

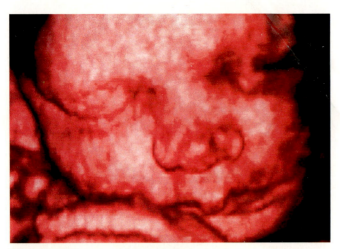

1 Ultraschallbild eines Fetus im Mutterleib

1.2 Vorgeburtliche Untersuchungen

Ist mein Kind auch gesund? Eine Frage, die wohl jedes werdende Elternpaar beschäftigt. Eine **pränatale Diagnostik** kann Aufschluss darüber geben. Bei der **Ultraschalluntersuchung** werden Organe und Skelett des Fötus mittels Schallwellen sichtbar gemacht. Es wird zum Beispiel kontrolliert, ob sich der Fötus richtig eingenistet hat und ob eine Mehrlingsschwangerschaft vorliegt. Die Untersuchung der Nackenfalte des Embryos auf Flüssigkeitsansammlungen kann zum Beispiel einen Hinweis auf einen möglichen Herzfehler oder auf eine *Trisomie 21* (Down-Syndrom) geben. Bei regelmäßigen Untersuchungen während der Schwangerschaft werden die Organe des Ungeborenen, seine Extremitäten, Entwicklung, Durchblutung, Bewegungsmuster und die Lage genau untersucht.

Für eine **Fruchtwasseruntersuchung** führt man eine Hohlnadel durch die Bauchdecke der Mutter und entnimmt Fruchtwasser. Die darin enthaltenen Zellen des Kindes werden in einer Zellkultur gezüchtet und auf Erbkrankheiten hin untersucht. Außerdem lassen biochemische Untersuchungen Rückschlüsse auf die Sauerstoffversorgung und eventuelle Fehlbildungen von Gehirn und Nervensystem zu.

Bei der **Chorionzottenuntersuchung** werden Zellen aus der Plazenta entnommen. Sie enthalten dieselben Erbinformationen wie die Körperzellen des Fötus. Auch bei ihnen können Chromosomenfehler und Erbkrankheiten nachgewiesen werden.

Bei der **Nabelschnurpunktion** wird Blut aus der Nabelschnur entnommen. Diese Nabelschnurpunktion kann sehr gefährlich für Mutter und Kind werden. Sie wird deshalb nur in begründeten Ausnahmefällen zum Beispiel zum Nachweis von Blutunverträglichkeit und Infektionen zwischen Mutter und Kind durchgeführt.

Alle diese Eingriffe in den Mutterleib sind allerdings auch mit Risiken verbunden. Gehören die werdenden Eltern nicht zu einer Risikogruppe, wie Spätgebärende, oder bei vermuteten erblichen Gendefekten, reichen die Regeluntersuchungen der normalen Schwangerschaftsvorsorge aus.

1. Beschreibe die in Abbildung 2 dargestellten Methoden der pränatalen Diagnostik.
2. Es besteht der Verdacht auf eine Trisomie 21. Welche Untersuchungsmethoden eignen sich für die Untersuchung? Erläutere.
3. Informiere dich, z. B. im Internet, über Risiken der in Abbbildung 2 gezeigten Methoden. Berichte.

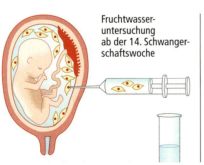
Fruchtwasseruntersuchung ab der 14. Schwangerschaftswoche

Chorionzottenuntersuchung 9.–12. Schwangerschaftswoche

24-h-Kultur oder Langzeitkultur

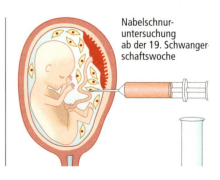
Nabelschnuruntersuchung ab der 19. Schwangerschaftswoche

2 Methoden der pränatalen Diagnostik

1.3 Präimplantationsdiagnostik in der Diskussion

Können wir zukünftig körperliche und geistige Merkmale unserer Babys bestimmen? Macht der medizinische Fortschritt den Weg zum „Designerbaby" frei?
Es gibt zum Beispiel heute schon die Möglichkeit Paaren zu helfen, die aus verschiedenen Gründen auf natürliche Weise keine Kinder bekommen. Eine Möglichkeit stellt die **künstliche Befruchtung** dar. Medizinisch heißt sie In-vitro-Fertilisation **(IVF)** (lat: in vitro – im Glas; Fertilisation – Fruchtbarmachung). Dabei werden mithilfe von Medikamenten die Eierstöcke zur gleichzeitigen Bildung mehrerer Eizellen angeregt. Zum Zeitpunkt des Eisprungs entnimmt ein Arzt Eizellen. Der Arzt bringt nun Eizellen und Samenzellen des Mannes im Labor zusammen. Kommt es zu einer Befruchtung der Eizellen, finden die ersten Stufen der Embryonalentwicklung noch außerhalb des Körpers statt. Anschließend werden ein oder zwei Embryonen in die Gebärmutter eingebracht (implantiert). Nach der Einnistung wird ein Embryo auf natürlichem Wege ausgetragen. Die anderen Embryonen werden entsorgt.

Dabei gibt es die Möglichkeit, den Embryo vor der Implantation in die Gebärmutter zu untersuchen. Deshalb spricht man von **Präimplantationsdiagnostik (PID).** Dem Embryo wird drei Tage nach der Befruchtung eine Zelle entnommen und auf bestimmte Gendefekte hin untersucht. Gesunde Embryonen können implantiert werden, kranke werden „entsorgt". An dieser Stelle wäre es durch gezielte Auswahl in Zukunft auch möglich, nur Embryonen nach gewünschten Merkmalen zu implantieren (Designerbabys).

Die Durchführung der PID ist in Deutschland streng geregelt. Das im Dezember 2011 in Kraft getretenen *Präimplantationsdiagnostik-Gesetz* lässt PID nur zu, wenn die Gefahr besteht, dass der Embryo an einer schwerwiegenden erblichen Krankheit leiden wird oder Schäden vorliegen, die mit hoher Wahrscheinlichkeit zur Tot- oder Fehlgeburt führen werden. Außerdem ist eine vorherige Aufklärung und Beratung

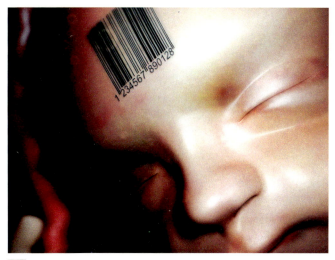

1 Designerbaby der Zukunft?

vorgeschrieben. Eine sogenannte Ethikkommission prüft den Fall und muss eine Zustimmung erteilen. PID darf dann von einem dafür qualifizierten Arzt in zugelassenen Zentren für Präimplantationsdiagnostik durchgeführt werden.

1. **a)** Beschreibe den Vorgang der künstlichen Befruchtung.
   b) Erläutere, was man unter PID versteht.
2. Was kann durch PID verhindert werden? Berichte.
3. Unter welchen Bedingungen ist PID in Deutschland erlaubt? Berichte.
4. Zu PID gibt es sehr gegensätzliche Ansichten. Informiere dich dazu im Internet und beschreibe die verschiedenen Standpunkte.

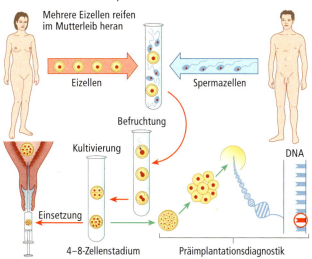

2 Künstliche Befruchtung und PID

1 Lebensphasen

1.4 Lebensalter des Menschen

Der Mensch durchläuft im Verlauf eines langen Lebens verschiedene geistige und charakterliche Entwicklungsstufen. Gesteuert werden diese Prozesse durch ein sich ständig weiter entwickelndes Gehirn. Die ersten Phasen des Lebens durchläuft jeder Mensch in ähnlicher Weise. Mit zunehmendem Lebensalter wird die Entwicklung immer mehr von dem Menschen selbst bestimmt, z. B. durch seine Interessen und die individuelle Lebensgestaltung.

Das Leben eines Menschen kann man in verschiedene Abschnitte gliedern:
Mit der Geburt beginnt die **Säuglingsphase** (1. Lebensjahr). Der Säugling ist völlig abhängig von wenigen engen Bezugspersonen. Sie geben ihm körperliche Nähe, Sicherheit, Geborgenheit und Nahrung, bieten und helfen ein Grundvertrauen aufzubauen. Dies ist die Grundlage ist für eine erfolgreiche soziale Entwicklung.

In der **Kleinkindphase** (2.–3. Lebensjahr) entdeckt das Kind seinen Willen. In diesem sogenannten Trotzalter beginnt das Kind sich abzugrenzen und zu *fremdeln*. Das Kleinkind entwickelt die ersten Ansätze von Selbstständigkeit. In diese Zeit erweitert das Kind seine *Sprachfähigkeiten,* verbessert seine motorischen Fähigkeiten und knüpft zunehmend soziale Bindungen mit seiner Umwelt.

In der **Schulaltersphase** (6. Lebensjahr bis zur Pubertät) steht die Entwicklung von Fähigkeiten im Vordergrund. Das Kind muss enorm viel Neues lernen und verarbeiten.

Eine wichtige Phase der Persönlichkeitsentwicklung ist die **Pubertätsphase** (etwa ab 10.–12. Lebensjahr). Unter dem Einfluss von Sexualhormonen entwickeln sich im Gehirn neue Verbindungen zwischen den Nervenzellen, andere gehen verloren. Möglicherweise sind die Launen und die Entscheidungsschwächen, die Vergesslichkeit und die Unberechenbarkeit und nicht zuletzt auch die Lernschwächen vieler Pubertierender Ergebnisse dieser „Umbaumaßnahmen". Ein Streben nach Selbstständigkeit und die allmähliche Loslösung von der Abhängigkeit von den Eltern führen oft zu zahlreichen Konflikten.

In der **Erwachsenenphase** (ab etwa dem 20. Lebensjahr) erreichen die meisten Menschen ihre höchste körperliche Leistungsfähigkeit. Auch die Aufnahme von neuem Wissen und der Erwerb neuer Fähigkeiten sind jetzt besonders ausgeprägt. Vorwärtskommen im Beruf

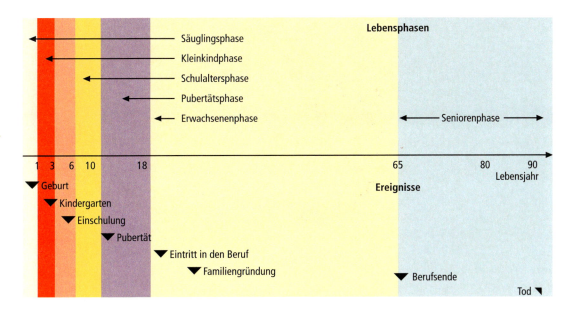

2 Lebensphasen des Menschen und wichtige Ereignisse

und das Setzen von Berufs- und Lebenszielen kennzeichnen diese Lebensphase.

Die **Seniorenphase** beginnt etwa ab dem 65. Lebensjahr. In dieser Phase kann man beobachten, dass mit zunehmendem Alter viele körperliche und geistige Leistungen abnehmen. Die Verarbeitung von neuem Wissen fällt schwer und die Geschwindigkeit, mit der Dinge erfasst werden können, lässt nach. Es wird schwierig, unter Zeitdruck arbeiten zu müssen oder mehrere Tätigkeiten gleichzeitig auszuführen.

In einer **Alterspyramide** kann man sehr anschaulich darstellen, wie viel Menschen sich in der jeweiligen Altersstufe einer Bevölkerung befinden. Dabei bilden die jüngsten Jahrgänge die Basis der Grafik. Früher nahm die Zahl der Angehörigen eines Jahrgangs mit zunehmendem Alter ab, so dass die Form einer Pyramide entstand.
Aufgrund der verringerten Sterblichkeit, der gestiegenen Lebenserwartung und der gesunkenen Geburtenrate sieht die Darstellung der Bevölkerungspyramide 2011 von Deutschland aber anders aus. Bei ihr zeigen sich die Folgen der Bevölkerungsentwicklung (demographischer Wandel) in Deutschland. Die Veränderung der Altersstruktur mit einer Abnahme der unter 20-Jährigen hat zu einer *Überalterung der Gesellschaft* geführt. Mit einem Durchschnittsalter von 44,9 Jahren zählt Deutschland zu den Ländern mit der ältesten Bevölkerung auf der Welt.

1. Zeichne eine Zeitleiste (bis 80 Jahre) und trage dazu die verschiedenen Lebensaltersphasen des Menschen ein. Vervollständige durch Einkleben von Abbildungen zugehöriger Menschen.
2. a) Erläutere anhand der Abbildung 3, wie sich die Bevölkerung Deutschlands zusammensetzt.
b) Suche, zum Beispiel, im Internet die Alterspyramide von Deutschland des Jahres 1910. Vergleiche mit der Alterspyramide 2011. Berichte und gib Gründe für die Veränderungen an.

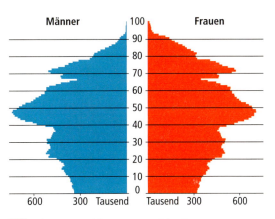

3 Alterspyramide von Deutschland

Stationen eines Lebens

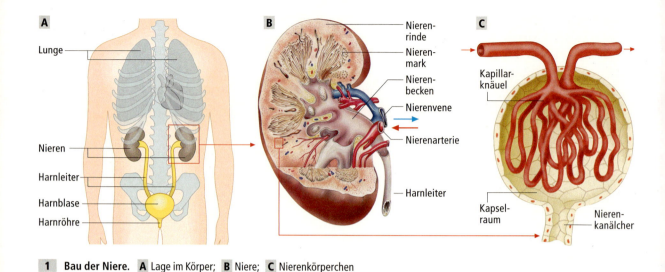

1 Bau der Niere. **A** Lage im Körper; **B** Niere; **C** Nierenkörperchen

2 Einfluss der modernen Medizin auf das Leben des Menschen

2.1 Bei Nierenfunktionsstörungen hilft die Dialyse

Beim Zellstoffwechsel entstehen auch Abbaustoffe, die nicht im Körper bleiben dürfen. Sie gelangen über das Blut in die Nieren und werden dort ausgeschieden. Versagt die Funktion der Nieren, sammeln sich die Abbaustoffe an und können den Körper vergiften. Wie aber schützen die Nieren den Körper vor solchen Vergiftungen?

Unsere beiden Nieren haben eine bohnenförmige Gestalt. Sie sind etwa 13 cm hoch, 6 cm breit und 4 cm dick. Das Blut fließt ständig durch die Nieren – täglich sind es bis zu 14 000 Liter Blut. Von der Hauptschlagader gelangt das Blut über die *Nierenarterie* in die Kapillaren der *Nierenrinde*. In der Nierenrinde liegen etwa 1,2 Millionen Nierenkörperchen. Jedes Nierenkörperchen umschließt wie eine doppelwandige Kapsel ein Knäuel feinster Kapillaren. Da in den Kapillarknäueln die Blutgefäße verengt sind, erhöht sich der Blutdruck. Unter diesem Druck werden aus dem Blut Wasser und alle darin gelösten Stoffe wie durch einen Filter durch die äußerst feinen Poren der Kapillarwände gepresst. So treten *Traubenzucker, Aminosäuren* und *Harnstoff* aus dem Blut in die Nierenkörperchen über. Blutzellen und die großen Proteinmoleküle bleiben im Blut zurück. Auf diese Weise werden täglich etwa 170 Liter *Primärharn* gebildet. Er enthält neben Wasser alle gelösten Stoffe in gleicher Konzentration wie im Blut.

Dieser Vorgang wird von einem Hormon der Hirnanhangsdrüse gesteuert. Es beeinflusst die Porengröße in den Nierenkanälchen und damit die *Rückgewinnung* des Wassers. Ist der Wassergehalt des Körpergewebes zum Beispiel durch eine hohe Flüssigkeitsaufnahme erhöht, wird wenig Wasser zurückgewonnen. Ist der Wassergehalt dagegen niedrig, wird viel Wasser zurückgewonnen. Die Nieren regulieren also den *Wasserhaushalt* des Körpers. Von den gelösten Stoffen werden Aminosäuren und der größte Teil des Traubenzuckers aus dem Primärharn zurückgewonnen. Auch Salze, vor allem *Kalium-* und *Calcium-* sowie *Natriumsalze*, gelangen ins Blut zurück. Die Nieren regulieren auch den *Salzhaushalt* des Körpers.
Wenn der Primärharn die Nierenkanälchen passiert hat und die Sammelrohre durchläuft, bleiben von den ursprünglich 170 Liter nur noch etwa 1,5 Liter übrig: der *Sekundärharn* oder **Urin.** Mit dem Urin scheiden wir täglich 30 bis 40 g Harnstoff aus. Dazu kommen etwa 5 g Kochsalz sowie Harnsäure und andere nicht verwertbare Stoffe. Über die Harnleiter wird der Urin in die Harnblase geleitet und dort gesammelt.

Weiße Blutkörperchen im Urin weisen auf Entzündungen der Nieren oder Harnwege hin. Rote Blutkörperchen oder Proteine lassen auf innere Erkrankungen schließen. Durch eine Urinprobe kann auch die *Einnahme von Dopingmitteln oder Drogen* nachgewiesen werden.

Wenn die Nieren nicht mehr arbeiten, tritt nach ein paar Tagen der Tod ein, weil der Körper durch Abfallstoffe vergiftet wird. Eine *künstliche Niere* kann dann vorübergehend die Entgiftung des Blutes übernehmen. Diesen Vorgang der „Blutreinigung" nennt man **Dialyse**.

Das Blut des Patienten wird dabei durch ein System von dünnen Röhrchen geleitet, die von einer Spülflüssigkeit, der Dialyseflüssigkeit, umgeben sind. Diese feinen Röhrchen bestehen aus porösem Material, das wie eine *semipermeable Membran* wirkt. Die feinen Poren lassen kleine Moleküle wie Wasser, Salze und giftige Stoffwechselprodukte (zum Beispiel Harnstoff, Harnsäure) durch, halten aber große Moleküle wie Eiweiße und Blutzellen zurück.

Die Dialyseflüssigkeit und das Blut, werden fortwährend durch den Dialysator gepumpt. Die Giftstoffe wandern dabei durch die Membran aus dem Blut in das Dialysat. Die Dialyseflüssigkeit selbst besteht aus reinem Wasser und Salzen. Der ständige Einsatz der Dialyse ist allerdings kein vollwertiger Ersatz für die erkrankte Niere, da der Eingriff mit Risiken verbunden ist (Infektion, Unverträglichkeit, Einschränkung der Beweglichkeit). In manchen Fällen reicht eine Dialyse nicht mehr aus. Dann ist die **Transplantation** einer Spenderniere die einzige wirksame Hilfe.

1. Berichte anhand der Abbildungen 2 und 3 über die Funktion der Niere.
2. Vergleiche die Zusammensetzung des Primärharns mit der Zusammensetzung des Urins.
3. Erkläre, was eine Untersuchung des Urins aussagen kann.
4. Begründe, warum Nierenversagen zum Tode führen kann.
5. Erläutere die Funktionsweise der Dialyse.
6. Warum kann einem Nierenkranken oft nur eine Nierentransplantation wirksam helfen? Begründe.

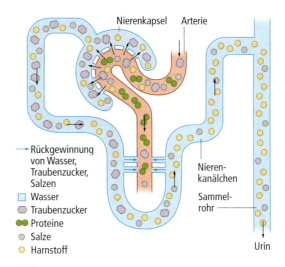

2 Funktion der Niere (Schema)

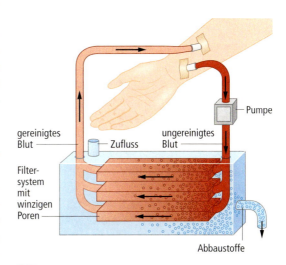

3 Dialyse (Schema)

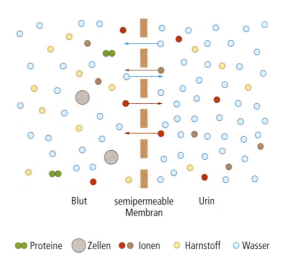

4 Funktion der semipermeablen Membran

Stationen eines Lebens

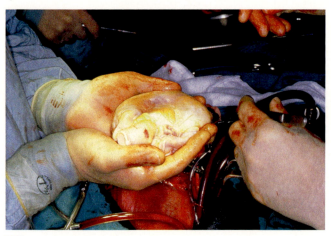

1 Herztransplantation

2.2 Organtransplantationen können Menschenleben retten

Im Jahre 1967 gelang es dem südafrikanischen Arzt Christiaan BARNARD zum ersten Mal, einem Patienten das Herz einer verunglückten Frau einzusetzen. Der 55-jährige Patient konnte die Operation nur kurz überleben. Heute sind die Überlebenschancen höher und **Transplantationen** von Organen gehören schon fast zur medizinischen Routine.

Der Grund dafür, dass die Patienten nach den ersten Transplantationen so bald starben, liegt im *Immunsystem*. Unser Immunsystem erkennt das neue Organ als Fremdkörper und zerstört es. Der Grund für diese **Abstoßungsreaktionen** liegt in der unterschiedlichen Oberflächenstruktur der Zellen beider Lebewesen. Der Körper „erkennt" diese ihm unbekannten Strukturen auf der Zelle und das Immunsystem reagiert wie bei einer Virusinfektion. Die Oberflächenstruktur ist genetisch bestimmt. Jedes Individuum hat eine eigene Zelloberflächenstruktur. Aus diesem Grund sind Verwandte oft besonders geeignete Organspender, da es volle genetische Übereinstimmungen gibt. So wurden auch die ersten erfolgreichen Organtransplantationen mit – genetisch identischen – eineiigen Zwillingen durchgeführt.

Durch Medikamente kann die Abstoßungsreaktion unterdrückt werden. Diese Medikamente haben aber den Nachteil, dass die Patienten anfälliger gegen Infektionskrankheiten werden. Trotzdem überwiegen die Vorteile.

Zur Transplantation werden **Organspenden** gebraucht. Dabei handelt es sich um Herz und Lungen sowie Leber, Nieren und Bauchspeicheldrüsen. Man kann mittlerweile aber auch Teile des Dünndarms, Kniegelenke, Hände und Arme transplantieren. Auch **Gewebespenden** sind möglich. Die Hornhauttransplantation ist die am längsten und am häufigsten durchgeführte Transplantation überhaupt. Die Übertragung von Knochenmark hilft Patienten, die an Leukämie und vielen anderen Bluterkrankungen leiden.

Organe können Organspendern nur nach einem gesetzlich streng geregelten Verfahren entnommen werden. So müssen zum Beispiel drei Ärzte den Tod des Organspenders feststellen. Lange stellten Mediziner durch Kontrolle des *Herzschlags* und der *Atmung* fest, ob ein Mensch noch lebt oder tot ist. Derzeit gilt der **Hirntod** als klinischer Tod. Aus medizinischer Sicht ist ein Mensch tot, wenn alle Hirnfunktionen unwiderruflich ausgefallen sind.

Das Problem ist, dass es zu wenige Organspender gibt. Viele Menschen scheuen sich, im Todesfall Organe zur Verfügung zu stellen. Doch sie könnten damit Leben retten.

Seit einigen Jahren gibt es **Kunstherzen.** Es sind kleine Pumpen, die in die linke oder rechte Herzkammer eingepflanzt werden und die vorübergehend die Pumpfunktion des Herzens übernehmen können. Sie dienen als Herzunterstützungssystem für die Überbrückung während der Wartezeit auf ein Spenderherz.

1. Warum überlebten die Patienten der ersten Transplantationen nur kurze Zeit? Erläutere.
2. Medikamente, die das Immunsystem hemmen, sind nach der Transplantation erforderlich. Sie fördern aber den Ausbruch von Infektionskrankheiten. Erkläre diesen Zusammenhang.
3. Vergleiche die Feststellung des klinischen Todes früher und heute. Nimm Stellung dazu.
4. Zähle Gründe auf, die für oder gegen eine Organspende sprechen.

Arbeitsteilige Gruppenarbeit zur Organspende

Eine Form des Gruppenunterrichtes ist die arbeitsteilige Gruppenarbeit. Diese Arbeitsform eignet sich besonders, wenn ein *Rahmenthema verschiedene Teilthemen* enthält.

Festlegung des Themas

Vor Beginn der Gruppenarbeit legt man mit Hilfe der Lehrkraft das Rahmenthema fest. Als Beispiel soll hier das Thema Organspende gewählt werden.

Umfang des Themas

Mit einer Auflistung der Teilthemen für die einzelnen Gruppen wird gleichzeitig der zeitliche und inhaltliche Umfang des Themas festgelegt. Auch sollte ein zeitlicher Rahmen für die Arbeit der einzelnen Gruppen festgelegt werden.

Gruppenbildung

Eine Gruppengröße von vier bis sechs Schülerinnen und Schülern ist eine günstige Größe für die Bearbeitung der Aufgaben. Die Gruppen können zum Beispiel gebildet werden:

- nach Zufall: Sitzordnung, Abzählen, Nummern ziehen, …
- *nach Interesse:* sachbezogene Zuordnung
- *nach Sympathie:* freie Wahl der Gruppenpartner

Arbeitsgruppen zum Thema Organspende

Gruppenthema:	Materialien:
G1 Gesetzliche Voraussetzung für eine Organ- oder Gewebespende	Transplantationsgesetz Deutsche Transplantationsgesellschaft
G2 Gesundheitliche Voraussetzungen bei Spender und Empfänger	Universitätskliniken Münster-FAQ-Liste zur Organspende
G3 Problem Hirntot - Wann ist der Mensch tot?	Deutsche Stiftung für Organtransplantation
G4 Ablauf einer Organspende	Deutsche Stiftung für Organtransplantation
G5 Organspende ja oder nein - persönliche Entscheidungen	Bundeszentrale für gesundheitliche Aufklärung

Arbeitsschritte in den Gruppen

Die Gruppenarbeit wird vorbereitet und durchgeführt durch:
- Bereitstellung oder Übernahme vorbereiteter Materialien
- Wahl eines Gruppenleiters und eines Teilnehmers für das Festhalten der Arbeitsergebnisse
- Einigung über die Form der Darstellung von Ergebnissen
- Erarbeitung anhand der zur Verfügung stehenden Materialien
- Fixierung der Ergebnisse am Schluss der Gruppenarbeit durch schriftlichen Bericht, mündlicher Vortrag, Wandzeitung, grafische Darstellungen Mindmap

Gruppenergebnisse

Zum Abschluss der Gruppenarbeit sollen:
- die einzelnen Gruppen ihre Ergebnisse vorstellen.
- die Ergebnisse möglichst abwechslungsreich und phantasievoll vorgetragen werden.

METHODE

Stationen eines Lebens

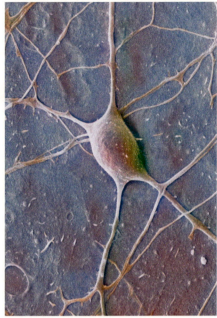

1 Hallenhandballspiel

2 Nervenzelle (gefärbt)

3 Das Nervensystem

3.1 Ein Nachrichtennetz im Körper

Beobachte einmal einen Sportler in Aktion. In Bruchteilen von Sekunden kann er reagieren und je nach Situation laufen, springen, fangen und werfen. Alle Muskeln seines Körpers arbeiten dabei zusammen. Gesteuert wird dies alles vom **Gehirn** im Kopf. Woher aber weiß z. B. ein einzelner Muskel im Bein, was er zu tun hat?

Die Leitung der Befehle erfolgt über „Leitungskabel", die Nerven. Ein besonders dicker Nervenstrang, das **Rückenmark,** setzt direkt am Gehirn an. Gehirn und Rückenmark bilden zusammen das **zentrale Nervensystem.** Im Rückenmark verzweigen sich die Nervenbahnen immer mehr. Dünnere Stränge verlassen das Rückenmark und durchziehen als **peripheres Nervensystem** den ganzen Körper.

Über solche **motorische Nerven** steuert das Gehirn die Bewegungen des Körpers. Manche Nerven leiten aber auch Informationen über den Zustand des Körpers oder von den Sinnesorganen zum Gehirn hin. Dies sind die **sensorischen Nerven.**

Jeder einzelne Nerv besteht neben Blutgefäßen aus mehreren **Nervenfaserbündeln,** die von Bindegewebe zusammengehalten werden und aus vielen einzelnen **Nervenfasern** bestehen.

Diese Nervenfasern enthalten lange Fortsätze von hochspezialisierten Zellen, den **Nervenzellen.** Jede der ca. 125 Milliarden Nervenzellen des Menschen hat einen solchen, von ihrem **Zellkörper** ausgehenden Fortsatz, den man auch **Axon** nennt. Er ist nur fünf bis zehn tausendstel Millimeter dick, kann aber über einen Meter lang werden. Wie ein Nachrichtennetz durchziehen die Nerven den ganzen Körper. Die Gesamtlänge des Nervensystems schätzt man auf etwa 36 000 km.

Außerdem gehen vom Zellkörper auch zahlreiche kürzere, dafür aber stark verzweigte Fortsätze aus, die **Dendriten.** Mit ihnen sammelt die Zelle Informationen von anderen Nervenzellen oder Sinneszellen, die sie verarbeitet und danach über das Axon weitergibt.

Oft umgeben Hüllzellen die Axone. Wie Klebeband sind sie um das Axon gewickelt und wir-

Stationen eines Lebens

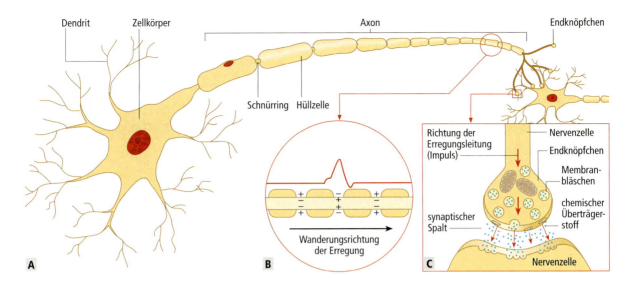

3 Bau und Funktion einer Nervenzelle. **A** Nervenzelle; **B** Erregungsleitung; **C** chemische Synapse

ken isolierend. Zwischen den einzelner *Hüllzellen* bleiben kleine Lücken, die *Schnürringe*.

Wird eine Nervenzelle erregt, so entstehen im Axon elektrische Impulse, die vom Zellkörper weggeleitet werden. Wegen der isolierenden Hüllzellen können sie sich immer nur an den Schnürringen ausprägen. Die Erregung „springt" also sozusagen von Schnürring zu Schnürring. Nervenfasern mit Hüllzellen können die Erregung daher sehr schnell weiterleiten.

Obwohl die Axone sehr lang sein können, schwächt sich der elektrische Impuls nicht ab, sondern wird in voller Stärke bis zum Ende des Axons weitergeleitet. Dort findet man eine Verdickung, das **Endknöpfchen.** Die Endknöpfchen stellen die Verbindung zu den folgenden Nervenzellen oder den zu steuernden Muskelzellen her. Diese Verbindungsstellen nennt man **Synapsen.**

Wie Untersuchungen gezeigt haben, berühren die Endknöpfchen die Nachbarzellen jedoch in der Regel nicht. Zwischen beiden Zellen befindet sich vielmehr ein mikroskopisch kleiner Zwischenraum, der *synaptische Spalt*. Daher können die elektrischen Impulse auch nicht direkt vom Axon auf die nächste Zelle übergehen. Die Weitergabe muss also anders erfolgen.

Im Endknöpfchen befinden sich zahlreiche *Membranbläschen*. Sie enthalten einen chemischen *Überträgerstoff*. Kommt ein elektrischer Impuls am Endknöpfchen an, verschmelzen einige dieser Bläschen mit der äußeren Membran. Der Überträgerstoff gelangt in den synaptischen Spalt und schließlich zur nächsten Zelle. In ihrer Membran liegen Bausteine, die auf die Anwesenheit dieses Überträgerstoffes reagieren.

Diese **Rezeptoren** lösen dann wiederum einen elektrischen Impuls aus. Gleichzeitig enthält die Membran aber auch Enzyme, die den Überträgerstoff spalten und so unwirksam machen. Die inaktiven Teile werden zurück in das Endknöpfchen transportiert. Dort werden sie wieder zusammengesetzt, in Membranbläschen verpackt und so „recycled".

1. Erläutere anhand der Abbildungen 2 und 3 den Bau eines Nervs. Begründe, warum man ihn mit einem elektrischen Kabel vergleichen kann.
2. Beschreibe, wie Informationsübertragung
   a) innerhalb einer Nervenzellen und
   b) von Nervenzelle zu Nervenzelle weitergegeben werden.
3. Schreibe die fettgedruckten Begriffe in dein Heft. und erläutere sie mit deinen Worten.
4. Was würde ohne das Enzym passieren, das den Überträgerstoff spaltet? Erläutere.

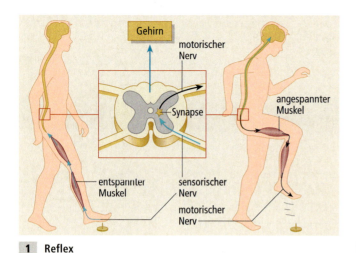

1 Reflex

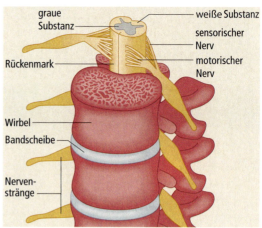

2 Rückenmark

3.2 Das Rückenmark – Schaltzentrale für Reflexe

Wenn wir auf einen spitzen Gegenstand treten, ziehen wir unser Bein ruckartig zurück. Etwas später erst spüren wir den Schmerz und es wird uns bewusst, dass etwas passiert ist.
In solchen und ähnlichen Gefahrensituationen muss der Körper möglichst schnell reagieren, um Schaden abzuwenden. Diese besonders schnellen Reaktionen nennt man **Reflexe**. Wie läuft ein solcher Reflex ab?

Durch den spitzen Gegenstand werden freie Nervenenden in der Haut der Fußsohle gereizt. Die Axone der **sensorischen Nervenzellen**, der *Empfindungsnerven*, leiten die Erregung bis ins Rückenmark. Dort wird die Erregung über eine einzige Synapse auf eine **motorische Nervenzelle**, den *Bewegungsnerv*, übertragen. Ihr Axon führt zurück zu dem entsprechenden Muskel im Bein. Bruchteile von Sekunden nachdem die Fußsohle verletzt wurde, erhält der Muskel den Befehl, sich zusammenzuziehen und das Bein anzuheben.
An dem Reflex sind also nur zwei Nervenzellen beteiligt, eine im Fuß und eine im Rückenmark. Beide sind über eine Synapse direkt miteinander verbunden und bilden einen **Reflexbogen**. Über diese „kurze" Verbindung kann die Reaktion schnell erfolgen. Dagegen ist im Gehirn zu diesem Zeitpunkt noch keine Information über die Verletzung angekommen. Es kann über eine Sekunde dauern, bis das Gehirn alle Informationen verarbeitet hat und wir den Vorfall bewusst wahrnehmen.

Das Rückenmark ist nicht nur die Schaltzentrale für eine ganze Reihe von Reflexen. Es dient auch als eine Art Verteilerzentrale: Fast alle vom Gehirn kommenden oder zum Gehirn führenden Nervenbahnen laufen durch das Rückenmark. Seine Funktion ist für uns also lebenswichtig. Wird das Rückenmark zerstört oder verletzt, kommt es zu Lähmungen, die auch zum Tod führen können. Das Rückenmark liegt daher gut geschützt im Inneren der Wirbelsäule. Auf der Höhe jedes einzelnen Rückenwirbels treten sensorische Nerven in dicken Strängen in das Rückenmark ein und motorische gehen daraus hervor.
Im Querschnitt des Rückenmarks erkennt man zwei Bereiche. Umgeben von einem weißlichen Randbereich ist ein dunklerer, schmetterlingsförmiger Innenbereich. In dieser **grauen Substanz** liegen die Zellkörper und Dendriten der Nervenzellen. Hier sind die Nervenzellen verschaltet und hier werden die Reflexe ausgelöst. Die äußere **weiße Substanz** wird überwiegend von den Axonen gebildet, die Informationen zuleiten oder ableiten.

1. Zeichne ein Schema vom Ablauf des Schmerzreflexes und beschreibe.
2. Nenne weitere Reflexe und ihre Aufgaben.
3. a) Was passiert beim Bandscheibenvorfall?
   b) Informiere dich über die Auswirkungen auf die Nerven und berichte.

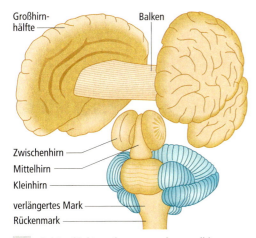

1 Gehirn (Gehirnteile getrennt dargestellt)

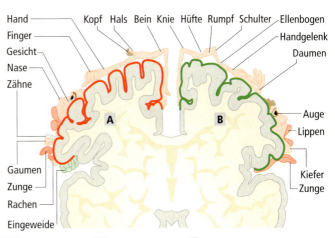

2 Rindenfelder. **A** Körperfühlregion; **B** Region der Körperbewegungen

3.3 Das Gehirn – übergeordnete Schaltzentrale

Unser Gehirn ist ein aus mehreren Teilen aufgebautes Organ, das die gesamten Lebensvorgänge in unserem Körper steuert. Das **Großhirn** bedeckt die anderen Teile des Gehirnes fast völlig. Es ist durch eine tiefe Furche in der Mitte in eine linke und eine rechte Hälfte geteilt. Beide Hälften sind über den sogenannten **Balken** miteinander verbunden. Unter dem hinteren Teil des Großhirns liegt das **Kleinhirn**, dessen Furchen viel feiner sind. Etwa in der Mitte des Gehirns liegen **Zwischenhirn**, **Mittelhirn** und **Verlängertes Mark**.

Jeder dieser Hirnbereiche erfüllt unterschiedliche Aufgaben. So ist das Sprachzentrum in der linken Seite des Großhirns für das Verstehen und Sprechen von Sprache zuständig.

In der stark gefalteten Großhirnrinde laufen das bewusste Erleben und die bewusste Steuerung unseres Körpers ab. Hier ist auch der Sitz unseres Gedächtnisses und unserer geistigen Fähigkeiten. Es gibt im Großhirn Bereiche, die Informationen von den Sinnesorganen erhalten, die *Körperfühlregionen*. Diese Bereiche sind zum Beispiel für Schmerzempfindungen oder das Wiedererkennen von Bildern oder Gegenständen zuständig. Von anderen Bereichen, den *Regionen der Körperbewegungen*, werden die Bewegungen der Skelettmuskulatur gesteuert. Da diese Bewegungen durch den Willen bewusst beeinflusst werden, spricht man auch vom **autonomen Nervensystem**.

Die Lage dieser Großhirnbereiche kennt man durch langjährige Beobachtungen an Patienten mit den verschiedensten Gehirnschäden. Die Schädigung eines kleinen Bereiches des Großhirns hinter der Stirn führt zum Beispiel zum Verlust des Kurzzeitgedächtnisses, während alle anderen Gehirnfunktionen oft völlig normal ablaufen. Man kann daraus also schließen, dass das Kurzzeitgedächtnis an eben dieser Stelle im Großhirn liegt. Durch solche Forschungen sind regelrechte Landkarten des Großhirns und der anderen Gehirnteile entstanden. Sie zeigen, in welchen Bereichen welche Funktionen bearbeitet werden.

Die Aufgaben sind in den beiden Gehirnhälften nicht gleich verteilt. So steuert die linke Hälfte die Bewegungen der rechten Körperseite und umgekehrt. Bei den meisten Menschen ist die linke Hälfte für logisches Denken und die Auswertung von Erfahrungen zuständig. In der rechten Hälfte findet man hingegen Felder, die für Kreativität, Fantasie und Kunstverständnis zuständig sind.

1. Zeige am Modell die einzelnen Gehirnteile.
2. Wie könnte man erforscht haben, welche Bereiche der Großhirnrinde für das Sehen zuständig sind?
3. Bei Patienten mit Verletzungen am Großhirn können Funktionsausfälle nach einiger Zeit zum Teil wieder behoben werden. Erkläre.

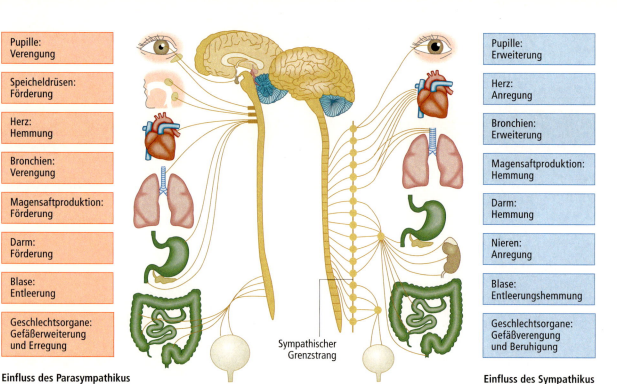

1 Wirkungsbereiche des vegetativen Nervensystems

3.4 Steuerung ohne Willen – das vegetative Nervensystem

Stress – wer kennt dieses Gefühl nicht? Egal, ob vor einem sportlichem Wettkampf, einer Prüfung oder bei Arbeitsüberlastung, ob wir wollen oder nicht: Unser Körper reagiert auf solche Situationen. Besonders deutlich wird dies, wenn wir uns vor etwas erschrecken: Die Bronchien weiten sich, Herzschlag und Atmung werden beschleunigt. So kann mehr Sauerstoff in den Körper gelangen. Hingegen werden Organe gehemmt, deren Tätigkeit die Gesamtleistung des Körpers mindern oder von der akuten Situation ablenken könnten. Dies gilt etwa für alle Verdauungs- und Ausscheidungsorgane wie Magen, Darm oder Harnblase. Die aufeinander abgestimmten Vorgänge stellen den Körper also ganz auf Leistung ein.

Verantwortlich für diese Vorgänge sind zwei neben dem Rückenmark verlaufende Nervenstränge, die über zahlreiche Verästelungen mit den Organen der Brust- und Bauchhöhle verbunden sind. Dies ist das *sympathische Nervensystem* oder kurz der **Sympathikus**.

Der „Gegenspieler" des Sympathikus wird als *parasympathisches Nervensystem,* auch **Parasympathikus** bezeichnet. Seine Nervenbahnen gehen vom Gehirn und vom unteren Rückenmark aus und sind mit denselben Organen verbunden wie der Sympathikus. Dort bewirken sie jeweils das Gegenteil dessen, was die sympathischen Nerven bewirken. So vermindert der Parasympathikus die Atmung und den Herzschlag, während die Verdauung angeregt wird. Der Parasympathikus ist also der „Entspannungsnerv", der den Körper nach erbrachter Leistung auf Entspannung und Erholung einstellt. Gesteuert werden Sympathikus und Parasympathikus vom Zwischenhirn, das für ein inneres Gleichgewicht von Anspannung und Entspannung sorgt. Da dieses ganze System unwillkürlich arbeitet, nennt man es das **vegetative Nervensystem.**

1. Beschreibe die Reaktionen deines Körpers auf eine Stresssituation.
2. Nenne wichtige Unterschiede zwischen dem autonomen und vegetativen Nervensystem.
3. Welcher Teil des vegetativen Nervensystems ist während des Schlafs aktiv? Begründe.

Krankheiten und Schädigungen des Nervensystems

Gehirnerschütterung

Schlägt der Kopf z. B. bei einem Unfall oder einem Sturz hart auf oder erhält man mit einem Gegenstand einen kräftigen Schlag auf den Kopf, kann es zu einer Gehirnerschütterung kommen. Das Gehirn funktioniert vorübergehend nicht richtig. Regelrecht beschädigt ist es jedoch nicht. Folgen können Benommenheit, Bewusstlosigkeit, Übelkeit und Schwindel sowie Erinnerungslücken sein. Zwar sind auch sie nicht von Dauer, jedoch sollte man Bettruhe einhalten, damit sich das Gehirn erholen kann.

Querschnittlähmung

Bei Verletzungen der Wirbelsäule oder durch Geschwulste kann es zur Schädigung des Rückenmarks kommen. Die Nervenleitungen zu allen Körperbereichen unterhalb dieser Schädigung, also zu mehr oder weniger großen Bereichen des Körpers, werden unterbrochen. Betroffen sein können etwa nur die Beine oder zusätzlich auch der Brustraum und die Arme. Diese kann der Betroffene dann weder spüren noch bewegen. Da Nervenzellen sich nicht regenerieren, ist eine Querschnittlähmung dauerhaft.

Hirnhautentzündung (Meningitis)

Meningokokken sind Bakterien. Bei etwa 5 bis 10 % der Bevölkerung sind sie im Nasen-Rachen-Raum nachweisbar, richten jedoch keinen Schaden an. Ganz selten befallen sie jedoch plötzlich die Häute, die das Gehirn umgeben. Dann lösen sie eine Hirnhautentzündung oder Meningitis aus. Die Symptome wie Fieber, Kopfschmerzen, Gliederschmerzen und Erbrechen werden zuerst oft mit einer Grippe verwechselt. Später wird der Nacken steif, der Rücken verspannt sich und es kommt zu Krämpfen. Unbehandelt ist Meningitis fast immer tödlich – oft nach wenigen Stunden. Auch andere Bakterien, Viren oder Parasiten können Meningitis auslösen.

Kinderlähmung (Polio)

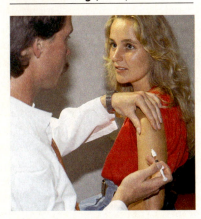

Kinderlähmung ist eine Infektionskrankheit. Die Erreger befallen die graue Rückenmarksubstanz. Im Verlauf der Krankheit kommt es oft zu dauerhaften Lähmungen, vor allem der Beine. Da es keine wirksame Behandlung gibt, ist die Impfung der einzige wirkungsvolle Schutz. Dabei hat die Impfung über eine Spritze die frühere Schluckimpfung abgelöst.

Schlaganfall

Verstopfen Adern, die das Gehirn mit Blut versorgen, können Teile davon absterben. Das kann zu Lähmungen, Bewusstlosigkeit oder dem Verlust der Sprachfähigkeit führen. Oft kann man die verlorenen Fähigkeiten neu trainieren. Dann lernen die verbleibenden Gehirnteile, Aufgaben der abgestorbenen zu übernehmen.

Parkinson-Krankheit

Hierbei bilden sich Gehirnzellen zurück, die für die Steuerung willkürlicher Bewegungen zuständig sind. Folge sind Bewegungsarmut, Zittern in Ruhe, Muskelsteifheit und Gleichgewichtsstörungen. Eine Heilung für diese langsam fortschreitende Krankheit gibt es bisher nicht. Betroffene haben oft Angst, über ihre Krankheit zu sprechen. Es ist ihnen peinlich, nicht mehr alles so zu können wie ein gesunder Mensch. Einen anderen Weg geht z. B. der an der Parkinson-Krankheit leidende Schauspieler Michael J. Fox. Er nutzt seine Bekanntheit, um gegen die Krankheit zu kämpfen und auch andere für diesen Kampf zu gewinnen.

1 Säugling

4 Verhalten des Menschen

4.1 Was schon der Säugling alles kann

Ein neugeborenes Kind betrachtet mit wachem Blick interessiert die „neue" Umgebung. Der Säugling wirkt noch hilflos und ist auf die Zuwendung der Erwachsenen angewiesen. Doch völlig hilflos ist er nicht. Schon kurz nach der Geburt kann man beobachten, was ein Baby alles kann.

Wird der Säugling erstmals an die Brust der Mutter gelegt, bewegt er mit leicht schmatzenden Lippenbewegungen den Kopf hin und her. Er sucht die Brustwarze. Hat er mit Mund oder Wangen die hervorstehende Warze ertastet, öffnet er den Mund und umschließt sie mit den Lippen. Mit Mund und Zunge macht er Saugbewegungen. Der Säugling ist also von Geburt an in der Lage, die Muskeln von Zunge, Mund und Hals so zu koordinieren, dass er diesen **Saugreflex** ausführen kann. Auch Berührungen an den Wangen oder der Mundregion des Säuglings lösen bei ihm den Saugreflex aus. Berührt man mit einem Gegenstand die Handflächen des Säuglings, umschließen seine Finger den Gegenstand und halten ihn fest. Der Säugling lässt erst los, wenn man die Finger vorsichtig einzeln aus der Klammerhaltung löst oder wenn er das Interesse verliert. Dieser **Handgreifreflex** wird auch durch die Berührung mit Haaren ausgelöst. Es wird vermutet, dass dieser Reflex in der frühen Menschheitsgeschichte zum Festklammern im Haarpelz der Mutter diente.

Legt man den Säugling auf den Bauch, macht er mit den Beinen Kriechbewegungen, ohne sich jedoch fortbewegen zu können. Hält man ihn so aufrecht, dass die Füße den Boden berühren, setzt er ein Bein vor das andere. Diese angeborenen Bewegungsabläufe werden in der weiteren Entwicklung durch erlernte Körperbewegungen ergänzt und miteinander verknüpft.

Auch das Schreien und Weinen des Säuglings sind angeboren. Es kann unterschiedliche Gründe für solches **Schreiweinen** geben. Der Säugling zeigt dadurch zum Beispiel an, dass er Hunger hat. Aber auch, wenn ihm etwas nicht gefällt oder er sich nicht wohl fühlt, äußert er dies durch Weinen. Manchmal kann man einen weinenden Säugling einfach beruhigen, indem man ihn auf den Arm nimmt. Wahrscheinlich hat er durch sein Schreiweinen ausgedrückt, dass er sich verlassen fühlt. Der Säugling möchte sozialen Kontakt zu seiner Umwelt aufnehmen. Er zeigt **Kontaktverhalten.** Den Wunsch nach Kontakt äußert er auch durch spontanes Lächeln. Es ist angeboren und wird nicht nach-

2 Verhaltensweisen des Säuglings. **A** Saugreflex; **B** Handgreifreflex; **C** Schreiweinen

Stationen eines Lebens

geahmt, denn selbst blind geborene Säuglinge zeigen dieses Lächeln.

In vertrauter Umgebung und in der Nähe bekannter Personen fühlt sich der Säugling offensichtlich wohl. Oft lächelt er schon, wenn er nur die Stimme seiner Mutter oder seines Vaters hört. Seine enge Bindung an Bezugspersonen zeigt der Säugling dadurch, dass er versucht, sie zu beobachten und zu berühren. Er nimmt Blickkontakt auf und versucht Hautkontakt herzustellen. Das gegenseitige Anlächeln und Berühren zwischen den Bezugspersonen und dem Säugling führt zu einer frühen „Unterhaltung" und festigt die gefühlsmäßige Bindung. Der Säugling entwickelt ein *Vertrauensverhältnis* zu seiner gewohnten Umgebung.

Gelegentlich müssen Säuglinge oder Kleinkinder für längere Zeit von ihren vertrauten Bezugspersonen getrennt werden. Leben sie dann zum Beispiel in einem Heim, kann das Kontaktbedürfnis der Kinder nicht immer ausreichend erwidert werden. In solchen Fällen kann es zu seelischen und körperlichen Schäden kommen. Die Kinder neigen dann zu verstärkter Teilnahmslosigkeit und Schwermut. Oft ist die Entwicklung verlangsamt und die Krankheitsanfälligkeit erhöht. Manchmal leiden solche Menschen ihr Leben lang an den Folgen dieses *Hospitalismus*.

3 Lächeln

1. Nenne angeborene Verhaltensweisen des Säuglings.
2. Feste Bezugspersonen sind wichtig. Begründe.
3. Säuglinge schreien oft. Nenne mögliche Gründe.
4. Erkläre den Begriff „Hospitalismus".
5. a) Beobachte Säuglinge in deiner Umgebung.
   – Wie gehen Bezugspersonen mit ihnen um?
   – Wie reagieren die Säuglinge auf Zuwendung?
   – Womit „beschäftigen" sich die Säuglinge?
   b) Erstelle einen Bericht über deine Beobachtungen.

„Schnulleralarm" im Forschungslabor

Wenn es darum geht, die Fähigkeiten von Säuglingen zu erforschen, müssen die Forscher besonders behutsam sein. In Versuchen lassen sie die Säuglinge Bilder oder Gegenstände betrachten. Man legt sie vor Lautsprecher oder setzt ihnen Kopfhörer auf. Bei den Reaktionen auf verschiedene Reize wird zum Beispiel gemessen und ausgewertet, mit welcher Ausdauer die Säuglinge etwas betrachten oder auch wie kräftig und rhythmisch sie an speziellen Schnullern saugen.

Säuglinge sind sehr früh von Gesichtern fasziniert und reagieren auf ihren Anblick. Wenn sie können, versuchen sie danach zu greifen. In Versuchen zeigte man ihnen Gesichtsattrappen. Dabei betrachteten die Säuglinge die lebensnah gestalteten Darstellungen wesentlich länger als die verfremdeten Gesichtsdarstellungen. Säuglinge können also bereits nach der Geburt Details erkennen und unterscheiden. Abstrakte Strichmuster dagegen unterscheiden Kinder jedoch erst mit sechs Monaten.

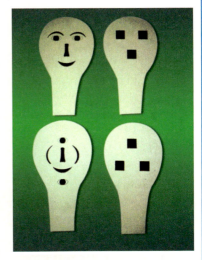

Gesichtsattrappen

EXKURS

Stationen eines Lebens

1 Formen des Lernens. **A** Versuch und Irrtum; **B** Nachahmung

4.2 Lernen – ein Leben lang

Nur durch Lernen von Geburt an bis zum Lebensende können Menschen auf Veränderungen der Umwelt reagieren und ihr Verhalten an die Umwelt anpassen. Lernen findet in jeder Situation des Lebens statt. Auf welche Weise lernen Menschen?

Bereits Säuglinge erforschen neugierig die Beschaffenheit und den Umgang mit Spielzeugen und anderen Gegenständen in ihrer Umgebung. Durch dieses angeborene *Neugierverhalten* lernen die Säuglinge ihre Umwelt im *Spiel* kennen. Wenn Kleinkinder zum Beispiel versuchen, bei einem Puzzle die passenden Teile in die entsprechenden Aussparungen zu legen, brauchen sie anfangs mehrere Versuche. Haben sie zufällig durch **Versuch und Irrtum** Puzzleteile richtig eingepasst, empfinden die Kinder meist Freude über die Lösung des Problems. Belohnt man solches **Lernen am Erfolg** durch Lob, wird die Bereitschaft verstärkt, zukünftig Probleme ähnlich zu lösen.

Kinder beobachten auch die Personen in ihrer Umgebung sehr genau. Wie ihre erwachsenen Vorbilder versuchen sie zum Beispiel mit Werkzeugen umzugehen oder zu schreiben. Zum **Lernen durch Nachahmung** gehört auch, dass Kinder versuchen, typische Verhaltensweisen, Ansichten oder „Sprüche" von Erwachsenen oder Gleichaltrigen nachzuahmen.

Doch nicht alle Problemsituationen lassen sich sofort lösen. Besonders zur Lösung von Problemen aus Technik, Wissenschaft oder Mathematik müssen vorher Lösungsstrategien entwickelt werden. Vielschichtige Probleme werden aufgegliedert und es werden Beziehungen zu ähnlichen Problemen oder anderen Wissenschaften hergestellt. Bei diesem **Lernen durch Einsicht** zeigen sich die besonders ausgeprägten Fähigkeiten des Menschen zum vorausschauenden Planen, Handeln und Denken.

Zum Lernen gehört auch, dass Lernstoff ins Gedächtnis gelangt, behalten wird und man sich später gut daran erinnern kann. Alle Sinnesorgane sind *Eingangskanäle* für den Lernstoff. Lernt man zum Beispiel Vokabeln, kann man die Augen beim Lesen, die Ohren beim Hören oder die Hände beim Schreiben als Eingangskanäle zum Gehirn nutzen. Je nach *Lerntyp* werden bestimmte Eingangskanäle zum Lernen bevorzugt. Meist lernt man Vokabeln durch

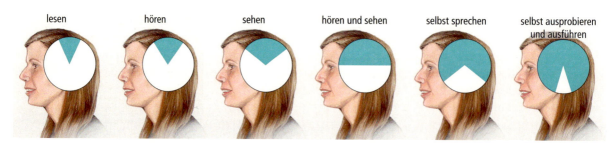

2 Wie viel von dem, was wir aufnehmen, bleibt im Gedächtnis?

Lesen. Man kann sie aber auch zum Beispiel auf einem Handy aufnehmen, dann abhören und die Vokabeln schreiben. Durch solches *mehrkanaliges Lernen* gelangt der gleiche Lernstoff auf mehreren Wegen zum Gedächtnis. Diese Kombinationen steigern meist den Lernerfolg.

Informationen, die von den Sinnesorganen zum Gehirn gelangen, kommen zunächst für den Bruchteil einer Sekunde in den **Ultrakurzzeitspeicher.** Viele davon bleiben für etwa 10 bis 20 Sekunden im Bewusstsein erhalten. In diesem **Kurzzeitspeicher** werden zunächst für uns bedeutsame Informationen gespeichert. Für uns unwichtige Informationen gehen verloren. Werden Informationen, die für die augenblickliche Situation bedeutsam sind, mit Bekanntem verknüpft, gelangen sie in den **mittelfristigen Gedächtnisspeicher.** Hier speichert das Gehirn Informationen der jüngsten Vergangenheit für einige Stunden bis Tage. Wenn man sie zum Beispiel regelmäßig wiederholt, einübt, anwendet und sich „durch den Kopf gehen lässt", werden sie bewusst bearbeitet. Dies führt dazu, dass sie eher in den **Langzeitspeicher** übergehen können und lebenslang erhalten bleiben.

Neue Informationen werden mit bereits gespeicherten verknüpft. Informationen, die nicht mit Bekanntem verknüpft werden oder keine Bedeutung mehr haben, werden allmählich vergessen. Im Gegensatz zum Tier kann der Mensch allerdings auch Fertigkeiten zum Beispiel auf dem Gebiet der Kunst, der Musik, des Sports oder der Fremdsprachen erlernen, die über das hinausgehen, was für das tägliche Leben notwendig ist.

1. Finde heraus, auf welche Weise du am erfolgreichsten Vokabeln lernst. Berichte.
2. Erläutere an der Darstellung der Abbildung 3 die drei Stufen der Informationsspeicherung.
3. a) Der Lernerfolg kann vom Lernumfeld, dem persönlichen Befinden und der Stimmung stark beeinflusst werden. Wodurch könnte der Lernerfolg gefördert werden?
   b) Wodurch könnte der Lernerfolg gestört werden? Berichte.

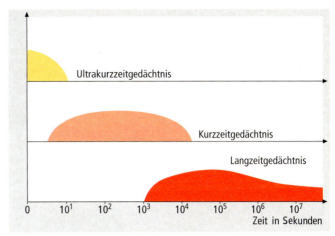

3 Gedächtnisdauer

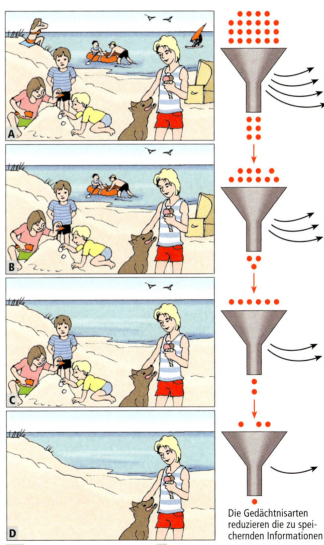

4 Informationsspeicherung. A Informationen im Ultrakurzzeitgedächtnis; B Kurzzeitspeicher; C mittelfristiger Gedächtnisspeicher; D Langzeitgedächtnis

Die Gedächtnisarten reduzieren die zu speichernden Informationen

Das Lernen lernen

Die Fähigkeit zu lernen ist uns angeboren. Manchmal ist es aber ganz schön schwer, sich zum Lernen aufzuraffen. Oft gelingt es uns auch nicht, effektiv zu lernen. Deshalb ist es wichtig, dass du dir Methoden aneignest, die dir helfen, „richtig" und sinnvoll zu lernen. So kannst du einen besseren Lernerfolg erzielen.

Der feste Arbeitsplatz

Zum optimalen Lernen gehört ein angenehmes Lernklima. Deshalb brauchst du einen festen Arbeitsplatz, an dem du dich wohl fühlst und wo du nicht gestört wirst. Achte darauf, dass auf deinem Arbeitsplatz nur die Dinge liegen, die du zum Arbeiten brauchst. So kannst du dich weniger ablenken.

Was kannst du an deinem Arbeitsplatz verbessern?

Feste Lernzeiten

Gewöhne dir feste Zeiten zum Lernen an. Meist ist das Lernen direkt nach dem Essen nicht produktiv. Am Abend bist du müde und wirst von anderem abgelenkt.

Zu welchen Zeiten kannst du am besten lernen?

Der Anfang

Bestimmt fällt es dir manchmal schwer, mit den Hausaufgaben überhaupt anzufangen. Stattdessen beginnst du zu lesen oder zu spielen. Es ist ganz normal, dass du nicht sofort mit Höchstleistung arbeiten kannst. Dein Körper muss sich zuerst auf die Tätigkeit „Lernen" umstellen. Zu Beginn des Lernens solltest du dir einfache Aufgaben vornehmen, die dir Spaß machen. Wenn du nach einiger Zeit eingearbeitet bist, kannst du auch schwierigere Aufgaben schnell lösen.

Übersichtliche Portionen

Um die Menge an Aufgaben überschaubar zu halten, solltest du deine Hausaufgaben in sinnvolle und übersichtliche Portionen aufteilen. Jede Portion sollte in 15–30 Minuten zu bewältigen sein. Beginne mit leichteren Aufgaben, bearbeite im Mittelteil deiner Arbeitszeit die schwierigeren und gegen Ende wieder leichtere Aufgaben. Wechsle zwischen schriftlichen und mündlichen Anteilen.

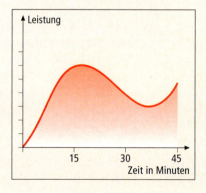

Pausen

Plane zwischen den Arbeitszeiten Pausen ein. Verteile kurze Pausen gleichmäßig über die Arbeitszeit. Solche Pausen können deine Arbeitsleistung steigern.

Lerntypen

Menschen lernen unterschiedlich. Manche lernen leichter durch Lesen, andere durch Hören, andere durch Sehen. Gelerntes ist umso leichter wieder abrufbar, je vielfältiger es im Gedächtnis verankert wurde.

Finde den Lerntyp heraus, der dich am besten zum Erfolg bringt.

Einige wichtige Tipps:
- Lerne neue Vokabeln nicht alle am Stück. Teile sie in Blöcke von wenigen Vokabeln auf. Hilfreich kann ein Lernkarteisystem sein.
- Wiederhole rechtzeitig, damit du dich an vergessene Vokabeln wieder erinnerst.
- Achte auf deine Heftführung. Ein gut geführtes Heft ist unentbehrlich zum Lernen und Wiederholen.
- Bereite dich über einen längeren Zeitraum auf Klassenarbeiten vor. Es ist sinnvoller, an vielen Tagen einige Minuten zu lernen, als am Tag vorher viele Stunden zu büffeln.

1. Nenne fünf Punkte, die dein Lernverhalten positiv beeinflussen.
2. Überprüfe an deinem Lernverhalten, in welchem dieser Punkte du dich noch verbessern kannst.

Lernen und Gedächtnis

Hinweis zur Partnerarbeit bei der Durchführung von V1, V2, V3:
Legt die Rollen von Testperson und Versuchsleiter fest. Tauscht danach die Rollen. Der Versuchsleiter stellt dazu ähnliche Reihen aus 12 Zeichen von Buchstaben und Zahlen zusammen.

V1 Lernen durch Lesen

Material: Stoppuhr

Durchführung: Der Versuchsleiter stoppt die Zeit. Die Testperson liest lautlos die Reihe von Buchstaben und Zahlen, bis sie die Reihe auswendig aufsagen kann:
W A 3 H 7 K B T 5 E 4 S
Wenn die Testperson „stopp" sagt, notiert der Versuchsleiter die Zeit und die Testperson sagt die Reihe fehlerfrei auswendig auf.

Aufgabe: Wie viel Zeit wird benötigt, um die Reihe fehlerfrei auswendig zu lernen?

V2 Lernen durch Hören

Material: Stoppuhr

Durchführung: Der Versuchsleiter stoppt die Zeit und liest der Testperson die Reihe von Buchstaben und Zahlen so lange langsam vor, bis sie die Reihe auswendig aufsagen kann:
8 R Z G L 2 4 M A P 1 X
Wenn die Testperson „stopp" sagt, notiert der Versuchsleiter die Zeit und die Testperson sagt die Reihe fehlerfrei auswendig auf.

Aufgabe: Wie viel Zeit wird benötigt, um die Reihe fehlerfrei auswendig zu lernen?

V3 Lernen durch Lesen und Aufschreiben

Material: Stift; Stoppuhr; Notizzettel

Durchführung: Der Versuchsleiter stoppt die Zeit. Die Testperson schreibt die Reihe von Buchstaben und Zahlen solange auf jeweils einen Notizzettel, bis sie die Reihe auswendig aufschreiben kann:
Z 7 C X 3 A 9 5 N P 8 K
Wenn die Testperson „stopp" sagt, notiert der Versuchsleiter die Zeit und die Testperson schreibt die Reihe fehlerfrei auswendig auf.

Aufgaben:
a) Wie viel Zeit wird benötigt, um die Reihe fehlerfrei auswendig aufzuschreiben?
b) Vergleicht die Ergebnisse der Versuche V 1, V 2 und V 3.
c) Vergleicht die Ergebnisse mit denen eurer Mitschülerinnen und Mitschüler.
d) Erkläre die Ergebnisse.

V4 Lernen mit und ohne Störungen

Material: Stoppuhr; MP3-Player oder ähnliches Wiedergabegerät

Durchführung: *Die Aufgabe lautet: Verdopple die Summe der Zahlen in den Halbkreisen und teile diese durch die Summe der Zahlen in den Ellipsen.*
– Löse die Aufgabe in der Abbildung A und notiere, wie viel Zeit du zur richtigen Lösung benötigst.
– Höre anschließend ein Musikstück sehr laut über Kopfhörer, löse dabei die Aufgabe in der Abbildung B und notiere, wie viel Zeit du zur richtigen Lösung benötigst.

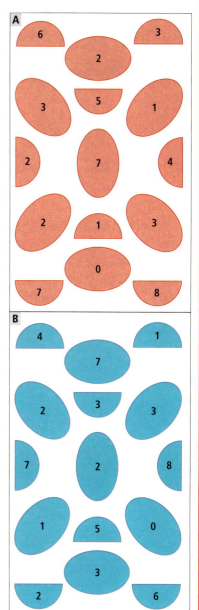

Aufgaben:
a) Vergleiche deine beiden Messwerte.
b) Vergleiche deine Messwerte mit den Ergebnissen deiner Mitschülerinnen und Mitschüler.
c) Welche Folgerung ziehst du aus den Ergebnissen für dein persönliches Lernen?

1 „Fahrstuhleffekt"

2 Imponierverhalten

4.3 Menschen leben zusammen

Menschen leben in sozialen Kontakten miteinander. In diesem Zusammenleben zeigen wir, meist unbewusst, typische Verhaltensweisen.

Trifft man zum Beispiel in Fahrstühlen auf Menschen, die einem fremd sind, versucht man, einen bestimmten Abstand voneinander zu wahren. Man achtet auf die **Individualdistanz.** Jeder scheint einen Raum um sich zu beanspruchen. Gleichzeitig vermeidet man weitgehend Blickkontakt und bevorzugt einen Steh- oder Sitzplatz in Wandnähe. Dieses **Wandkontaktverhalten** verleiht Sicherheit, da man keine „Blicke im Rücken" hat. Im Umgang mit vertrauten Personen dagegen werden Individualdistanz und Wandkontaktverhalten aufgehoben.

Bereits bei Kleinkindern kann man beobachten, dass sie bestimmte Spielzeuge und Gegenstände für sich allein beanspruchen. Dies wird als **Besitzverhalten** bezeichnet.

Beobachtet man Gruppen an Badeplätzen, so kann man feststellen, dass diese jeweils räumlichen Abstand voneinander einhalten. Viele markieren ihren Platz durch Handtücher, Sonnenschirme oder Sandburgen. Damit wird das Bestreben ausgedrückt, ein bestimmtes *Revier* oder *Territorium* zu beanspruchen. Solches **Territorialverhalten** zeigt sich auch dann, wenn Grundstücke und Gärten mit Hecken oder Mauern abgegrenzt werden.

In Kindergartengruppen, Schulklassen oder Gruppen von Erwachsenen kann man meist beobachten, dass einzelne Mitglieder versuchen, das Interesse der anderen auf sich zu ziehen. Sie heben sich zum Beispiel durch laute oder witzige Gespräche oder besondere Talente hervor. Sie nehmen in der Gruppe eine bestimmte soziale Stellung ein. Dieses **Rangordnungsverhalten** sichert ihnen eine entsprechende Position innerhalb der Gruppe. Oft bewirken allein Alter und Geschlecht eine Rangstellung. In der Rangfolge innerhalb der Gesellschaft kann man aber auch auf- oder absteigen.

Im Zusammenleben zeigen Menschen auch Verhaltensweisen, die als **Aggressionsverhalten** zusammengefasst werden. Eine Form von aggressivem Verhalten zeigen bereits die Menschen, die bewusst versuchen, auf sich aufmerksam zu machen. Zum Beispiel versuchen sie dies durch auffälliges Benehmen oder durch Äußerlichkeiten wie teure Kleidung, luxuriöse Wohnungen und Häuser oder kostspielige Fahrzeuge. Solches **Imponierverhalten** zeigt sich auch, wenn Muskelkraft, Uniformen oder Orden und Abzeichen zur Schau gestellt werden.

Stehen sich bei einem Streit die Rivalen gegenüber, so versuchen sie sich zum Beispiel durch aufrechte Körperhaltung, Auslachen, Anschreien und Beschimpfungen gegenseitig einzuschüchtern und zu bedrohen. Solche Verhaltensweisen sind nur einige Zeichen

3 Aggressionsverhalten

von **Drohverhalten.** Eine solche „angedrohte" Kampfbereitschaft kann auch tatsächlich in körperliche Angriffe übergehen. Oft zeigt der Bedrohte oder Eingeschüchterte jedoch seine Unterlegenheit an, indem er sich zum Beispiel vom Rivalen abwendet, sich „klein" macht oder unterwürfig verhält. Zur Beschwichtigung zeigt er **Demutsverhalten.** Auch der Kniefall, der Handkuss oder die Verneigung waren ursprünglich Demutsgebärden.

Eine besondere Art des Aggressionsverhaltens ist die *Aggression gegen Außenseiter.* Kinder oder auch Erwachsene, die sich durch ihr Verhalten oder ihr Äußeres von den übrigen unterscheiden, können leicht Opfer von Spott oder sogar **Mobbing** sein. So „lästern" Kinder oft über Aussehen, Kleidung oder andere Lebensgewohnheiten und Anschauungen. Daraus können Diskriminierungen entstehen, unter denen die Betroffenen sehr leiden.

Aggressionen sind ursprünglich eine natürliche Form des Durchsetzungsvermögens. Inwieweit sich diese angeborene Aggressivität äußert, hängt von der persönlichen Lebenserfahrung ab. Da angeborenes und erworbenes Verhalten miteinander verknüpft sind, kann jeder sein Aggressionsverhalten beeinflussen. So lässt sich Streit auch ohne Anwendung körperlicher Gewalt mit Worten, Mimik und Gestik austragen. Körperliche Betätigungen oder sportliche Aktivitäten können dazu beitragen, aufgestaute Aggression, „Frust" und Ärger abzureagieren und „abzuleiten".

1. Nenne Beispiele für Besitzverhalten, Territorialverhalten, Rangordnungsverhalten und Individualdistanz.
2. Wie gehst du mit Wut, Enttäuschung oder „Frust" um? Nenne Beispiele und versuche eine Bewertung.
3. Beobachte während mehrerer Pausen Schülerinnen und Schüler auf dem Schulhof.
   a) Welche Verhaltensweisen kannst du beobachten. Beschreibe.
   b) Fertige eine Skizze über „Reviere" auf dem Schulhof an.
4. Achte auf Auseinandersetzungen auf dem Schulhof oder auf dem Schulweg.
   a) Beobachte das Verhalten der Rivalen während des Streites. Achte besonders auf ihre Mimik, Körperhaltung und Stimmen. Mit welchen Verhaltensweisen versuchen sie sich einzuschüchtern und zu drohen?
   b) Zeigen sich während der Auseinandersetzung Zeichen von Beschwichtigung? Beschreibe.
   c) Beschreibe die unterschiedlichen Reaktionen der anderen Zuschauer während des Streites.
5. Beispiele aus dem Zusammenleben:

> **A** Kevin sticht nach der Schule einem Mitschüler ein Loch in den Fahrradreifen, weil dieser ihn nicht die Hausaufgaben abschreiben ließ.

> **B** Peter wurde an der Bushaltestelle von einer Gruppe Jugendlicher gezwungen, sein neues Handy rauszurücken. Dabei wurde ihm auch ins Gesicht geschlagen. – Obwohl Peter einen weiten Schulweg hat, fährt er jetzt trotz des schlechten Wetters lieber mit seinem Fahrrad.

> **C** Siegfried ist neu in der Klasse. Seine Mitschüler mögen ihn nicht, weil er so komische Klamotten trägt. Außerdem sagen sie, dass er zu dick und unsportlich ist.
> Schon auf seiner alten Schule hatte er keine Freunde. Dabei hatte er sich so sehr gewünscht, dass er einmal richtig dazugehören kann.

a) Nimm Stellung zu den einzelnen Fallbeispielen.
b) Kannst du von ähnlichen Beispielen berichten?
c) Welche Möglichkeiten siehst du, aggressives Verhalten weitgehend zu vermeiden? Erläutere.

4.4 Der Mensch lässt sich beeinflussen

„Oh, sieht der niedlich aus!" Solche Ausrufe werden beim Anblick eines Babys oft spontan geäußert. Ausdrücke wie „goldig", „niedlich", „putzig", „herzig" oder „süß" verdeutlichen das Entzücken, das ein Säugling hervorruft. Der Betrachter empfindet sofort und ohne zu überlegen eine starke gefühlsmäßige Zuneigung.

Offensichtlich besitzen Säuglinge und Kleinkinder besondere Merkmale, die dieses menschliche Verhalten auslösen. So bewirken der große Kopf mit der hohen Stirn, die großen Augen, die Pausbacken und die tollpatschigen Bewegungen der kurzen „pummeligen" Gliedmaßen beim Erwachsenen gefühlsmäßige Zuneigung und den Wunsch nach Streicheln und Betreuung. Wie kommt das? Babys und auch Kleinkinder haben einige Merkmale gemeinsam, wie zum Beispiel runde, weiche Formen, große Augen, eine hohe, gewölbte Stirn, kleine Nasen und einen kleinen Mund. Dieses Aussehen wirkt auf den Menschen als *Schlüsselreiz*. Alle vom Kleinkind ausgehenden Schlüsselreize fasst man als **Kindchenschema** zusammen. Solche Schlüsselreize passen zu einer *angeborenen Reaktionsbereitschaft* wie ein Schlüssel zum Schloss. Sie lösen beim Betrachter bestimmte *angeborene Verhaltensweisen* wie zum Beispiel ein Pflege- und Schutzverhalten aus.

Auch viele Tiere wie beispielsweise Hamster, Kaninchen oder Eichhörnchen besitzen ausgeprägte Kindchenschema-Merkmale. Ihr weiches und flauschiges Fell verstärkt das Gefühl der Zuneigung und des „Liebhabens". Solche Gefühle können auch Puppen oder Stofftiere wecken. Bei ihnen werden oft die Merkmale des Kindchenschemas stark übertrieben. Diese Spielzeuge finden Kinder niedlich und möchten sie haben, um sie zu pflegen und zu beschützen. Was „süß" aussieht, lässt sich nicht nur gut an Kinder verkaufen, sondern auch an Jugendliche und Erwachsene. Bei Comic-Figuren wie zum Beispiel Donald Duck oder den Teletubbies werden mehrere Reize des Kindchenschemas gleichzeitig hervorgehoben.

1 **Kindchenschema.** A Baby; B Welpe; C Comic-Figuren; C Spielzeughund

2 **Kopfformen von jungen und erwachsenen Tieren und Menschen**

Aussehen, Bewegungen und Stimme wirken als sogenannte **überoptimale Auslöser** für unsere Aufmerksamkeit.

Auch Merkmale von Erwachsenen lösen Aufmerksamkeit aus. Sekundäre Geschlechtsmerkmale von Mann und Frau wirken als **sexuelle Reize** auf den Betrachter. Personen, bei denen sekundäre Geschlechtsmerkmale besonders hervorgehoben sind, ziehen die Blicke auf sich. So rufen bei Frauen die schmale Taille, die Hüften, lange Beine, wohlgeformte Brüste sowie volle rote Lippen Aufmerksamkeit hervor. Bei Männern dienen breite Schultern, schmale Hüften, kräftige Muskulatur oder markante Gesichtszüge als „reizender" Blickfang.

3   Werbung: Darstellung sexueller Reize bei der Frau und beim Mann

Die **Werbung** nutzt die Tatsache aus, dass sich der Mensch unbewusst beeinflussen lässt. Informationen über das Produkt werden gezielt mit Schlüsselreizen verknüpft. Diese sollen angenehme Stimmungen mit dem Produkt verbinden und Vorstellungen hervorrufen oder Wünsche erwecken. So regt die verlockende Darstellung von Nahrungsmitteln die Esslust des Betrachters an. Mit Werbesprüchen wie beispielsweise „Duft von Sinnlichkeit" oder „Hauch von Männlichkeit" werden dagegen persönliche Wunschvorstellungen angesprochen. In der Zahnpastawerbung zum Beispiel bekommt ein Mann eine sehr gut aussehende Frau aufgrund seiner sehr weißen Zähne und seines frischen Atems. Die Werbung für Zahnpasta wird dabei mit einer erotischen Zusatzbedeutung verknüpft.

4   Zahnpastawerbung

Auch im **Supermarkt** wird der Mensch durch Platzierung der Ware an bestimmten Stellen im Regal, eine besonderen Gestaltung der Preisschilder, durch Hintergrundmusik oder auch durch Wegelenkung in seiner Kaufentscheidung beeinflusst. Auch Farbe und Gestaltung der Verpackungen haben Einfluss auf das Kaufverhalten.

5   „Käuferfalle" Supermarkt

1. Gestaltet Plakate mit Beispielen zum Kindchenschema.

2. Wie versucht die Werbung Aufmerksamkeit zu erregen? Sammle Beispiele und stelle sie in der Klasse vor.

3. a) Entwickelt eine Umfrage, um herauszufinden, wie sich Menschen durch Werbung beeinflussen lassen und welche Reize dabei eine Rolle spielen.
b) Führt die Umfrage mit verschiedenen Personengruppen durch und vergleicht die Ergebnisse.

4. Nennt und beschreibt Möglichkeiten, wie das Kaufverhalten im Supermarkt beeinflusst wird.

  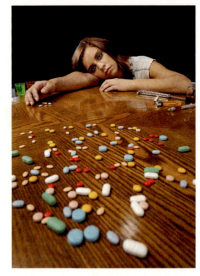

Abhängigkeit – Sucht

Die Weltgesundheitsorganisation (WHO) definiert Abhängigkeit als einen seelischen, eventuell auch körperlichen Zustand, der dadurch charakterisiert ist, dass ein Mensch trotz körperlicher, seelischer oder sozialer Nachteile ein unüberwindbares Verlangen nach einer bestimmten Substanz oder einem bestimmten Verhalten empfindet, das er nicht mehr steuern kann und von dem er beherrscht wird. Abhängigkeit wird heute als Krankheit angesehen.

(Gesundheitsberichterstattung des Bundes von 2011)

1 Beispiele für Suchtformen

5 Drogen und süchtiges Verhalten

5.1 Süchtig – wonach?

Michael sitzt täglich vier Stunden vor dem Computer. Sabrina kauft an einem Nachmittag fünf Paar Schuhe, obwohl ihr Schuhschrank voll ist. Herr Meyer versucht Tag für Tag in einer Spielhalle bei Glückspielen den Hauptgewinn zu bekommen. Kann man bei den genannten Verhaltensweisen von Sucht sprechen? Oder ist nur der Alkoholiker süchtig, der mit der Bierflasche in der Hand den ganzen Tag herumlungert, oder der Junkie, der täglich seine Heroinspritze benötig?

Am Ende eines langen Arbeitstages gehen manche Menschen mit den Arbeitskollegen noch ein Bier trinken oder etwas Gutes essen. Sie belohnen sich auf diese Weise für den stressigen Tag. Andere kaufen zur Ablenkung ein, obwohl sie eigentlich nichts benötigen. Viele Schüler oder auch Erwachsene setzen sich auch vor den Fernseher oder den Computer, um sich zu erholen oder um den Ärger aus der Schule oder am Arbeitsplatz zu vergessen.

So erleben Menschen, dass man durch bestimmte Verhaltensweisen oder durch die Einnahme von bestimmten Substanzen seine Sorgen und Probleme wenigstens für eine kurze Zeit vergessen kann. Beim nächsten Konflikt bemühen sie sich erst gar nicht, ihre Probleme zu lösen, sondern gehen zum Beispiel sofort in die Spielhalle, um die Probleme bei Glücksspielen zu verdrängen. Andere versuchen durch Alkoholgenuss ihre Sorgen zu vergessen. Manchmal hilft es tatsächlich, erst einmal bei irgendeiner Beschäftigung abzuschalten, bevor man sich in aller Ruhe mit seinen Problemen auseinandersetzt. Werden Konflikte jedoch nicht gelöst, kann das ausweichende Verhalten sehr schnell zu einem festen Verhalten des Alltags werden. Man gewöhnt sich daran, in Krisensituationen in einer bestimmten Art und Weise zu reagieren oder nach einer bestimmten „Droge" zu greifen. Mit „Droge" ist alles gemeint, was man überdurchschnittlich konsumiert, womit man schwer aufhören kann und worauf man nicht verzichten kann. Für die Betroffenen beginnt die Spirale der Abhängigkeit. Sie sind **süchtig** geworden.

Es gibt aber nicht nur die *stoffgebundenen Süchte* wie die Alkoholabhängigkeit. Auch ohne die Einnahme von Drogen kann man süchtig werden. So kann das Spielen am Computer schnell zur Sucht werden, da sich der Spieler nur noch mit der Fortführung des Spieles beschäftigt und alles andere vergisst. Aber auch Arbeitssucht oder Essstörungen wie Magersucht und Bulimie können Gesundheitsstörungen zur Folge haben. Glücksspiele oder die Kaufsucht können in die Verschuldung führen.

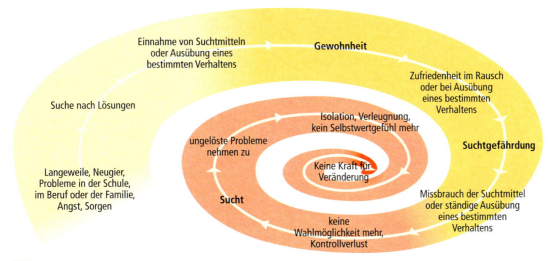

2 Spirale der Abhängigkeit

Sie können das Leben des Süchtigen und auch das seiner Angehörigen beeinflussen oder sogar zerstören. Bei diesen *stoffungebundenen Süchten,* spricht man dann von einer Abhängigkeit, wenn der Betroffene seine Familie, seine Freunde, Schule oder Beruf vernachlässigt und seine Freizeit fast ausschließlich mit seinem krankhaften Verhalten verbringt.

Ist jemand *psychisch (seelisch) abhängig,* zeigt sich dies durch Nervosität und innere Unruhe, wenn das Suchtmittel fehlt. Bei *physischer (körperlicher) Abhängigkeit* „gewöhnt" sich der Körper an die Droge. Um die gleiche Wirkung zu erzielen, muss die Dosis der Droge ständig gesteigert werden. Fehlt das Suchtmittel, treten Entzugserscheinungen auf.

Bei beiden Abhängigkeiten besteht bei den Betroffenen ein immer wiederkehrendes Verlangen nach der erneuten Einnahme des Stoffes oder der Wiederholung eines bestimmten Verhaltens. Menschen, die süchtig sind, können nicht mehr frei über sich selbst entscheiden. Sie werden durch ihre Sucht gesteuert.

Eindeutige Zeichen für eine Suchtgefährdung gibt es nicht. Oft sind mehrere Ursachen Auslöser der Sucht. Sie hängen von dem sozialen Umfeld des Abhängigen, seiner Persönlichkeit und der Verfügbarkeit des Suchtmittels ab.

1. Schreibt auf, wie ihr euch verhaltet, wenn es euch nicht gut geht. Besprecht die Texte anschließend in der Klasse.
2. Es gibt unterschiedliche Süchte.
   a) Beschreibt die Suchtformen, die in der Abbildung 1 dargestellt sind.
   b) Ordnet die Suchtformen nach stoffgebundenen und stoffungebundenen Süchten.
3. Nennt Gemeinsamkeiten und Unterschiede zwischen einer Alkoholabhängigkeit und einer Spielsucht.
4. Erklärt die Begriffe und nennt Beispiele für a) Gewöhnung, b) psychische Abhängigkeiten und c) physische Abhängigkeiten.
5. Beschreibt die in Abbildung 2 dargestellte Spirale der Abhängigkeit.
   a) Wo müsste man eingreifen, um jemanden vor einer Abhängigkeit zu bewahren?
   b) Wo und wie könnte man einem Süchtigen helfen, seine Sucht erfolgreich zu bekämpfen?
   c) Welche Möglichkeiten hat ein Abhängiger selbst, um dieser Spirale der Abhängigkeit zu entfliehen?
6. Sucht im Internet oder in Zeitungen nach Berichten von Abhängigen. Stellt einzelne Fälle in der Klasse vor. Überlegt, warum die jeweilige Person abhängig wurde und wie man ihr helfen könnte.
7. Diskutiert in der Klasse über den Satz: „Computerspiel – eine Sucht?"
8. Erstellt eine Mindmap zum Thema „Sucht".

EXKURS

Spielsüchtig

Klaus G. erzählt: „Es begann vor fünf Jahren. Ich studierte Jura in Heidelberg. Irgendwann habe ich da angefangen, in die Spielhalle zu gehen, erst selten, dann bin ich immer öfter dorthin gegangen. Immer wenn ich Geld hatte, bin ich damit Spielen gegangen. Mein Studium habe ich immer mehr vernachlässigt, bis ich es schließlich aufgegeben habe. Ich habe viel gearbeitet, nur um in die Spielhalle gehen zu können. Ich wollte ja nicht mehr wirklich gewinnen oder so. Wichtig war einfach für mich, dass ich weg war – fliehen vor dem, was ich nicht meistern konnte. Einfach mal ein paar Stunden ausspannen. Als ich meine Freundin kennen lernte, wollte ich einen Neuanfang machen. Bloß – ich habe trotzdem noch weitergespielt. Die Sucht war einfach zu stark. Ich habe mich um eine ambulante Therapie bemüht. Das ging in der ersten Zeit auch gut, aber dann kamen wieder Rückfälle. Meine Freundin hat mich sehr unterstützt. Ich bin ja auch total unselbstständig geworden durch die Sucht. Glückliche Momente hatte ich nur in der Anfangsphase – wenn überhaupt. Damals hatte ich mich noch gefreut über einen Gewinn. Später gab es keine wirklich glücklichen Momente mehr beim Spielen, als ich krankhaft gespielt habe. Geld hatte absolut keinen materiellen Wert mehr. Geld ist umgesetzte Zeit in der Spielhalle. Nachher war ich mir immer bewusst darüber: wenn ich in die Spielhalle gehe, werde ich auch ohne Geld wieder rausgehen – es sei denn, die Spielhalle macht vorher zu."

Stationen eines Lebens

5.2 Drogen als Flucht in eine Traumwelt

Spaß zu haben ist für viele in unserer Gesellschaft wichtig. Aber was soll man tun, wenn man gerade in der Disco lustlos ist? Wie schafft man es trotzdem, genauso lustig und fröhlich zu sein wie die anderen? Viele Menschen greifen zu Drogen, um „gut drauf" zu sein. Der Konsum solcher Rauschmittel ist heute weit verbreitet – angefangen bei **legalen Drogen** wie *Alkohol* bis hin zu **illegalen Drogen** wie *Cannabis, Ecstasy* oder *Heroin*.

Das Wort **Droge** bezeichnet ursprünglich ein pflanzliches Heilmittel. Heute zählt man alle Stoffe zu den Drogen, die missbräuchlich verwendet werden können und Menschen abhängig machen. Man unterscheidet zwischen Drogen pflanzlicher Herkunft wie *Haschisch* oder *Kokain* und synthetisch hergestellten Rauschmitteln wie *Ecstasy*.

Warum greifen Menschen zu Drogen? Oft sind Neugierde, der Wunsch nach Anerkennung oder psychische Probleme Auslöser für die Einnahme. Dabei wird vor allem der Konsum von legalen Drogen wie Tabak oder Alkohol verharmlost. Ebenso aber auch der von Haschisch oder Marihuana.
Doch mit der Einnahme dieser Drogen versuchen viele Menschen der Realität zu entfliehen. Schwierige Konfliktsituationen scheinen durch die Wirkung der Drogen für eine Zeitlang erträglicher. Beim Erwachen aus dem *Rausch* sind die ungelösten Probleme aber um so unerträglicher. Wieder wird „Abhilfe" in der Droge gesucht. Man lebt in einem Teufelskreis, der zur Abhängigkeit führt. Abhängige müssen immer größere Wirkstoffdosen zu sich nehmen, um die gleiche Wirkung zu erzielen. Auch scheinbar harmlose Drogen wie Nikotin, Alkohol oder Marihuana können so langfristig zu ernsthaften körperlichen Schäden führen.

Für viele Menschen bleibt es aber nicht bei diesen *Einstiegsdrogen*. Sie steigen auf stärkere Mittel wie Kokain oder Heroin um. Diese verstärken die Abhängigkeit. Besonders Heroin macht stark körperlich abhängig. Schon einige Stunden nach der letzten Injektion stellen sich

1 Junge sagt „Nein" zu einem Joint.

Entzugserscheinungen ein. Schüttelfrost, heftiger Durchfall, Brechreiz und Krämpfe der Muskulatur sind Begleiterscheinungen eines Heroinentzugs. Abhilfe bringt eine weitere Dosis Heroin. Da der „Stoff" sehr teuer ist, beschaffen sich viele Abhängige das nötige Geld als Dealer oder Diebe. Andere versuchen, durch Prostitution zu Geld zu kommen. Für die meisten Drogenkonsumenten ist die Beschaffung des Geldes bzw. der Droge selbst das Hauptproblem. Sie entziehen sich Ihrer Umwelt. Ihr ganzes Leben dreht sich nur noch um die Beschaffung neuer Drogen.

Aus dieser Abhängigkeit kann sich ein Drogenabhängiger mit eigener Kraft nicht befreien. Er ist auf Hilfe angewiesen. Eine Entziehungskur in einer Klinik ist dann der Beginn einer Therapie.

1. Nenne Gründe, die Menschen veranlassen, Drogen zu nehmen.
2. Beschreibe und erkläre den Begriff Abhängigkeit.
3. Erkläre den Unterschied zwischen legalen und illegalen Drogen. Nenne die besonderen Gefahren bei illegalen Drogen.
4. Plant Rollenspiele zum Thema „Wie verhalte ich mich, wenn mir Drogen angeboten werden?" Führt diese vor und besprecht die unterschiedlichen Vorgehensweisen anschließend in der Klasse.
5. Schreibt mithilfe des Internets und des Bioskops „Drogen" Steckbriefe zu einzelnen Drogenarten. Geht dabei besonders auf die Art der Abhängigkeit und die gesundheitlichen Gefahren ein.

1 Rauchende und trinkende Jugendliche

5.3 Sind legale Drogen harmlos?

Jugendliche rauchen und trinken häufig Alkohol, um cool zu sein und von anderen anerkannt zu werden. Alkohol und Zigaretten gehören zu den *legalen Drogen*. Konsum, Besitz und Handel mit legalen Drogen sind erlaubt. Auch freiverkäufliche Medikamente gehören zu den legalen Drogen. Legale Drogen sind aber nicht harmlos. Sie greifen in den Stoffwechsel ein. Stimmungen, Gefühle und Wahrnehmungen werden beeinflusst und bei Missbrauch treten Gesundheitsstörungen auf.

Alkohol wird über die Schleimhäute im Mund, Magen und Darm aufgenommen. Das Blut transportiert ihn in alle Organe. So beeinflusst Alkohol auch Nerven und Gehirnfunktionen. In geringen Mengen wirkt Alkohol tatsächlich anregend. Doch schnell erreicht man einen Alkoholgehalt im Blut, der sich negativ auf den Organismus auswirkt. Nervenzellen reagieren besonders empfindlich auf Alkohol. Schon bei geringem Alkoholkonsum wird die Sprache schwerfälliger, Reaktionsvermögen und Konzentrationsfähigkeit nehmen ab. Das Blickfeld wird enger und die Fahrtüchtigkeit ist eingeschränkt. Ständiger Missbrauch von Alkohol führt zur Sucht und zu ernsthaften Gesundheitsstörungen. Wird die Alkoholkrankheit nicht behandelt, treten Schäden an Magen, Bauchspeicheldrüse und Leber auf, die zum Tod führen können.

Das im **Tabak** enthaltene *Nikotin* ist ein starkes Nervengift. Es wirkt auf das Zentralnervensystem und führt zu einer psychischen Abhängigkeit. Außerdem verengt es die Blutgefäße, der Herzschlag erhöht sich und der Blutdruck steigt. Dadurch kommt es zu Durchblutungsstörungen und das Risiko, einen Schlaganfall oder Herzinfarkt zu bekommen, vergrößert sich. Gleichzeitig blockiert das im Zigarettenrauch enthaltene *Kohlenstoffmonooxid* die Sauerstoffaufnahme im Blut. Dies hat eine verminderte Leistungsfähigkeit zur Folge. Die *Teerstoffe* im Rauch lagern sich in den Atemwegen ab und verkleben die Flimmerhärchen. Raucherhusten, Entzündungen der Bronchien und Krebserkrankungen sind mögliche Folgeerkrankungen. Auch Passivrauchen kann zu Gesundheitsproblemen führen. Während der Schwangerschaft ist es unverantwortlich zu rauchen, da die Inhaltsstoffe des Rauches das ungeborene Kind schädigen.

Eine Reihe von Medikamenten kann man ohne Rezept in der Apotheke kaufen. Auch solche **Medikamente** sind nicht harmlos. Sie können gefährliche Nebenwirkungen haben. Bei regelmäßiger, unsachgemäßer Einnahme bestimmter Medikamente kann zum Beispiel die Leber stark geschädigt werden. Außerdem gewöhnt sich der Körper an die Wirkstoffe. Die Dosis muss ständig gesteigert werden, um die gewünschte Wirkung zu erreichen. Eine Abhängigkeit kann besonders bei unsachgemäßer Einnahme von Schlafmitteln, Beruhigungsmitteln und Aufputschmitteln entstehen.

1. Nenne und beschreibe Gesundheitsschäden, die durch übermäßigen und regelmäßigen Alkoholmissbrauch entstehen können.
2. Informiere dich im Internet über die Inhaltsstoffe im Zigarettenrauch und ihre Wirkung auf den Körper.
3. Erkläre, warum man in öffentlichen Gebäuden und in Gaststätten nicht mehr rauchen darf.
4. Warum sollte man den Beipackzettel bei Medikamenten sorgfältig lesen?
5. Warum gibt es Altersbeschränkungen für den Kauf und Konsum von Zigaretten und Alkohol und wie lauten diese?

Möglicher Ablauf einer Entwöhnung

Kontakt zu einer Selbsthilfegruppe, einer Beratungsstelle oder zu einem Arzt.
⇩
Körperlicher Entzug und psychische Entwöhnung in einer Klinik oder durch eine ambulante Therapie.
⇩
Wiedereingliederung und Arbeitsaufnahme.
⇩
Nachbetreuung in einer Selbsthilfegruppe, einer Beratungsstelle oder durch einen Arzt.

1 Hinweisschild „Drogenberatung"

5.4 Wo finde ich Hilfe bei Drogenproblemen?

Mehrere Millionen Menschen leiden in Deutschland an stoffgebundenen oder stoffungebundenen Süchten. Sucht ist eine Krankheit. Die Abhängigkeit von illegalen Drogen, Tabak, Medikamenten und Alkohol, aber auch Essstörungen und Spielsucht zerstört häufig das Leben der Erkrankten und ihrer Familien. Abhängige meinen immer wieder, sie könnten allein ihre Abhängigkeit kontrollieren. Zu spät wird ihnen oft bewusst, dass das Suchtmittel ihren Tagesablauf bestimmt. Aber ohne professionelle Hilfe finden sie keinen Weg aus der Sucht. Wie und wo finden sie Hilfe?

Betroffene können sich an eine Selbsthilfegruppe, eine Suchtberatungsstelle oder an einen Arzt wenden. Anschriften und Telefonnummern findet man im Telefonbuch oder im Internet. In ersten Gesprächen sollte der Süchtige Auskunft über die Art seiner Abhängigkeit und seine Suchtmittel geben. Anschließend wird von Fachleuten ein Therapieplan erstellt.

Die zweite Stufe der *Entwöhnung* ist der körperliche und psychische **Entzug** des Suchtmittels. Bei stoffgebundenen Suchtmitteln erfolgt dieser Entzug meistens in einer Spezialklinik durch eine stationäre Langzeittherapie. Bei stoffungebundenen Süchten kann der Entzug auch ambulant erfolgen, dies setzt allerdings sehr viel Selbstdisziplin voraus.

Nach der körperlichen Entwöhnung muss der Betroffenen wieder lernen, sein tägliches Leben ohne Suchtmittel zu meistern. Diese Phase der psychischen Entwöhnung kann Jahre dauern. Hilfe finden Betroffene in dieser Zeit bei Ärzten, Therapieeinrichtungen und auch in Selbsthilfegruppen. Hilfe bekommt man in jeder Stadt auch bei den Einrichtungen der Caritas und des Diakonischen Werks.

Informationen zum Thema Sucht und Entwöhnung findet man zum Beispiel auf der Seite der Deutschen Hauptstelle für Suchtgefahren e.V. (www.dhs.de). Die DHS informiert umfassend über das Thema Sucht und bietet auch vorbeugende Maßnahmen an. Bei der Bundeszentrale für gesundheitliche Aufklärung (www.bzga.de) erhält man zahlreiche Informationen zur Suchtvorbeugung. Außerdem finden Betroffene und Angehörige auch umfassende Informationen zum Thema „Essstörungen". Spielsüchtige und deren Angehörige finden auf der Seite des Fachverbands für Glücksspielsucht e.V. (www.gluecksspielsucht.de) viele Informationen, aber auch Adressen von Beratungsstellen, Fachkliniken und Selbsthilfegruppen in der Nähe des Wohnortes.

1. Liste auf, welche Einrichtungen und Beratungsstellen für Süchtige es in deinem Wohnort oder in der näheren Umgebung gibt.
2. Beschreibe die einzelnen Stufen einer Entwöhnung.

Drogen

Haschisch und Marihuana

Aus dem indischen Hanf *Cannabis sativa* gewonnene Drogen sind schon seit Jahrtausenden bekannt. *Haschisch* wird aus dem Harz des Hanfs gewonnen. Die getrockneten Blüten nennt man *Marihuana*. Diese Drogen werden geraucht und führen zu Sinnestäuschungen und euphorischen Gefühlen. Das Rauchen führt auf Dauer zu Depressionen und psychischer Abhängigkeit.

Opium

Opium wird aus dem getrockneten Milchsaft des Schlafmohns gewonnen. Das Opium enthält zahlreiche Stoffe, die man als Opiate zusammenfasst, zum Beispiel das *Morphium*. Opiate wirken schmerzlindernd und narkotisierend.

Morphium wird in der Medizin als Schmerzmittel eingesetzt. Durch eine chemische Veränderung von Morphium entsteht *Heroin*. Diese Stoffe werden gespritzt, selten geraucht oder inhaliert. Ihr Gebrauch führt sehr schnell zu körperlicher Abhängigkeit. Bei einer Überdosierung stirbt man durch Lähmung der Atemmuskulatur.

Kokain

Kokain wird aus den Blättern des Kokastrauches gewonnen, der in Südamerika und Indonesien gedeiht. In den Anden kauen die Einheimischen Kokablätter, um Hungergefühl und Müdigkeit zu bekämpfen. Im 19. Jahrhundert hielt man Kokain für eine Wunderdroge gegen viele Krankheiten. Als weißes, pulvriges „Koks" wird Kokain meist geschnupft. Gemischt mit Stoffen wie Backpulver erhält man *Crack*. Diese billigere, aber auch gefährlichere Variante des Kokains wird geraucht. Kokain führt zu psychischer Abhängigkeit und kann Wahnvorstellungen und Schädigungen des Nervensystems hervorrufen.

Ecstasy

Ecstasy gilt als *Partydroge*. Es wird in Form von kleinen, „nett" aussehenden Pillen verkauft. Die Droge hat eine stark aufputschende Wirkung, baut Hemmungen ab und verändert die Wahrnehmung. Dies ermöglicht zum Beispiel das Mit- und Durchhalten bei Techno- und Rave-Partys. Es kann zu Kreislaufzusammenbrüchen kommen, da Konsumenten oft nicht bemerken, dass sie beim Tanzen austrocknen und dadurch überhitzen. Ecstasy macht außerdem seelisch abhängig. Auf Dauer führt der Konsum zu schweren psychischen Veränderungen. Die Pillen werden ausschließlich illegal produziert. Ihre genaue Zusammensetzung ist unklar. Wirkungen und Nebenwirkungen lassen sich kaum voraussagen. Dies macht den Gebrauch von Ecstasy besonders gefährlich.

Illegale Drogen

Im *Betäubungsmittelgesetz* ist geregelt, dass der Besitz und die Weitergabe von Haschisch und anderen illegalen Drogen mit mehrjährigen Freiheitsstrafen geahndet werden kann.

20 Jahre Drogenkonsum – Ein Erfahrungsbericht

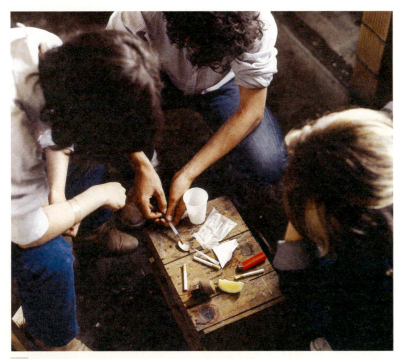

1 Drogenkonsum. (Vorbereiten einer Heroininjektion)

Meine Einstiegsdroge bekam ich von meinen Eltern: ein Glas Wein. Später trank ich mit meinen Kumpels öfter. Zwei Gläser reichten mir schon, um breit zu sein. Bald bemerkte ich, dass die älteren Jungs, denen ich nacheiferte, was Besseres nahmen als Alkohol. Mit 11 Jahren bekam ich zum ersten Mal einen Joint, randvoll mit Haschisch. Mir ging es danach richtig gut. Ich begann regelmäßig zu kiffen. Es störte mich nicht, dass es illegal war. Etwas Verbotenes zu machen, war geheimnisvoll und machte aus mir einen coolen Jungen. Meine Eltern bemerkten jahrelang nichts von alldem.

Mein Konsum von Cannabis und Alkohol war natürlich alles andere als förderlich für meine Leistungen in der Schule. Inzwischen war ich täglich zugeknallt. Doch während meine Kumpels bei dem Joint blieben, wollte ich den Kick. Ich schnüffelte Wundbenzin, Lacke oder ähnliches. Das Zeug ist totales Gift für das Gehirn. Etwa mit 15 Jahren verkaufte mir ein Dealer zum ersten Mal harte Drogen. Heroin zog ich durch die Nase, die Wirkung war enorm. Bald schon spritze ich die Droge. Schnell war ich süchtig. Um mir das Zeug leisten zu können, musste ich klauen gehen. Bald schon brauchte ich so viel Geld, dass ich auf den Strich gehen musste. In meinen tiefsten Zeiten benötigte ich etwa 2800 Euro im Monat.

Ohne Drogen war es die Hölle. Die Entzugserscheinungen setzen schon nach wenigen Stunden ein und sind sehr heftig: Eisige Kälte, Schweißausbrüche, Muskelkrämpfe, Durchfall und Erbrechen. Diesen Zustand erlebte ich etwa einmal wöchentlich, einfach weil mir die Drogen ausgingen und ich es nicht rechtzeitig schaffte, an Geld zu kommen. In dieser Zeit starben auch viele meiner Freunde, darunter einige wirklich gute.

Da erst erkannte ich, dass ich ein Problem hatte und Hilfe brauchte, um aus dieser Hölle wieder einen Ausweg zu finden. Den ersten Entzug beendete ich nach zwei Wochen. Alle guten Vorsätze waren gestorben. Ich landete wieder in der Drogenszene. Mittlerweile war ich 24 Jahre alt und bei den Freiern nicht mehr so gefragt wie noch als Teenager. Weniger Freier bedeutete aber auch weniger Geld und damit mehr Entzugserscheinungen. Ich wollte nicht mehr und stand kurz vor dem Selbstmord. Nach einer Überdosis erwachte ich in der Entgiftung des Krankenhauses.

Wieder machte ich einen Entzug und war erfolgreich. Fünf Monate lang war ich clean, dann kam der Rückfall: wieder Heroin und Kokain. Die letzte Therapie ist jetzt 2 Jahre her. Seitdem bin ich clean. Doch ich habe immer Angst vor Rückfällen. Ich kenne Menschen, die waren 15 Jahre drogenfrei, bevor sie sich wieder im Drogensumpf verirrten.

1. Einige Stoffe werden häufig als „Einstiegsdrogen" bezeichnet. Erkläre diese Bezeichnung Nenne Beispiele.
2. Rollenspiel: Dir werden Drogen angeboten. Wie verhältst du dich?
3. Beschreibe die soziale Verelendung eines Süchtigen.
4. Einem Süchtigen gelingt es nur selten, ohne Hilfe von seiner Sucht freikommen. Begründe.
5. Informiere dich über Hilfen für Drogenabhängige.

Stationen eines Lebens

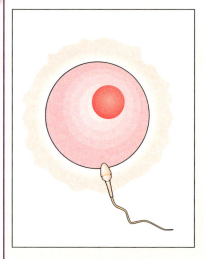

A1 Beschreibe den in der Abbildung dargestellten Vorgang.

A2 Beschreibe, wie mithilfe der Plazenta der Stoffaustausch zwischen der Mutter und dem heranwachsenden Kind erfolgt.

A3 Rauchen, Alkoholkonsum und Medikamente können die Entwicklung von Embryo und Fetus stören. Erkläre.

A4 Beschreibe und erkläre den Begriff „künstliche Befruchtung".

A5 Nenne und beschreibe Methoden, wie Embryo und Fetus untersucht werden können.

A6 Nenne mögliche Gründe dafür, dass der Gesetzgeber in Deutschland die PID streng geregelt hat.

A7 Nenne die Lebensphasen des Menschen und beschreibe, wodurch die einzelnen Phasen gekennzeichnet sind.

A8 Nenne Organe, die an der Ausscheidung von Stoffen beteiligt sind.

A9 Betrachte die untere Abbildung.
a) Um welches Körperorgan handelt es sich?
b) Ordne den Ziffern in der Abbildung die entsprechenden Begriffe zu.

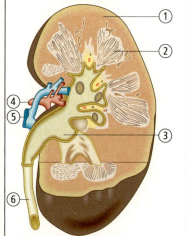

A10 Beschreibe Probleme, die bei Transplantationen auftreten können.

A11 a) Nenne mindestens drei Merkmale des Kindchenschemas.
b) Welches Verhalten können die Reize des Kindchenschemas auslösen?

A12 Welche Schlüsselreize, die mit der Produktinformation verknüpft werden, sind auf dem obigen Werbefoto für ein Duschgel zu erkennen?

A16 Nenne und beschreibe zwei Verhaltensweisen, die Säuglingen angeboren sind.

A17 Menschen lernen auf unterschiedliche Art und Weise. Beschreibe drei Arten des Lernens und gib auch Beispiele an.

A18 Nimm Stellung zu den folgenden Aussagen:
a) Alle Verhaltensweisen des Menschen sind angeboren.
b) Menschen zeigen im Gegensatz zu Tieren nur einsichtiges Verhalten.

A19 Nenne drei Gründe, warum Menschen zu Drogen greifen.

A20 Man unterscheidet zwischen der psychischen und der physischen Abhängigkeit. Erkläre und beschreibe. Nenne auch Beispiele.

A21 Nenne Beispiele …
a) … für stoffgebundene und stoffungebundene Süchte.
b) … legale und illegale Drogen.

A22 Beschreibe und erkläre die Abbildung.

Stationen eines Lebens

Entwicklungsphasen des Menschen

- Nach der Befruchtung teilt sich die befruchtete Eizelle. Nach mehreren Teilungen entsteht der Maulbeerkeim, daraus entwickelt sich durch weitere Zellteilungen der Bläschenkeim.
- Aus dem Bläschenkeim entwickeln sich der Embryo und auch die Fruchtblase.
- Nach drei Monaten sind alle Organe angelegt. Der Keim wird nun Fetus genannt.
- Über die Plazenta werden Embryo und Fetus versorgt. Mit Ultraschall oder durch eine Fruchtwasseruntersuchung können Embryo und Fetus untersucht werden.

- Das Leben eines Menschen lässt sich in folgende Abschnitte unterteilen: Säuglings-, Kleinkind-, Schulalter-, Pubertäts-, Erwachsenen- und Seniorenphase.
- Die künstliche Befruchtung ist eine Möglichkeit, um Paaren zu helfen, die auf natürliche Weise keine Kinder bekommen können.
- Bei der PID wird ein Embryo vor dem Einsetzen in die Gebärmutter auf mögliche Krankheiten untersucht.
- Die PID ist in Deutschland streng geregelt.

Einfluss der modernen Medizin auf das Leben der Menschen

- Nieren regulieren den Wasser- und Salzhaushalt des Körpers.
- Über die Nieren erfolgt die Ausscheidung von nicht verwertbaren Stoffen.
- Bei der Dialyse wird das Blut durch eine künstliche Niere gereinigt.

- Transplantationen von Geweben und Organen und seit einigen Jahren auch künstlichen Herzen gehören heute fast zur medizinischen Routine.

Nerven steuern Körperfunktionen

- Das Gehirn ist die übergeordnete Schaltzentrale des Nervensystems.
- Nerven durchziehen den Körper und bilden ein Nachrichtennetz.
- Nervenzellen besitzen einen Zellkörper mit zahlreichen Verästelungen, den Dendriten, und einen meist sehr langen Fortsatz, das Axon.
- Eine Nervenzelle steht über Synapsen mit tausenden anderen Nervenzellen in Verbindung.
- Reflexe laufen sehr schnell ab, da sie unmittelbar über das Rückenmark gesteuert werden.
- Das vegetative Nervensystem besteht aus Sympathikus und Parasympathikus.

Verhalten des Menschen

- Angeborene menschliche Verhaltensweisen sind beispielsweise Lächeln und Handgreifreflex.
- Menschen lernen lebenslang. Informationen gelangen vom Kurzzeitspeicher über den mittelfristigen Gedächtnisspeicher ins Langzeitgedächtnis.
- Das Verhalten des Menschen im Alltag wird durch Schlüsselreize und angeborene Reaktionen gesteuert.
- In der Werbung werden Aussagen zum Produkt bewusst mit Schlüsselreizen verknüpft.

Drogen und süchtiges Verhalten

- Abhängigkeit bedeutet, dass man auf eine bestimmte Substanz oder auf bestimmte Verhaltensweisen nicht mehr verzichten kann.
- Man unterscheidet zwischen stoffgebundenen (z. B. Alkoholsucht) und stoffungebundenen Süchten (z. B. Spielsucht, Kaufsucht).
- Es gibt legale Drogen, z. B. Tabak und Alkohol, und illegale Drogen, z. B. Marihuana, Heroin, Kokain.

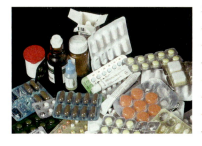

- Auch Medikamente können bei unsachgemäßem Gebrauch süchtig machen.
- Süchtige stecken meist in einer „Spirale der Abhängigkeit".
- In Drogenberatungsstellen bekommen Süchtige Hilfen.

BIO KOMPAKT

Evolution – Vielfalt und Veränderung

Was sind Fossilien?

Wer war Charles DARWIN?

Wie entstehen Hunderassen?

Wie lebte der Neandertaler?

Vogel oder Reptil?

Sind wir mit Schimpansen verwandt?

1 Knochenfund eines Gigantoraptor

2 So könnte ein Gigantoraptor ausgesehen haben.

1 Leben hat sich entwickelt

1.1 Fossilien – Zeugen des Lebens vergangener Zeiten

Im Jahre 2005 entdeckten chinesische Forscher in der Inneren Mongolei die Überreste eines vogelähnlichen Dinosauriers. Aus den gefundenen Knochen konnten sie schließen, dass dieser *Gigantoraptor erlianensis* rund acht Meter lang, fünf Meter hoch und 1400 Kilogramm schwer gewesen war.

Wissenschaftler sind in allen Teilen der Erde auf der Suche nach Resten vom Leben aus vergangenen Zeiten. Sie möchten erklären, wie das Leben entstanden ist und wie es sich entwickelt haben könnte. Dabei stoßen sie manchmal auf **Fossilien**. Oft findet man jedoch nur wenige Knochen oder Bruchstücke von Knochen. Daraus versucht man das mögliche Aussehen des Fossils zu rekonstruieren.

Wie ist es möglich, dass sich Reste von längst ausgestorbenen Lebewesen bis heute erhalten haben? Abgestorbene Organismen werden normalerweise nach ihrem Tod schnell zersetzt und damit zerstört. Fossilien entstehen nur dann, wenn kein Sauerstoff an die Überreste gelangen kann.

Starb beispielsweise eine Wasserschnecke, sank sie auf den Gewässerboden. Dort wurden ihre Weichteile zersetzt. Das Gehäuse blieb zunächst erhalten, wurde zunehmend von Schlamm und Sand bedeckt und schließlich luftdicht eingeschlossen. Von Jahr zu Jahr nahmen die Ablagerungen, die *Sedimente*, über dem Gehäuse zu. Mineralien drangen durch den Druck aus den Ablagerungen in den Hohlraum ein. Dieser Ausguss des Körperinneren versteinerte. Wurden nun im Laufe vieler Jahr-

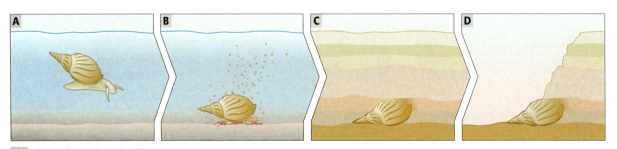

3 Entstehung eines Fossils

millionen die Sedimente durch Verwitterung abgetragen, kann man die Versteinerung der Schnecke in oberen Gesteinsschichten finden.

Je nach Art ihrer *Fossilisation* unterscheidet man verschiedene Arten von Fossilien. Werden Hohlräume mit Sedimenten ausgefüllt, spricht man von einem **Steinkern**. Seine Oberfläche zeigt nun die Innenseite des ursprünglichen Raumes, der ausgefüllt wurde.

Einen **Abdruck** hinterlassen Lebewesen, wenn während der Gesteinsbildung der Ablagerungen der eingebettete Organismus durch eindringendes Sickerwasser aufgelöst und durch Mineralsalze ersetzt wurde. Diese zeigen dann die äußere Struktur des Lebewesens.

Bei der Fossilisation von Pflanzen erfolgt häufig eine **Inkohlung**. Versinken Pflanzen in einem Sumpf, werden durch den Luftabschluss und unter Druck die organischen Reste im Laufe der Zeit in Kohlenstoff umgewandelt. Auf diese Weise entstanden Torf, Braunkohle und Steinkohle.

Einschlüsse von Lebewesen findet man dann, wenn beispielsweise Insekten oder Pflanzenteile im Harz von Nadelbäumen eingeschlossen wurden. Erhärtete dieses zu Bernstein, konservierte es die Lebewesen wie in einem „gläsernen Sarg".

Bleiben Weichteile von Lebewesen erhalten, weil extreme Kälte oder Trockenheit sie vor Verwesung bewahrt haben, spricht man von **Mumifizierung**. Dazu gehören die Funde von Mammutkadavern oder zum Beispiel der im Gletschereis der Alpen eingebettete Mensch aus der Steinzeit, der „Ötzi".

4 **Abdruck** (Fisch)

5 **Steinkern** (Ammoniten)

6 **Einschluss** (Insekt in Bernstein)

7 **Mumifizierung** (Mammut-Baby)

1. Beschreibe den Vorgang der Fossilisation am Beispiel des Fisches aus Abbildung 4.
2. Welche Bedeutung haben Fossilfunde für die Erforschung der Entwicklung von Lebewesen?
3. Finde mit dem Internet heraus, wie Fossilienforscher arbeiten und Fossilien rekonstruieren.
4. Erstelle einen Steckbrief des Gigantoraptor.
5. Informiere dich über weitere aktuelle Fossilienfunde. Gestalte ein Informationsplakat.

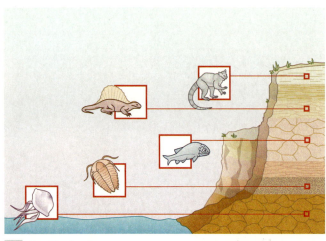

1 Fossilienfunde

terschiedlichen Schichten übereinander gefunden werden, haben sie also ein unterschiedliches Alter.

Ein Vergleich mit heute ablaufenden Sedimentationsvorgängen ermöglicht eine Schätzung des Alters einer bestimmten Schicht und damit der in ihr liegenden Fossilien. Schätzungen führen aber zu ungenauen Zeitangaben.

Eine weitere Schwierigkeit in der Bestimmung des Alters einer Schicht ist dann gegeben, wenn zum Beispiel durch Erdbeben die Schichten verworfen wurden. Hilfreich sind dann sogenannte Leitfossilien, die für eine bestimmte Gesteinsschicht charakteristisch sind. Sie sind häufig, weit verbreitet und leicht bestimmbar. Um das Alter einer Schicht oder eines Fossils genauer bestimmen zu können, werden zusätzlich physikalische Methoden verwendet. Sie beruhen auf der Messung radioaktiver Stoffe im Fossil oder in seiner Umgebung.

1.2 Altersbestimmung von Fossilien

Bei der geologischen Altersbestimmung orientiert man sich an der Tiefe der Schicht, in der das Fossil gefunden wurde. Je tiefer eine Schicht liegt, umso älter ist sie. Wenn Fossilien in un-

PRAKTIKUM

Herstellung eines Fossilienmodells

Material: Gehäuse einer Schnecke (zum Beispiel Weinbergschnecke); Gips; Becher; Stab; Wasser; Plastikschale; Seidenpapier; Hammer; Flachmeißel

Durchführung:
1. Rühre mit einem Stab den Gips und das kalte Wasser zu einem dicken Brei an. Gieße eine etwa 2 bis 3 cm dicke Schicht in die Form. Bedecke sie mit dem Seidenpapier. Dieses erleichtert am Ende des Versuches das Trennen der Gipsschichten.

2. Drücke das Schneckenhaus in den noch weichen Gips. Achte darauf, dass die Öffnung nach oben zeigt.
3. Ist die erste Gipsschicht ein wenig härter geworden, gieße eine zweite Schicht darüber. Bedecke alle Teile vollständig mit Gips. Lasse nun die Schichten einige Zeit aushärten.
4. Drücke nun den völlig ausgehärteten Gips aus der Form. An der Stelle, an der das Papier „eingebacken" ist, trennst du die beiden Schichten. Dazu benutzt du vorsichtig den Hammer und den Flachmeißel.

Aufgaben:
a) Welche Art eines Fossils ist in der oberen Schicht entstanden? Welche in der unteren?
b) Löse das Gehäuse vorsichtig aus der Schicht. Welcher Fossilart entspricht dies?
c) Warum ist die Entdeckung eines Fossils so unwahrscheinlich und von einer Abfolge vieler Zufälle abhängig? Nimm deine Erfahrung aus dem Versuch und den Text der Seiten 108/109 zur Hilfe.

1.3 Wie könnte das erste Leben entstanden sein?

Viele Generationen von Wissenschaftlern haben sich in der Vergangenheit bemüht, die Entstehung des ersten Lebens auf der Erde theoretisch und sogar im Experiment nachzuvollziehen. Sie gehen in ihren Theorien davon aus, dass sich die Erde aus einem Glutball vor über 4,5 Milliarden Jahren bildete.

Dabei unterschied sich die Uratmosphäre der frühen Erde vermutlich deutlich von der heutigen. Ein Gemisch der Gase *Stickstoff, Wasserstoff, Kohlenstoffmonooxid, Ammoniak* und *Methan* umgab den sich langsam abkühlenden Himmelskörper. Die energiereiche UV-Strahlung traf von der Sonne ungehindert auf die Erdoberfläche, da keine Ozonschicht vorhanden war. Blitze und Vulkanausbrüche bewirkten weitere Entladungen großer Energien. Der Wasserdampf der Wolken kondensierte und es regnete auf die Erde. Die in diesem Wasser gelösten Substanzen reicherten sich in heißen Wassertümpeln zur sogenannten **Ursuppe** an.

Diese speziellen Voraussetzungen nahm im Jahre 1953 der Chemiker Stanley MILLER an. In einem Glaskolben mit nachgeahmter Uratmosphäre erzeugte er elektrische Entladungen. Nach wenigen Stunden untersuchte er seine „Ursuppe" und fand geringe Mengen organischer Substanzen wie Zucker, Basen und verschiedene Aminosäuren. Diese sind Grundbausteine von Proteinen und Nucleinsäuren in Lebewesen.
Die Entstehung von organischen Molekülen aus anorganischen Substanzen wird als **chemische Evolution** bezeichnet. Wie allerdings aus diesen kleinen Bausteinen Lebewesen entstanden sind, die sich fortpflanzen können und ihre Eigenschaften weiter vererben, ist noch nicht geklärt. Der Beginn der **biologischen Evolution** bleibt unbekannt.

1 Uratmosphäre

Eine Vielzahl von Modellen versucht aber, diesen Vorgang zu erklären. So überlegte sich 1971 der Nobelpreisträger Manfred EIGEN ein Modell, in dem Ketten aus Nucleinsäuren für die Herstellung bestimmter Proteine verantwortlich sind. Unter diesen könnten im Verlauf von Millionen von Jahren auch einige gewesen sein, die sich zu kleinen Gebilden zusammengeschlossen haben. Vielleicht hat sich dann eine solche Eiweißhülle und ein RNA-Kern in Jahrmillionen zu einer „Urzelle" entwickelt.

1. Beschreibe anhand der Abbildung 2 wie die erste Zelle entstanden sein könnte.
2. Welche Zellbestandteile hatte die erste Zelle?

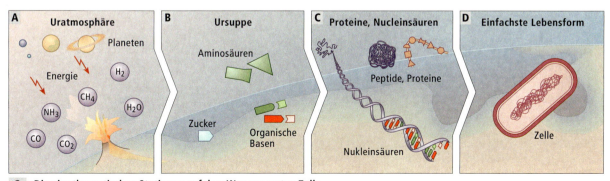

2 Die vier theoretischen Stationen auf dem Weg zur ersten Zelle

Evolution – Vielfalt und Veränderung

1.4 Einordnung der Funde im Erdzeitalter

Fossilien findet man in unterschiedlichen Erdschichten. Deshalb kann man sie verschiedenen **Erdzeitaltern** zuordnen.

Die Erde ist circa 4,5 Milliarden Jahre alt. Erste Lebensformen kommen erst in Gesteinsschichten, die etwa 3,8 Milliarden Jahre alt sind, vor. Es sind zellkernlose Bakterien. Die ersten Zellen, die mithilfe von Fotosynthese ihre Nährstoffe selbst herstellen konnten, finden sich in etwa 3,2 Milliarden Jahre altem Gestein. Es sind *Cyanobakterien*, auch **Blaualgen** genannt. Als „Abfallprodukt" der Fotosynthese entstand Sauerstoff, der bei der Bildung der *Ozonschicht* mitwirkte. Dadurch wurde die schädliche UV-Strahlung von der Erde abgehalten. So konnte sich eine Vielzahl von Lebewesen entwickeln. Vor etwa 1,8 Milliarden Jahren entstanden die ersten Zellen mit Zellkern. Dieser erste Abschnitt der Erdgeschichte heißt **Präkambrium** und erstreckt sich über einen Zeitraum von etwa 4 Milliarden Jahren.

Im **Kambrium** vor etwa 570 Millionen Jahren lebten Vertreter fast aller heute bekannter Tierstämme. Die Ursache für dieses Phänomen, das man auch als „kambrische Explosion" bezeichnet, ist noch immer nicht geklärt. Man fand Fossilien von Algen, Schwämmen, Korallen, Krebstieren, Quallen und Schnecken.

In der nächstjüngeren Schicht mit einem Alter von etwa 500 Millionen Jahren, dem Zeitalter des **Ordovizium**, findet man fossile Reste der ersten Wirbeltiere. Dies waren kieferlose, mit Knochenplatten gepanzerte Fische.

Im **Silur**, das vor etwa 440 Millionen Jahren begann, findet man erste Lebewesen, die außerhalb des Wassers leben konnten. Dazu gehören einfach gebaute Pflanzen wie Nacktfarne, Moose und Flechten, die weder Blätter noch echte Wurzeln besitzen. Die ersten Landtiere waren vermutlich Skorpione und Tausendfüßer.

Im **Devon** vor etwa 400 Millionen Jahren traten neben vielen Fischarten auch *Quastenflosser* auf, die zunächst für Vorfahren der Landwirbeltiere gehalten wurden. Einfache Amphibien wie der Urlurch *Ichthyostega* lebten an Land.

Das Zeitalter des **Karbon** vor etwa 350 Millionen Jahren war geprägt von Sumpfwäldern aus Farnen, Schachtelhalmen und Bärlappgewächsen, die unsere heutige Steinkohle bildeten. Riesige Insekten und verschiedene Reptilien bevölkerten die Erde.

Die Reptilien und Nacktsamer, die sich inzwischen entwickelt haben, waren bei ihrer Fortpflanzung vom Wasser unabhängig geworden. So konnten sie auch trockenere Lebensräume

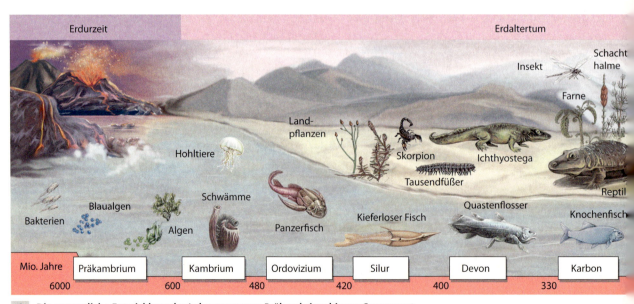

1 Die vermutliche Entwicklung der Lebewesen vom Präkambrium bis zur Gegenwart

Evolution – Vielfalt und Veränderung

besiedeln. Dies erfolgte im Zeitalter des **Perm** vor 270 Millionen Jahren. In diese Zeit fällt auch der Beginn der Entwicklung der Saurier.

Während des **Trias** vor etwa 240 Millionen Jahren besiedelten die Reptilien alle Lebensräume. Nadelbäume breiteten sich aus.

Im **Jura** entwickelten sich die *Dinosaurier* zu den größten Landwirbeltieren aller Zeiten. Fisch-, Flug- und Landsaurier beherrschten diese Zeit vor etwa 200 Millionen Jahren. Noch sehr klein waren dagegen die ersten *Urvögel* und die ersten *Säuger*. Diese hatten allerdings den Vorteil, dass sie vermutlich durch ihr Federkleid oder Fell eine gleichmäßige Körpertemperatur halten konnten. So konnten sie auch nachts oder bei kühleren Temperaturen auf Nahrungssuche gehen. Ihre Nahrungskonkurrenten waren in dieser Zeit als wechselwarme Tiere fast bewegungsunfähig.

In der **Kreide** vor etwa 140 Millionen Jahren entwickelten sich die Säuger weiter. Beuteltiere, Halbaffen und auch Insektenfresser hat man in Kreideschichten gefunden. Allerdings herrschten noch immer die Saurier als Tiergruppe vor, ehe sie am Ende der Kreidezeit vermutlich in kurzer Zeit ausstarben. Solche Massensterben haben auch im Karbon zwischen Perm und Trias sowie zwischen Trias und Jura stattgefunden. Über die Ursachen dieser Erscheinung gibt es verschiedene Theorien. Die wahrscheinlichste Ursache ist eine globale Klimaveränderung als Folge von riesigen Vulkanausbrüchen oder Meteoriteneinschlägen.

Nach dem Aussterben vieler Tiergruppen entwickelten sich dann während des **Tertiär** vor etwa 65 Millionen Jahren die Vögel und Säuger zu den beherrschenden Tiergruppen. Bedecktsamige Blütenpflanzen eroberten die Erde.

Das **Quartiär** begann vor etwa 2 Millionen Jahren und zeichnete sich durch einen Wechsel von Warm- und Eiszeiten aus. Das Auftreten der Gattung *Homo* kennzeichnet die Entwicklung des Menschen. Durch sein besonders strukturiertes Gehirn ist er als einziges Lebewesen in der Lage, seine Umwelt besonders aktiv zu gestalten und damit die Entwicklung aller anderen Arten mit zu verantworten.

1. Ordne den großen Zeitabschnitten Erdurzeit, Erdaltertum, Erdmittelalter und Erdneuzeit in einer Tabelle die aufgeführten Zeitalter und die Lebewesen dieser Zeit zu.
2. Nenne Gründe für die Entwicklung neuer Lebensformen an den unterschiedlichen Zeitgrenzen.
3. a) Was bedeutet der Name „Dinosaurier"?
   b) Erarbeite eine Präsentation zu verschiedenen Dinosaurierarten.

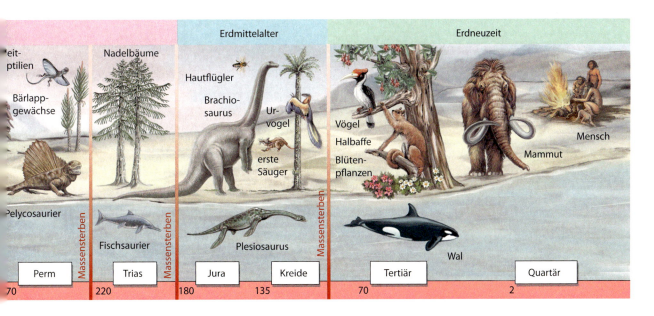

1.5 Pflanzen erobern das Land

In der frühen Erdgeschichte gab es lediglich Wasserpflanzen, die den heutigen Grün-, Braun- und Rotalgen ähnelten. Viele dieser Algen bestehen aus einem großflächigen, blattähnlichen Körper ohne Sprossachse und Blätter. Sie können über die große Oberfläche das wenige Licht unterhalb der Wasseroberfläche optimal für die Fotosynthese ausnutzen. Die im Wasser gelösten Mineralstoffe werden ebenfalls über die Oberfläche aufgenommen, sodass Wurzeln nicht nötig sind. Die Algen sind so an ihre Umwelt ideal angepasst.

Holt man allerdings eine solche blattähnliche Alge aus dem Wasser, so fällt sie in sich zusammen und welkt. Ihr fehlt ein Stützgewebe, das sie stabilisieren kann. Da sie keine Wurzeln besitzt, kann sie sich nicht im Boden verankern und die darin gelösten Mineralstoffe aufnehmen. Auch Leitungsbahnen, die den Transport der Stoffe in die oberirdischen Teile übernehmen könnten, fehlen ihr. Sie besitzt keine Einrichtungen, die sie vor übermäßiger Verdunstung schützen. Auch Vorrichtungen für die Fortpflanzung an Land fehlen.

Die ersten Pflanzen, die alle Bedingungen für das Landleben erfüllten, waren die *Nacktfarne* im Silur. Sie besiedelten die küstennahen Gebiete. Nacktfarne hatten noch keine echten Wurzeln, konnten aber mit ihrem Kriechspross Mineralstoffe aufnehmen. Eine feste Oberhaut schützte sie vor Austrocknung. Ein Gefäßsystem und Leitbündel im Spross stützten sie und ermöglichten den Stofftransport. Die Nacktfarne vermehrten sich mithilfe von Sporen. Sie sind *Sporenpflanzen*.

Im Devon traten die Vorfahren der heutigen *Bärlappe* und *Schachtelhalme* auf. Die Bärlappgewächse wie Schuppen- und Siegelbäume wurden bereits 30 bis 40 m hoch und entwickelten Blätter. Sie bildeten riesige Sumpfwälder, aus denen unsere Kohlevorkommen hervorgehen.

Neben diesen Sporenpflanzen gab es im Karbon auch **Nacktsamer**. Dazu gehörten *Nadelhölzer* und Pflanzen, die dem noch heute existierenden *Ginkgo* ähnelten.

Erst seit der Kreidezeit treten **Bedecktsamer** auf. Dazu gehören Vertreter wie Magnolien- und Lorbeergewächse, aber auch Buchen- und Birkengewächse. Es ist bis heute ungeklärt, wie die Entwicklung zu dieser Pflanzengruppe, die man auch *Samenpflanzen* nennt, verlief.

1. Beschreibe die Entwicklung der Pflanzen vom Leben im Wasser zum Leben an Land. Nimm dazu den Text und Abbildung 1 zu Hilfe.
2. Nenne mindestens vier Bedingungen, die Pflanzen zur Besiedlung des Landes erfüllen mussten.
3. Informiert euch über den Ginkgo. Warum zählt er zu den „lebenden Fossilien"?

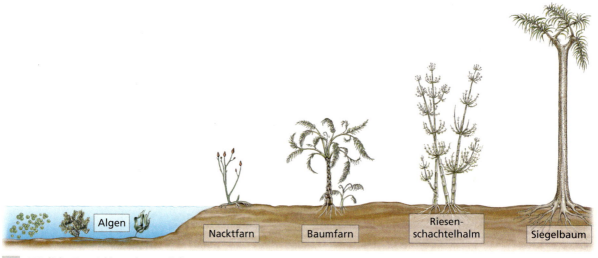

1 Mögliche Entwicklung der Landpflanzen

1.6 Tiere erobern das Land

Bis zur Grenze zwischen *Ordovizium* und *Silur*, also vor etwa 440 Millionen Jahren, war die Erde nur von wirbellosen Tieren besiedelt. Erst dann tauchen die Fossilien von ersten **Fischen** und damit der ersten Wirbeltiere auf. Wie aber der Übergang vom Außenskelett der Gliederfüßer zu einem inneren Skelett stattgefunden haben könnte, ist ungeklärt.

Im *Devon* findet man Fische in großer Vielfalt. Fische sind mit ihrem schleimbedeckten Schuppenkleid, der Kiemenatmung und der Fortbewegung mithilfe sehr beweglicher Flossen an das Leben im Wasser angepasst. Ihr Skelett ist relativ schwach ausgeprägt, da das Wasser einen Großteil ihres Gewichtes trägt. Fische pflanzen sich durch Eier fort, die im Wasser besamt werden. Ein Leben an Land ist ihnen jedoch mit diesen Anpassungen an das Wasserleben nicht möglich.

Früher nahm man an, dass die Vorfahren der Landwirbeltiere **Quastenflosser** waren, die auf vier muskulösen Flossen aus dem Wasser ans Ufer krochen. Nach neueren Erkenntnissen entwickelten die ersten zu den Landwirbeltieren gezählten Tiere, deren Nachfahren vor 365 Millionen Jahren das Land eroberten, ihre Beine noch im Wasser. Es waren Verwandte der Lungenfische, die sich mit vier beinähnlichen Gliedmaßen auf dem Sumpfboden bewegten.

Als erstes **Amphibium** gilt *Ichthyostega* aus dem Devon. Seine Gliedmaßen waren gelenkig mit einer kräftigen Wirbelsäule verbunden und konnten so das Gewicht des Tieres an Land tragen. Seinen Schwanz säumte eine Flosse, wie man sie bei den Kaulquappen der heutigen Amphibien findet. Die leicht beschuppte Haut musste ständig feucht gehalten werden. Vermutlich atmete Ichthyostega mithilfe von Lungen und durch die Haut.

Als erste Tierart, die vollständig außerhalb des Wassers lebte, gilt das frühe **Reptil** *Hylonomus*, das im *Karbon* lebte. Es hatte eine trockene, schuppige Haut und atmete durch Lungen. Seine Eier legte es nach einer inneren Befruchtung in einer schützenden Schale an Land ab.

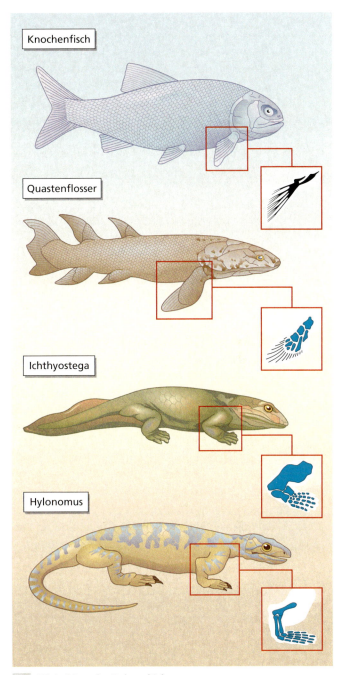

1 Wirbeltiere der Erdgeschichte

1. Nenne die Voraussetzungen, die für die Wirbeltiere zur Eroberung des Landes notwendig waren.
2. Vergleiche in einer Tabelle die unterschiedlichen Anpassungen an ihren Lebensraum bei Fischen, Amphibien und Reptilien (Fortpflanzung, Hautoberfläche, Fortbewegung, Atmung).
3. Informiere dich über die heute lebenden Quastenflosser in Büchern oder im Internet. Halte einen Kurzvortrag.

Evolution – Vielfalt und Veränderung

1 Archaeopteryx (Fossilfund)

2 Belege für eine Evolution

2.1 Mosaikformen geben Rätsel auf

1861 wurde in der Nähe der bayerischen Stadt Eichstätt in einem Kalksteinbruch ein Fund gemeldet, der Wissenschaftler bis heute fasziniert. Das taubengroße Fossil bekam wegen seines Federkleides den Namen **Archaeopteryx**, das heißt „alte Feder". Bei genauerer Betrachtung des Abdruckes in den Kalkplatten zeigte sich ein Lebewesen, das Merkmale von zwei Wirbeltierklassen besitzt. Archaeopteryx ist eine **Mosaikform**, die Merkmale von Reptilien und Merkmale von Vögeln zeigt. Auffallend sind sein reptilienartig langer Schwanz, der Kiefer mit Zähnen sowie die Krallen an den „Vorderbeinen". Die vollständig ausgebildeten Federn, hohle Knochen und die großen Augenhöhlen sprechen wiederum dafür, das Fossil den Vögeln zuzuordnen.

Manche Forscher vermuten, dass Archaeopteryx aktiv fliegen konnte. An seinem relativ kleinen Brustbein konnte aber weniger Flugmuskulatur ansetzen als bei heutigen Vögeln. Deshalb nimmt man an, dass er beim Fliegen nicht ausdauernd war. Mit den Krallen hielt er sich vermutlich an Ästen fest oder kletterte Bäume hoch. Es ist nicht klar, ob er als direkter Vorfahre der heutigen Vögel bezeichnet werden kann. Möglicherweise gehörte er zu einem ausgestorbenen Seitenarm der Vogelentwicklung. Als Mosaikform dient er aber den Wissenschaftlern als Hinweis auf eine mögliche Abstammung der Vögel von den Sauriern.

1. Stelle mithilfe des Textes und der Abbildung 2 eine Liste der Reptilien- und der Vogelmerkmale von Archaeopteryx zusammen.
2. Nenne Bedingungen, die es Vögeln ermöglichen zu fliegen. Vergleiche diese mit den Körpermerkmalen von Archaeopteryx.
3. Informiere dich über urzeitliche Vögel wie Protoavis und Sinornis. Erstelle Steckbriefe.

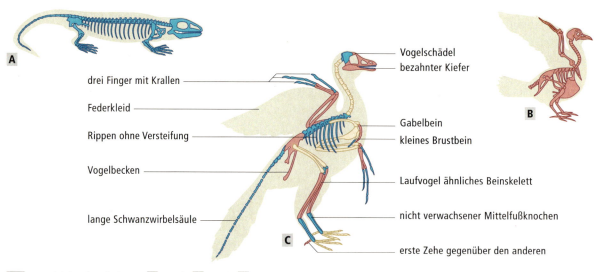

2 Vergleiche der Skelette. **A** Reptil; **B** Vogel; **C** Archaeopteryx

Evolution – Vielfalt und Veränderung

2.2 Vom Urpferd zum heutigen Pferd

Vor etwa 55 Millionen Jahren lebte in Wäldern das als *Urpferd* bezeichnete **Hyracotherium**. Es war etwa katzengroß, hatte kurze Beine, einen gewölbten Rücken, einen kurzen Hals und eine kurze Schnauze. An den Vorderfüßen befanden sich vier Zehen und an den Hinterfüßen drei Zehen. Mit seinem „Laubfressergebiss" konnte es weiche Blätter und Früchte zerkleinern. Auch wenn es den heutigen Pferden nicht ähnelte, gilt es als ein früher Vorfahre der Pferde. Viele Fossilfunde deuten nämlich darauf hin, dass sich die heutigen Pferde über Zwischenformen aus diesem Urpferd entwickelt haben.

1 Skelett eines Urpferdes aus dem Tertiär

Bei manchen Funden sind außer dem Skelett auch noch Mageninhalte zu erkennen. Man kann also nicht nur Vermutungen über die Gestalt der Urpferde, sondern auch über ihre Lebensweise anstellen.

Durch Klimaänderungen in der folgenden Zeit verschwanden die Wälder und es breiteten sich Grassteppen aus. Es setzte sich nun eine Pferdeart mit längeren Gliedmaßen und Schnauzen durch. Das ponygroße **Merychippus** ernährte sich zwar hauptsächlich von Laub, hatte aber bereits flachere, mit Schmelzfalten versehene Zahnoberflächen, mit denen es auch Gräser zermahlen konnte. Spätere Pferdearten sind dem harten Untergrund der Grassteppe und den dort herrschenden Lebensbedingungen besser angepasst. Sie hatten eine kräftige Mittelzehe, die in einem Huf steckte. Die äußeren Zehen waren zurückgebildet. **Pliohippus** gilt als Stammvater des heutigen Pferdes, dem **Equus**. Wie dieses hatte es nur noch eine kräftige Zehe mit einem Huf. Die ersten Hauspferde gab es erst vor etwa 5 000 Jahren in der Ukraine.

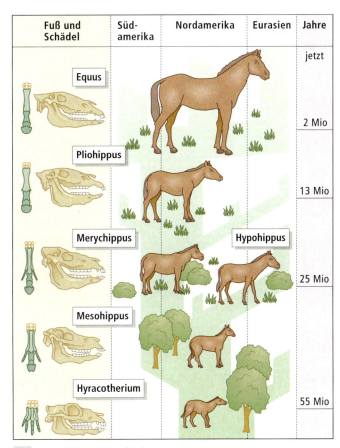

2 Stammbaum des Pferdes

Die meisten dieser Pferdeformen wurden in Nordamerika gefunden. Viele starben jedoch ohne Nachfahren bald wieder aus. Deshalb verläuft der Stammbaum der Pferde nicht geradlinig, sondern er hat wie ein Busch viele Seitenäste.

1. Trage in eine Tabelle die Veränderungen des Körperbaus der Pferde mithilfe des Textes und der Abbildung 2 ein. Gehe dabei auch auf die Lebensräume ein.
2. Beschreibe, wann und wo die Pferde und ihre Vorfahren lebten.
3. In Nordamerika verschwanden die Pferde vor ein paar tausend Jahren. Wie kamen sie wieder dorthin zurück? Informiere dich und berichte.

Evolution – Vielfalt und Veränderung

1 Grabschaufeln. **A** Maulwurf; **B** Maulwurfsgrille

2.3 Nur ähnlich oder verwandt?

Die Grabschaufeln von Maulwurf und Maulwurfsgrille ähneln einander auf den ersten Blick. Sind diese Tiere miteinander verwandt?

Wenn man die Graborgane etwas genauer vergleicht, so entdeckt man, dass sie trotz gleicher Funktion völlig verschieden aufgebaut sind. Die Grabhand des Maulwurfs hat ein *Innenskelett*, die Grabhand der Maulwurfsgrille ein *Außenskelett*. Solche Organe mit unterschiedlichem Grundbauplan, aber gleicher Funktion nennt man **analoge Organe**. Oft lässt sich beim Vorkommen analoger Organe feststellen, dass die jeweiligen Tiere unter ähnlichen Lebensbedingungen leben. Analoge Organe stellen also eine Angepasstheit an ähnliche Lebensräume dar. Sie sind kein Hinweis auf eine Verwandtschaft der Tiere. Ein weiteres Beispiel dafür sind die „Geweihe" männlicher Hirschkäfer und die Geweihe der Rothirsche. Beide werden im Rivalenkampf eingesetzt. Der Aufbau der Kopfzangen des Käfers und das Geweih des Hirsches sind aber verschieden.

Betrachtet man dagegen die Gliedmaßen in Abbildung 2, stellt man auf den ersten Blick deutliche Unterschiede fest. Bei näherer Untersuchung zeigen sich jedoch auch Gemeinsamkeiten. So ähneln sich beispielsweise die Flügel von Vögeln und die Arme der Menschen in der Form zwar kaum, aber das Skelett zeigt viele Gemeinsamkeiten. Bei beiden finden sich Oberarmknochen, Unterarm mit Elle und Speiche, Handwurzel-, Mittelhand- und Fingerknochen. Obwohl die Gliedmaßen dieser beiden Wirbeltierklassen unterschiedliche Funktionen erfüllen, weisen sie im Grundbauplan Übereinstimmungen auf. Solche Organe nennt man **homolog**. Sie deuten auf gemeinsame Vorfahren hin.

Homologe Organe finden sich auch bei Insekten. So sind das Sammelbein der Honigbiene und das Sprungbein der Heuschrecke homolog, denn sie sind als Insektenbeine in ihrem Grundbauplan gleich.

Delfin, Hai, Thunfisch und Pinguin sind Wirbeltiere. Ihre Körperformen zeigen große Ähnlichkeiten. Außerdem leben sie in vergleichbaren Lebensräumen. Ihre stromlinien-

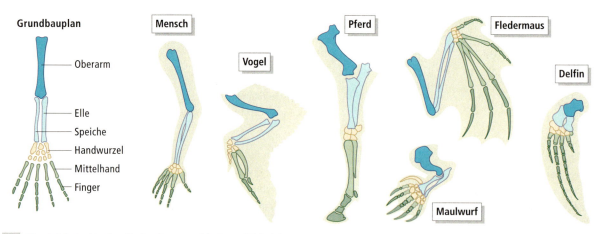

2 Vergleich der Vordergliedmaßen verschiedener Wirbeltiere

Evolution – Vielfalt und Veränderung

förmige Körperform, mit der sie an das Leben im Meer angepasst sind, könnte auf eine Verwandtschaft hinweisen. Bei genauerer Betrachtung gibt es aber keinen gemeinsamen Bauplan, sondern lediglich Funktionsgleichheit. Eine solche Anpassung verschiedener Arten an gleiche Lebensbedingungen durch eine ähnliche Gestalt bezeichnet man als **Konvergenz**.

Bei einigen Lebewesen sind einzelne Organe klein und unvollständig ausgebildet, sodass sie ihre ursprüngliche Funktion nicht mehr erfüllen. Bei Walen zum Beispiel findet man Reste eines Beckens. Diese haben als Stütze der Bewegungsorgane keine Bedeutung, deuten aber darauf hin, dass Wale von vierbeinigen Landsäugern abstammen könnten. Ebenso finden sich bei manchen Schlangenarten Beckenreste, obwohl sie keine Gliedmaßen besitzen. Solche Organreste nennt man **rudimentäre Organe**.

1. Mache Aussagen über die Lebensweise der Tiere und des Menschen in Abbildung 2. Vergleiche dazu die Vordergliedmaßen.
2. Erkläre an Beispielen die Begriffe homolog, analog, konvergent und rudimentär.
3. Handelt es sich in Abbildung 1 um homologe oder analoge Organe? Begründe deine Entscheidung.
4. Beschreibe homologe Gliedmaßen von Biene, Fliege, Heuschrecke und Gelbrandkäfer.
5. Welche Schlussfolgerung kann man aus dem „Becken" der Pythonschlange und den Vordergliedmaßen des Wales schließen?
6. Flugunfähige Vögel wie der afrikanische Strauß oder der neuseeländische Kiwi besitzen Flügelstummel. Erkläre.

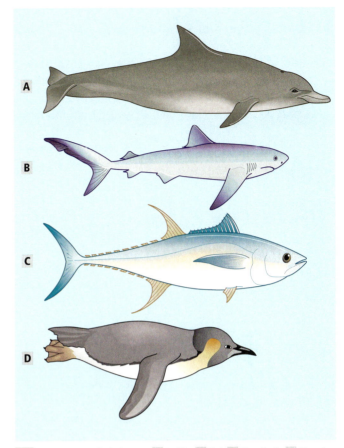

3 Konvergenz bei Tieren. **A** Delfin; **B** Hai; **C** Thunfisch; **D** Pinguin

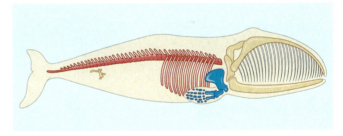

4 Rudimentäres Becken eines Bartenwals

Atavismen

Manchmal kommen bei Lebewesen spezielle „Missbildungen" vor, die ebenso wie rudimentäre Organe als Hinweise auf ihre Abstammung gedeutet werden können.
So gibt es beispielsweise bei Pferden die Ausbildung eines überzähligen Hufes. Beim Menschen können zusätzliche Brustwarzen oder auch eine starke Behaarung am ganzen Körper auftreten.
Diese Ausnahmeerscheinungen nennt man Atavismen. Sie werden als Beweise dafür gedeutet, dass im Erbgut der Lebewesen Gene ihrer Vorfahren liegen. Diese werden gelegentlich „aktiv" und führen dann zum Ausprägen der Atavismen.

EXKURS

Evolution – Vielfalt und Veränderung

Lebende Zeugen der Vergangenheit

Ein Totgesagter lebt!

Der erste Fang eines lebenden *Quastenflossers* 1938 bei Südafrika war eine Sensation. Ein seit 70 Millionen Jahren als ausgestorben gegoltener Fisch lebt in 200 bis 700 m Tiefe vor den Komoren-Inseln. Er ähnelt im Bauplan seinen Vorfahren aus dem Devon vor 400 Millionen Jahren, gilt aber nicht als Vorfahr landlebender Wirbeltiere. Warum sich der bis 2 m lange und 100 kg schwere Fisch bis heute beinahe unverändert erhalten hat, ist unbekannt.

Schwebend in der Tiefe

Der etwa 30 cm große Tintenfisch *Nautilus,* auch *Perlboot* genannt, ist bereits aus dem Erdaltertum vor etwa 500 Millionen Jahren bekannt. Er lebt heute als nachtaktiver Jäger in 400 bis 700 m Tiefe und wird bis zu 20 Jahre alt. Er besitzt bis zu 90 saugnapflosen Arme, mit denen er auf dem Meeresboden entlangkriechen kann. Meist aber hält er sich schwebend im Wasser. Dies ermöglichen ihm gasgefüllte Kammern in seinem Gehäuse, deren Füllung er regulieren kann um zu steigen oder zu sinken.

Gibt es ein Eier legendes Säugetier?

In Australien lebt das *Schnabeltier* an Ufern von Seen und Bächen. Im 19. Jahrhundert wurde ein Exemplar dieses etwa 50 cm großen und bis zu 1,7 kg schweren Tieres nach Europa gebracht. Man dachte dort an einen Scherz aufgrund seines unmöglich erscheinenden Aussehens: Es besitzt ein Fell wie ein Säugetier, einen entenähnlichen Schnabel und Schwimmhäute wie ein Wasservogel. Es legt wie diese Eier durch seine Hinterleibsöffnung, die Kloake. Die Eier sind ledrig weich wie bei einem Reptil. Die vom Muttertier ausgebrüteten Jungen werden gesäugt. Schnabeltiere gibt es bereits seit 100 Millionen Jahren.

Ein „Nadelbaum" mit Blättern?

Obwohl die auffälligen fächerförmigen Blätter des *Ginkgo-Baumes* an eine bedecktsamige Pflanze erinnern, gehört er zu den Nacktsamern. Ginkgogewächse traten erstmals im Perm vor über 250 Millionen Jahren auf. Sie zählen zu den ersten echten Bäumen. Mit Wurzeln, Stamm und Blättern unterschieden sie sich deutlich von den Baumfarnen. Ginkgos wachsen sehr langsam, werden bis 50 m groß und 1000 Jahre alt. Wildwachsende Ginkgobäume gibt es nur noch in Südostchina. Die Bäume bei uns sind Kulturpflanzen.

Bäume wie Riesen

Die *Redwoods* in Kalifornien werden bis zu 100 m hoch, wiegen bis 500 Tonnen und werden über 2000 Jahre alt. Diese immergrünen *Mammutbäume* benötigen für ihr gigantisches Wachstum reichliche Niederschläge und das gemäßigte Klima im regenreichen nebligen Nordwesten der Vereinigten Staaten. Mammutbäume gibt es seit etwa 100 Millionen Jahren auf unserer Erde. Sie haben einen großen Anteil an der Braunkohlebildung.

1 Drohen beim Rothirsch

2 Eckzahn des Muntjaks

2.4 Verhaltensähnlichkeiten können auf eine Verwandtschaft hinweisen

Bei unseren heimischen Rothirschen kann man manchmal eine seltsame Verhaltensweise beobachten. Die männlichen Tiere ziehen die Oberlippe nach oben und entblößen ihre Zähne, wenn sie einem Rivalen drohen. Da Rothirsche aber keine auffällig großen Zähne haben und beim Kampf ohnehin nur ihr Geweih einsetzen, ist diese Verhaltensweise zunächst nicht zu verstehen. Die Betrachtung einiger verwandter Hirscharten wie zum Beispiel des Moschushirsches aus Ostasien oder des südostasiatischen Muntjaks bringt die Erklärung. Bei ihnen besitzen die Männchen dolchartig verlängerte Eckzähne im Oberkiefer, die sie beim Drohen entblößen und auch beim Kampf benutzen. Man vermutet, dass aufgrund der genetischen Anlagen der Rothirsch ein Verhalten zeigt, das auch seine Vorfahren besaßen.

Solche **homologen Verhaltensweisen** findet man auch bei anderen Tierarten. So scheinen Entenvögel ihr Gefieder zu putzen, wenn sie die Balz einleiten. Der Branderpel bearbeitet sein gesamtes Gefieder, während der Stockerpel nur einen Flügel putzt. Es ist der dem Weibchen zugewandte und wird auch nur an der Innenseite vom Erpel gereinigt. Das Männchen der Knäkente streicht nur noch über die Flügelaußenseite und der Mandarinerpel berührt sogar lediglich eine orangefarbene Feder seines Prachtgefieders. Das ursprüngliche Reinigen des Gefieders hat eine andere Funktion übernommen. Es dient nun der Balz und damit dem Anlocken eines Geschlechtspartners. In einem solchen Fall spricht man von **Ritualisierung** eines Verhaltens. Der ähnliche Ablauf der ritualisierten Verhaltensweisen deutet auf die Verwandtschaft der Entenarten hin.

Verhaltensähnlichkeiten lassen allerdings nicht immer auf verwandtschaftliche Zusammenhänge schließen. So können auch ähnliche Lebensumstände ein ähnliches Verhalten erzeugen. Dazu gehört das Totstellverhalten vieler Tiere zum Schutz, wie zum Beispiel bei Käfern oder einigen Vogelarten.

1. Zeige die Verwandtschaft des Hundes mit dem Wolf, indem du ihre Verhaltensweisen vergleichst. Nenne auch ritualisierte Verhaltensweisen des Hundes.
2. Informiere dich über weitere Verhaltensrituale bei Tieren. Gestalte dazu eine Präsentation.

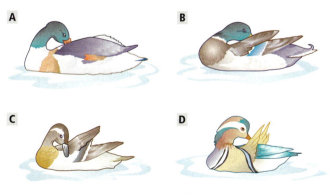

3 Scheinputzen bei Entenvögeln. **A** Brandente; **B** Stockente; **C** Knäkente; **D** Mandarinente

EXKURS

Biochemische Verwandtschaften

Um eine mögliche entwicklungsgeschichtliche Verwandtschaft verschiedenartiger Lebewesen festzustellen, werden auch Untersuchungen von Zellbestandteilen durchgeführt. Dafür werden die Proteine des Blutserums benutzt. Gelangt fremdes Blut in einen Körper, so lösen diese Proteine die Entwicklung von Antikörpern aus. Wird zum Beispiel einem Kaninchen menschliches Serum gespritzt, reagiert sein Immunsystem auf die darin enthaltenen artfremden Proteine. Nach einiger Zeit entnimmt man dem Kaninchen Blut und isoliert daraus etwas Serum mit den gebildeten Antikörpern. Vermischt man dieses nun im Reagenzglas mit menschlichem Blutserum, so verklumpen die menschlichen Proteine durch die Antikörper des Kaninchenserums. Diese Reaktion wird als **Präzipitinreaktion** bezeichnet.

Bei einem weiteren Präzipitintest vermischt man das Serum von Schimpansen mit dem Kaninchenserum, das Antikörper gegen menschliche Proteine gebildet hat. Dabei tritt ebenfalls eine Verklumpung auf. Diese ist aber nicht so stark ausgeprägt wie beim Test mit dem menschlichen Serum. Die nicht ausgefällten Proteine des Schimpansenserums unterscheiden sich demnach von denen des Menschen. Die verklumpten Proteine sind mit dem menschlichen Serum identisch. Die Stärke der Verklumpung wird als Maß für die Verwandtschaft der Tiere mit dem Menschen gedeutet.

In jüngerer Zeit ist die Untersuchung des Baues einzelner Proteine oder auch die Isolierung von DNA aus den Zellen eines Lebewesens möglich. Mit ihrer Hilfe können genauere Aussagen zur vermuteten Verwandtschaft gemacht werden.
Proteine lassen sich durch ihren Aufbau aus Aminosäuren eindeutig voneinander unterscheiden. Jedes Protein besitzt eine andere Abfolge der Aminosäuren und auch eine eigene Länge.

Beides wird durch die erblich festgelegte Basenabfolge der DNA bestimmt, die in jeder Zelle des Lebewesens enthalten ist.

Das Protein **Cytochrom c** zum Beispiel besteht aus bis zu 112 Aminosäuren, wovon etwa ein Drittel bei den untersuchten Tierarten identisch ist. Beim Vergleich der Ketten zeigt sich, dass die von Mensch und Rhesusaffe bis auf eine Aminosäure gleich sind. Beim Vergleich zwischen Mensch und Huhn dagegen zeigen sich 13 verschiedene Besetzungen in der Kette. Jeder Aminosäureunterschied weist aber auf eine Änderung in der Basenabfolge der DNA hin. Unterschiede in der DNA sind wiederum durch Mutationen zu erklären. Das bedeutet, je geringer die Verwandtschaft, um so mehr Mutationen in der Erbsubstanz müssten in der Stammesentwicklung entstanden sein. Die Wissenschaftler gehen nun davon aus, dass eine große Übereinstimmung in der Aminosäurenabfolge auf eine nahe Verwandtschaft der untersuchten Lebewesen zurückzuführen ist.

Verglichene Arten	Anzahl der Unterschiede in der Abfolge der Aminosäuren
Mensch und Rhesusaffe	1
Mensch und Pferd	12
Mensch und Huhn	13
Huhn und Pferd	11
Huhn und Rhesusaffe	12
Fisch und Pferd	19
Fisch und Rhesusaffe	21

Cytochrom c verschiedener Lebewesen

Kaninchenserum mit Antikörperserum gegen menschliches Serumeiweiß

ergibt mit Serum von

Mensch	Schimpanse	Gorilla	Orang-Utan	Pferd	Beuteltier
100%	85%	64%	42%	2%	0%

Ausfällung

Präzipitintest mit verschiedenen Seren

Evolution – Vielfalt und Veränderung

Verwandtschaftsnachweis durch DNA-Vergleich

In den 1970er Jahren fanden Heimatforscher am Lichtensteinberg im Harz den Eingang zu einer Höhle. Darin wurden im Jahr 1993 Menschenknochen und Bronzegegenstände gefunden. Untersuchungen durch Spezialisten der Universität Göttingen ergaben, dass es sich um die Skelette von vierzig Menschen aus der frühen Bronzezeit handelte, die etwa 3000 Jahre alt sind. Sind die Toten aus der Höhle vielleicht die Vorfahren von Menschen, die heute noch in dieser Gegend leben?

Um die Frage zu klären, vervielfältigten die Wissenschaftler *DNA* aus den Knochen mit Hilfe einer Methode, mit der man DNA millionenfach kopieren kann. So konnten sie genügend Material für weitere Untersuchungen zur Verfügung stellen.

Die Basenstränge der DNA wurden anschließend in einer **Gelelektrophorese** aufgetrennt. Mit dieser Methode kann man die erhaltenen DNA-Abschnitte verschiedener Proben vergleichen. Die einzelnen DNA-Abschnitte sammeln sich in Banden.

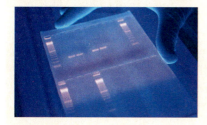

Arbeitsschritte eines genetischen Fingerabdrucks.

1. Kleine Mengen von DNA werden maschinell vervielfältigt.

2. Die gewonnenen DNA-Abschnitte werden durch eine Gelelektrophorese nach ihrer Größe getrennt.

3. Als Ergebnis der Gelelektrophorese erhält man ein Muster von Banden. Durch Vergleich der Bandenmuster kann man Ähnlichkeiten oder Unterschiede zwischen den Proben erkennen.

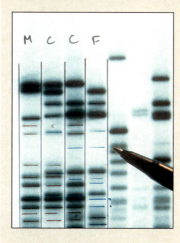

Je ähnlicher die Bandenmuster von Individuen sind, desto näher sind sie miteinander verwandt.

Die Anordnung solcher Banden ist für jeden Menschen so typisch wie ein Fingerabdruck. Deshalb nennt man die Methode auch **genetischer Fingerabdruck.** Durch Vergleich charakteristischer Banden kann man Knochen den einzelnen Individuen zuordnen und anschließend Aussagen über mögliche Verwandtschaftsverhältnisse machen. Die DNA-Untersuchungen ergaben, dass diese Höhle ein Familiengrab war, in dem mindestens drei Generationen einer Großfamilie bestattet wurden.

In einem weiteren Forschungsprojekt haben die Wissenschaftler die genetischen Analysen der DNA aus den gefundenen Knochen mit den DNA-Mustern heute in dieser Region lebender Menschen verglichen. Die Ergebnisse der Vergleichsuntersuchung zeigten, dass die Erbsubstanz von zwei Männern große Ähnlichkeiten mit der DNA aus einem der Skelettfunde aus der Höhle hat. Mit hoher Wahrscheinlichkeit sind die gefundenen Menschen aus der Bronzezeit Vorfahren dieser Männer.

1. Warum reichen bereits winzige Mengen an DNA für Untersuchungen aus?
2. Wie kann man feststellen, ob die DNA der gefundenen Knochen Ähnlichkeiten mit in dieser Region lebenden Menschen hat?
3. Zu welchen Zwecken kann man den genetischen Fingerabdruck noch nutzen (siehe auch Methode „Präsentieren mit dem Computer")?

1 Artenvielfalt im Meer

3 Ursachen der Evolution

3.1 Die Entwicklung der Evolutionstheorien

Unsere Erde zeichnet sich durch eine große Vielfalt an Lebewesen aus. Heute kennt man über 1 Million Tierarten und über 500 000 Pflanzenarten! Die Anzahl noch unbekannter Pflanzen- und Tierarten ist wahrscheinlich noch höher. Wie könnte diese Vielfalt an Lebewesen entstanden sein?

Überlegungen und Theorien über die Entstehung des Lebens sind schon sehr alt. Bereits die Philosophen des Altertums machten sich Gedanken über die Herkunft der Lebewesen. Sie nahmen an, dass sich zunächst pflanzliches und später tierisches Leben entwickelt hat. Solche Denkansätze konnten sich lange Zeit nicht durchsetzen. Die Naturwissenschaften waren bis zum Ende des 18. Jahrhunderts bestimmt von der Lehrmeinung einer **Konstanz der Arten**.

Diese Theorie geht davon aus, dass sich die Arten seit dem Beginn des Lebens auf der Erde nicht oder nur wenig verändert haben.

Auch der schwedische Naturforscher Carl VON LINNÉ (1707–1778) vertrat diese Meinung. LINNÉ kannte bereits 8500 Pflanzenarten und 4200 Tierarten, die er nach verwandtschaftlichen Merkmalen zu einem übersichtlichen Pflanzen- und Tiersystem zusammenfasste.

Der Franzose Jean Baptiste DE LAMARCK (1744–1829) vertrat dagegen die Auffassung, dass sich Pflanzen und Tiere im Laufe ihrer langen Entwicklungsgeschichte verändert haben. Nach seiner Meinung passen sich die Lebewesen den wechselnden Lebensbedingungen an. Die so erworbenen Anpassungen vererben sie an die Nachkommen. Nach LAMARCK haben z. B. die Giraffen deshalb so einen langen Hals, weil ihre Vorfahren die Hälse strecken mussten, um an die Blätter der Bäume zu gelangen. Das Strecken und das „Bedürfnis" an die Nahrung zu kommen, bewirkten die Verlängerung des Halses. Diese erworbene Eigenschaft wurde weitervererbt. Andererseits verkümmern Organe oder Eigenschaften durch den Nichtgebrauch. Auch dies wird durch Vererbung an die Nachkommen weitergegeben. Diese Theorie der **Vererbung erworbener Eigenschaften** lässt sich jedoch nicht beweisen. Viele Beispiele widersprechen dieser Theorie.

Nach der Meinung vieler Wissenschaftler ist dagegen die Theorie des Engländers Charles DARWIN (1809–1882) wesentlich besser zur Erklärung der Entstehung der Vielfalt des Lebens geeignet. Auf einer fünfjährigen For-

1. Generation   1. Generation   2. Generation

2 LAMARCK und seine Theorie zur Entwicklung der Arten

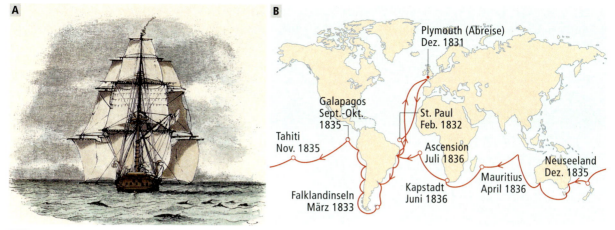

3 Darwins Forschungsreisen; **A** Forschungsschiff Beagle; **B** Reiseroute

schungsreise mit einem Vermessungsschiff rund um die Welt sammelte er eine Fülle von Beobachtungen. Die Auswertung dieser geologischen, botanischen und zoologischen Daten und Funde nahm Jahrzehnte in Anspruch. 1859 veröffentlichte er sein Lebenswerk „**Über die Entstehung der Arten durch natürliche Zuchtwahl**". Darin stellt er die Theorie auf, dass jede Art mehr Nachkommen erzeugt, als zu ihrer Erhaltung notwendig wäre. Außerdem sind die Nachkommen einer Art nicht immer völlig gleich. Sie weisen geringe Unterschiede in ihren Eigenschaften auf. Diese Unterschiede können für den Träger von Vor- oder Nachteil in der Auseinandersetzung mit der Umwelt sein. Es überleben dann nur diejenigen, die den jeweiligen Lebensbedingungen am besten angepasst sind.

Durch diese natürliche Auslese verändern sich Arten im Laufe von vielen Generationen. Für die Giraffen bedeutet dies nach Darwin: Diejenigen mit nachteiligen Eigenschaften wie den kürzeren Hälsen haben eine geringere Chance zu überleben und sich zu vermehren. Von den Giraffen mit längeren Hälsen dagegen überleben mehr Tiere und vererben ihre Eigenschaften an die Nachkommen.

Seit der Zeit Darwins haben insbesondere Erkenntnisse aus der Vererbungslehre das Wissen um die Mechanismen der Evolution erweitert. Somit ist diese Evolutionstheorie der Abstammung der Lebewesen einer ständigen Erweiterung und Veränderung unterworfen.

1. Erkläre, welche Veränderungen im Körperbau bei einem Radprofi und seinen Nachkommen auftreten, wenn man der Theorie Lamarcks folgt.
2. Nenne Beispiele, wie sich nach Darwin die Anpassung der Lebewesen an ihre Umwelt zeigen lässt.
3. Informiere dich über die Theorie der Artenkonstanz. Vergleiche mit der Theorie Darwins. Gestalte ein Plakat dazu.

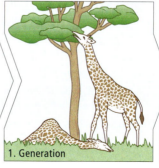

4 Darwin und seine Theorie über die Entstehung der Arten

Evolution – Vielfalt und Veränderung

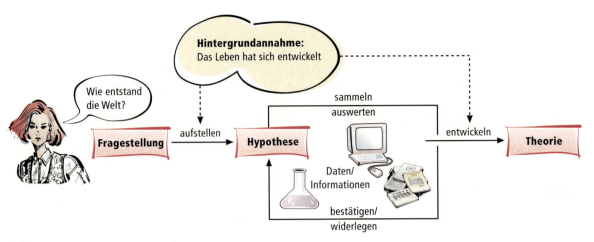

1 Abläufe zu einer Theoriebildung (vereinfacht)

3.2 Evolutionstheorie im Streit der Meinungen

Wie das Leben auf der Erde entstanden ist und auf welche Weise sich die Vielfalt der Arten entwickelt hat, versuchen verschiedene **Theorien** zu erklären. Die moderne **Evolutionstheorie** geht auf den Naturforscher Charles DARWIN zurück. Sie geht davon aus, dass im Verlauf von mehr als einer Milliarde Jahren aus einfachen Zellen die heutige Vielfalt an Lebewesen entstanden ist. Die vorhandenen Lebewesen stammen also von andersartigen Lebensformen ab.

Nach der **Schöpfungslehre** hingegen ist Gott der Schöpfer und Urheber alles Lebendigen. Er hat alle Lebewesen erschaffen, die sich seitdem nur in geringem Maße verändert haben. DARWINS Theorie widerspricht somit dem Gedanken an eine Entstehung des Lebens durch einen Schöpfungsakt.

Wie aber entstehen solche sich widersprechenden Theorien? Wissenschaftler wollen Antworten auf bisher nicht gelöste Fragen finden. Zahlreiche Funde und Beobachtungen führen zu umfangreichem Datenmaterial. Dieses werten die Wissenschaftler im Hinblick auf ihre Fragestellungen aus und versuchen es zu erklären. Sie tun dies aufgrund von bestimmten Hintergrundannahmen. Diese beiden Theorien beruhen auf Hintergrundannahmen, die nicht beweisbar sind. Es entstehen Denkmodelle, also **Hypothesen** der Wirklichkeit. Diese werden anhand neuen Datenmaterials und neuer Experimente überprüft. Weisen sie Widersprüche zur angenommenen Hypothese auf, müssen sie verändert oder aufgegeben werden. Über viele solcher Schritte gelangen die Wissenschaftler zu gefestigten Hypothesen, die als Theorien bezeichnet werden.

Anhänger der Schöpfungslehre versuchen durch ihre Forschungen Antworten auf ungeklärte Fragen in der Evolutionstheorie zu finden. Einige Lebewesen sind so kompliziert gebaut, dass laut der Schöpfungslehre eine zufällige Entstehung unwahrscheinlich und nur schwer vorstellbar ist. Auch lässt sich die Entstehung beispielsweise der einzelnen Klassen der Wirbeltiere anhand der Evolutionsmechanismen schwierig erklären. So ist fraglich, wie sich zum Beispiel aus wechselwarmen Reptilien gleichwarme Säugetiere mit Haaren, Milchdrüsen und anderen „Neuerungen" gebildet haben könnten.

Auch die Entstehung der ersten lebenden Zelle aus leblosen organischen Molekülen wird als so unwahrscheinlich angesehen, dass sie nicht zufällig entstanden sein kann.

Eine Antwort sehen Anhänger der Schöpfungslehre in der Annahme, dass von einem Schöpfer Grundtypen von Lebewesen geschaffen wurden, zum Beispiel Wölfe. Aus diesem Grundtyp konnten sich durch Mutationen die verschiedenen Hundeartigen entwickeln.

1. a) Informiere dich über unterschiedliche Erklärungsmodelle zur Entwicklung der Lebewesen,
b) Erkläre Gemeinsamkeiten und Unterschiede.

Basiskonzept „Entwicklung" – Die Entstehung von Arten

Charles DARWIN begann am 27.12. 1831 seine fast fünf Jahre dauernde Reise, die ihn unter anderem zu den Galapagos-Inseln, einer vulkanischen Inselgruppe aus 30 Inseln westlich von Ecuador führte. Bei seinem fünfwöchigen Aufenthalt beobachtete und beschrieb DARWIN insgesamt 193 Pflanzen- und Tierarten. Es gibt auf Galápagos viele Tierarten, die nur dort vorkommen. Manche findet man sogar nur auf einer Insel. So fiel DARWIN auf, dass sich die Riesenschildkröten der einzelnen Inseln im Körperbau unterschieden. Auf Española, einer trockenen Insel, besitzen sie einen langen Hals und einen Panzer, der durch eine hohe Öffnung das Heben des Kopfes nicht behindert.
Die Schildkröten fressen hier die hochgewachsenen Kakteenzweige. Auf Santa Cruz dagegen finden die Schildkröten ihre Nahrung auf dem Boden. Sie besitzen kuppelförmige Panzer mit niedrigen Öffnungen. Die geografische Separation der Inseln voneinander, getrennt durch das Meer, verhinderte eine Paarung von Schildkröten verschiedener Inseln. Sie sind demnach durch ihre Panzerform ideal an den sie umgebenden Lebensraum angepasst. Diese Beobachtungen DARWINS führten später zu der Theorie, dass sich *neue Arten aus einer gemeinsamen Stammform entsprechend der sie umgebenden Umwelt entwickeln.*

Darwin beobachtete auch insgesamt 13 unterschiedliche Finkenarten. Sie ähneln sich zwar äußerlich und auch in ihrem Verhalten, unterscheiden sich jedoch vor allem in Form und Größe der Schnäbel. Einige haben einen dicken, kurzen Schnabel, mit dem sie Samen unterschiedlicher Härte und Größe öffnen können.
Diese Finken leben hauptsächlich am Boden. Andere Arten beobachtete er vorwiegend auf Bäumen. Sie ernähren sich hauptsächlich von Insekten. Erst etwa 100 Jahre später fand man eine Erklärung entsprechend der Theorie einer **ökologischen Isolation**. Vermutlich kamen erste Finken vom 1000 km entfernten Festland auf die Inseln, wo sie reichlich Nahrung vorfanden und keine Fressfeinde hatten. Durch das Anwachsen der Population machten sich die Vögel untereinander Konkurrenz. **Mutationen der Gene**, die unterschiedliche Schnabelformen schufen, führten dazu, dass die Vögel unterschiedliche ökologische Nischen besetzen konnten. Die dadurch erlangte **Anpassung** wurde durch Fortpflanzung an die Nachkommen weitergegeben. Schließlich sind die Finkenarten genetisch so unterschiedlich geworden, dass sie sich nicht mehr untereinander fortpflanzen können. Es sind eigene **Arten** entstanden.
Bei der Artbildung sind also Gene und Umweltbedingungen in einen wechselseitigen Entwicklungsprozess einbezogen. Solche Prozesse werden in der Biologie unter dem **Basiskonzept Entwicklung** zusammengefasst.

EXKURS

Riesenschildkröten.
A Panzer aufgebogen;
B Panzer kuppelförmig

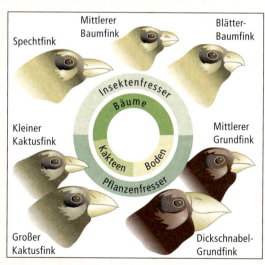

Finkenarten auf Galapagos

Unterschiedliche Finkenarten.
A Spechtfink;
B Kaktus-Grundfink

Evolution – Vielfalt und Veränderung

1 Wolf und verschiedene Hunderassen

3.3 Die Entstehung neuer Arten

Die meisten Hunderassen und ihre Vorfahren, die Wölfe, haben offensichtliche Gemeinsamkeiten. Sie sind sich aber nicht nur äußerlich ähnlich, ihre Verwandtschaft wurde auch genetisch bestätigt. Manche Rassen allerdings weichen in ihrem Aussehen so stark vom Wolf ab, dass ihre Verwandtschaft kaum noch zu erkennen ist. Wie aber kam es zu dieser großen Vielfalt unterschiedlicher Rassen?

Kreuzt man beispielsweise einen Boxerrüden mit einer Schäferhündin, so entsteht eine „Promenadenmischung", die Merkmale beider Elterntiere zeigt. Die Ursache dieser Vermischung elterlicher Merkmale liegt in der **Neukombination** der Gene bei der Bildung der Keimzellen während der Meiose und ihrer Verschmelzung bei der Befruchtung. Dadurch können neue Merkmale entstehen, die vorher an den Elterntieren nicht zu sehen waren.

Diese Unterschiede bezeichnet man als Veränderlichkeit oder **Variabilität.** Das Ausmaß der Variabilität ist allerdings begrenzt. Die Bandbreite der Merkmalsausprägung eines Gens bezeichnet als genetische Variabilität. Sie ermöglicht es ihnen, bestimmte Eigenschaften und Gegebenheiten ihres natürlichen Lebensraums besonders gut zu nutzen. Eine für das Lebewesen in der konkreten Umwelt nachteilige Merkmalsausprägung führt meist zu einer verminderten **Fitness.** Der Begriff Fitness bezeichnet in der Biologie den Fortpflanzungserfolg einer Art, also die Zahl der fruchtbaren Nachkommen. So breiten sich nur die Mitglieder einer Population aus, die die beste **Angepasstheit** an die vorhandene Umwelt zeigen, die mit der erhöhten Fitness.

Eine weitere Ursache der genetischen Vielfalt, und vor allem in dem Auftreten neuer Merkmale, liegt im spontanen Auftreten von Veränderungen des Erbgutes. Diese **Mutationen** treten zufällig und damit nicht zielgerichtet auf und sind seltene Ereignisse. Sie werden nur dann an die Nachkommen weitergegeben, wenn sie in den Keimzellen der Lebewesen angelegt sind.

Verschiedene Mutationen haben unterschiedliche Auswirkungen auf die Lebewesen. Solche Mutationen, die so gut wie keine Auswirkungen auf die Merkmale haben und sich daher weder nachteilig noch vorteilhaft für das Individuum auswirken nennt man *neutrale Mutationen*. Mutationen, die nachteilige Auswirkungen auf die Merkmale des Lebewesens haben sind *schädliche Mutationen*. Eine Antilope mit zu kurzen Beinen zum Beispiel kann nicht so schnell vor einem Feind flüchten, eine Fledermaus mit schlechten Ohren kann ihre Beute nicht mehr so gut orten. Beide werden sich nicht erfolgreich gegenüber den anderen Mitgliedern der Population durchsetzen. *Vorteilhafte Mutationen* erhöhen die Angepasstheit des Lebewesens an die Umwelt. Ein Adler, der zum Beispiel eine verbesserte Augenlinse hat, kann seine Beute leichter erkennen und eine

Maus, deren Trommelfell besser schwingen kann, hat ein empfindlicheres Gehör zum Wahrnehmen von Feinden.

Bei der Zucht von Hunderassen haben sich die Menschen Neukombinationen von aufgetretenen Mutationen zunutze gemacht. Sie wählten zur Zucht die Tiere aus, die über die gewünschten Merkmale verfügten. Eine solche Auswahl nennt man **Selektion.** Allerdings bilden sich durch Selektion in der Regel keine neuen Arten, sondern lediglich Unterarten oder Rassen. So können sich alle Hunderassen untereinander und auch mit dem Wolf fortpflanzen. Bei unterschiedlichen Arten wäre dies nicht möglich. Zur Bildung einer neuen Art muss es also einen weiteren Faktor zusätzlich zu Mutation, Neukombination und Selektion geben. Am Beispiel von Grünspecht und Grauspecht erhalten wir einen Einblick in heutige Vorstellungen über die Entstehung einer Art.

Grünspecht und Grauspecht kommen bei uns vorwiegend in Mischwäldern oder Parkanlagen vor. Beide Arten sehen sich zum Verwechseln ähnlich. Während der Grünspecht aber ein typischer Erdspecht ist und sich seine Nahrung, meist Ameisen, vorwiegend am Boden sucht, findet man den Grauspecht hauptsächlich auf Bäumen. Obwohl sich beide Spechte auch im Verhalten sehr ähneln, handelt es sich doch um zwei Arten, da sie sich nicht untereinander paaren. Wie sind diese Arten entstanden? Vermutlich haben Grauspecht und Grünspecht gemeinsame Vorfahren. Diese wurden aber zu Beginn der Eiszeit durch das Vorrücken der Eismassen aus dem Norden teils nach Osten, teils nach Westen verdrängt. Aus der Stammform entwickelten sich in den unterschiedlichen Lebensräumen des westlichen und östlichen Europa im Laufe langer Zeiträume voneinander getrennte Spechtpopulationen. Es entstanden im Osten die *Grauspechte,* im Westen die *Grünspechte.* Nach der Eiszeit drangen die beiden Populationen wieder nach Mitteleuropa vor. Dort allerdings stellte sich heraus, dass sich die beiden Gruppen nach der langen Trennung nicht mehr untereinander fortpflanzen können. Durch die **geografische Isolation** sind zwei neue Arten entstanden.

2 Verbreitung von Grünspecht und Grauspecht

1. Neben der Zucht von Hunden für unterschiedliche Zwecke (Jagd, Suchhund, Spielgefährte) züchtet der Mensch auch andere Säugetierrassen, um sie für sich zu nutzen.
a) Nenne Beispiele mit dem Zuchtziel.
b) Welche Ursachen haben die auftretenden Merkmalsunterschiede?
2. a) Nenne alle Faktoren, die zur Entstehung einer neuen Art beitragen. Erläutere sie.
b) Warum reichen einzelne Faktoren für eine Artentstehung nicht aus? Nenne Beispiele.
3. Immer wieder treten Krankheitserreger auf, die gegen Antibiotika widerstandsfähig sind. Es müssen dann neue Arzneimittel gefunden werden, die gegen diese resistenten Bakterienarten wirken. Auf welchen Evolutionsfaktor könnte die Entstehung von resistenten Krankheitserregern zurückzuführen sein?
4. Bei fast allen Tierarten treten gelegentlich Albinos auf. Diese können keine Farbstoffe für ihre Körperbedeckung bilden. Nenne Bedingungen, unter denen sich Albinos in einer Population durchsetzen würden.

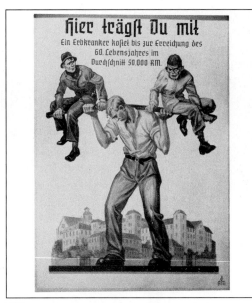

1 Hetzpropaganda der Nationalsozialisten

2 Darwin als Karikatur (1871)

3.4 Darwin – missverstanden und missbraucht

Schon zu Lebzeiten Darwins wurde seine Evolutionstheorie missverstanden oder böswillig verunglimpft. So wurde behauptet, dass – nach seiner Theorie – der Mensch von Affen abstamme. Entsprechend verbreitete man die in Abbildung 2 gezeigte Karikatur. Allerdings hatte Darwin nur behauptet, dass Mensch und Affe einen *gemeinsamen Vorfahren* haben.

Schlimme Folgen hatte jedoch der Missbrauch Darwinscher Theorien in der Sozialpolitik. Er wurde als **Sozialdarwinismus** bezeichnet. Es bedeutet die Übertragung der von Darwin erkannten Evolutionsgesetze auf die menschliche Gesellschaft.

Die Fehldeutung bezieht sich auf den Begriff „survival of the fittest" (Überleben der Passendsten), dem vermeintlichen „Kampf ums Dasein". Dieser Ausdruck wurde im Jahr 1864 durch den britischen Sozialphilosophen Herbert Spencer geprägt. Die Deutung als Vernichtungskampf der Stärksten untereinander ist eine biologistische Fehlinterpretation.

Fit oder „Fitness" beschreibt im Darwinschen Sinne den Grad der *Anpassung an die Umwelt* und die *erfolgreiche Vermehrung* und nicht die *körperliche Stärke und Durchsetzungsfähigkeit* im Sinne einer direkten Konkurrenzverdrängung unter Einsatz von Gewalt.

Eine besonders krasse, unmenschliche und *praktizierte* Form des Sozialdarwinismus ist der **Faschismus,** besonders in seiner deutschen Variante. Das *Gesetz zur Verhütung erbkranken Nachwuchses,* das am 14. Juli 1933 erlassen wurde, gehörte zu den ersten Rassengesetzen der Nationalsozialisten.
Es führte zur millionenfachen Vernichtung von (angeblich) rassisch minderwertigen und kranken Menschen. Welche Menschen „nützlich" waren oder was als „minderwertig" galt, bestimmte das **Nazi-Regime** mit seiner *Rassenpolitik.* Damit die Tötungen in der Bevölkerung auch nichtsterbenskranker Menschen als akzeptabel erscheinen sollte, schürte die Nazipropaganda massiv Ängste und stellte Menschen als reinen Nutzen- oder Kostenfaktor dar (Plakat Abbildung 1).

1. Informiere dich in Geschichtsbüchern oder im Internet über die Rassenpolitik der Nationalsozialisten. Berichte.
2. Erläutere den Begriff Sozialdarwinismus.
3. Begründe, auf welche Weise Darwin im Sozialdarwinismus fehlgedeutet wurde.

Evolutionsspiel

V1 Natürliche Selektion

Hinweis: Mithilfe dieses Spieles könnt ihr die Wirkungsweise der natürlichen Selektion „nachspielen". Bildet dazu Gruppen von mindestens 3 Personen – zwei „Räubern" und einem Protokollführer.

Material: je einen Bogen farbiges Tonpapier DIN-A4 in fünf verschiedenen Farben; zwei Bogen unterschiedlich stark gemusterter Geschenkpapiere (1 x 1 m), die möglichst die Farben der Tonpapiere besitzen; Scheren; fünf Briefumschläge

Durchführung:
Schneidet von den Tonpapierbogen jeweils 100 Plättchen der Größe 1x1 cm aus und verwahrt sie bis zum Spielbeginn in den Briefumschlägen. Fertigt ein Protokoll nach folgendem Muster an.

Der Protokollführer (oder eine andere Person, die nicht „Räuber" ist), verteilt auf dem ausgelegten Geschenkbogen („Umwelt") je 20 Plättchen („Beute") jeder Farbe. Die „Räuber" stehen dabei mit dem Rücken zum Spielfeld.

Sind die Plättchen verteilt, drehen sich die zwei „Räuber" schnell um und ziehen wahllos einzeln je 10 Plättchen vom Spielfeld. Danach drehen sie sich um und wechseln die Plätze. Nach dem erneuten Umdrehen ziehen die Spieler wieder je 10 Plättchen usw. Das geschieht so lange, bis nur noch 20 Plättchen auf dem Feld übrig sind. (Sollten mehr als 2 „Räuber" in der Gruppe mitspielen, ist die zurückbleibende Zahl von 20 Plättchen entsprechend schneller erreicht. Es ist auch möglich, eine „Überlebendenzahl" von 30 zu haben – der weitere Spielverlauf muss dann entsprechend verändert werden.)

Der Protokollführer notiert das Ergebnis der übriggebliebenen Plättchen. Diese „vermehren" sich nun, indem zu jedem fünf gleichfarbige dazu gelegt werden. Diese werden vermischt auf das Papier verteilt. Sie bilden die F_1-Generation.
Die Selektion beginnt aufs Neue und wird anschließend protokolliert. Eine F_2-Generation und danach F_3-Generation wird ergänzt.
Spielt dasselbe mit dem zweiten Geschenkpapier – also einer veränderten Umwelt – durch.

Aufgaben:
a) Wertet die beiden Spielprotokolle aus. Beachtet dabei die „Tarnwirkung" der „Beute" auf der unterschiedlichen „Umwelt". Welche Bedeutung hat dies im natürlichen Umfeld?
b) Verändert die Merkmale eurer „Beute", indem ihr beispielsweise runde Plättchen schneidet.

Farbe der Plättchen	Dunklerer Untergrund					Hellerer Untergrund				
	grün									
Anfangs-Population	20	20	20	20	20	20	20	20	20	20
nach Selektion										
F_1 nach Vermehrung										
nach Selektion										
F_2 nach Vermehrung										
nach Selektion										
F_3 nach Vermehrung										

1 Knochenfunde im Neandertal

4 Die Abstammung des Menschen

4.1 Der Neandertaler – ein Knochenfund verändert die Welt

„Höhlenbär oder Urmensch? – Ein überraschender Fund im Neandertal gibt Rätsel auf."
So oder ähnlich könnten Zeitungsmeldungen im August des Jahres 1856 gelautet haben. Beim Graben entdeckten Steinbrucharbeiter im Neandertal bei Düsseldorf in einer Höhle Knochen, die sie für Bärenknochen hielten und wegwarfen. Die Arbeiter berichteten aber dem Steinbruchbesitzer davon, der größere Stücke wieder aufsammeln ließ. Er gab die Nachricht an den Lehrer Johann Carl FUHLROTT weiter, einen begeisterten Naturforscher und Sammler.
Dieser erkannte sofort, dass es sich bei den Knochen um ein menschliches Skelett handelte. Allerdings deuteten die kräftigen Oberschenkelknochen und die ungewöhnlich flache Kopfform mit den Vorwölbungen über den Augen darauf hin, dass es sich um einen ausgestorbenen Menschentyp handelte. FUHLROTT vermutete, dass es sogar das Skelett eines Urmenschen war, von dem die heute lebenden Menschen abstammen könnten.
Mit dieser Behauptung stand er aber weitgehend allein. Bedeutende Wissenschaftler widersprachen seiner Vermutung, einen Vorfahren des heutigen Menschen gefunden zu haben. So behauptete der bekannte Mediziner Rudolf VIRCHOW, dass es sich bei dem Fund um das entstellte Skelett eines kranken Menschen handelte. Erst spätere Untersuchungen bestätigten, dass FUHLROTT recht hatte. Das Alter des Fundes wurde dann auf etwa 60 000 Jahre festgelegt.

Erst nach weiteren Funden und genaueren Untersuchungsmethoden konnte man die wahre Bedeutung des Fundes aus dem Neandertal genauer einordnen: der Neandertaler ist kein direkter Vorfahre des heutigen Menschen. Wahrscheinlich wanderten die heutigen Menschen nach Europa ein und verdrängten mit der Zeit die Neandertaler. Eine Vermischung der Arten hat vermutlich nicht stattgefunden.

1. Woraus schloss FUHLROTT, dass es sich bei dem Fund um einen urtümlichen Menschen handelte?
2. Nenne Gründe für die große Bedeutung des Fundes eines Neandertalers im 19. Jahrhundert.
3. Informiere dich über Untersuchungsmethoden bei Knochenfunden. Berichte.
4. Sammle Informationen zum Leben eines Neandertalers. Berichte.

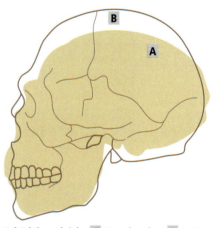

2 Lebensbild vom Neandertaler (Rekonstruktion)

3 Schädelvergleich; A Neandertaler; B Jetztmensch

132 Evolution – Vielfalt und Veränderung

4.2 Von Menschenaffen und Menschen

Menschenaffen gehören im Zoo zu den beliebtesten Tieren. Ein Grund dafür ist ihre Ähnlichkeit mit dem Menschen. Bei vergleichenden Untersuchungen des Erbgutes von Zwergschimpansen und Menschen stellte sich heraus, dass dieses zu 98 % identisch ist.

Neben diesen Ähnlichkeiten, die auf eine nahe Verwandtschaft schließen lassen, gibt es aber auch viele Unterschiede. So ist nur der Mensch in der Lage, längere Zeit auf zwei Beinen zu stehen oder zu gehen. Dazu befähigen ihn seine Füße, die als *Standfüße* ausgebildet sind. Außerdem verhilft ihm seine doppelt-s-förmig gebogene Wirbelsäule, das Gleichgewicht zu halten. Dadurch liegt der Schwerpunkt des Körpers in der Körpermitte über den Beinen.

Der Schimpanse hat *Greiffüße*. Mit ihnen kann er sich in den Bäumen durch Klettern und Schwingen fortbewegen. Seine Wirbelsäule ist c-förmig gebogen. Deshalb liegt der Körperschwerpunkt bei diesem Affen außerhalb des Körpers, sodass er eine große Kraftanstrengung braucht, um aufrecht stehen zu können.

Auch der Bau der Schädel unterscheidet sich stark. Beim Menschen fällt auf, dass der Hirnschädel gegenüber dem Gesichtsschädel sehr ausgeprägt ist. Damit bietet er viel Platz für das Gehirn. Das Gebiss ist relativ klein, das Kinn zurückgezogen. Der Schädel des Schimpansen zeigt eine vorstehende Schnauze, ein kräftiges Gebiss und große Überaugenwülste.

Seine Hände sind für den Vierfüßergang auf dem Erdboden oder auch zum Greifen und Klettern gut geeignet. Ihm fehlt allerdings die Möglichkeit, den Daumen den anderen Fingern genau gegenüber zu stellen. Dieser Präzisionsgriff ist nur dem Menschen möglich.

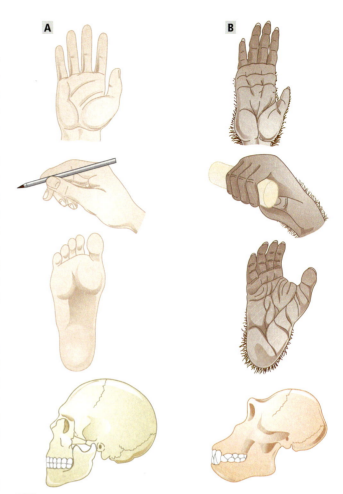

1 Vergleich von Gliedmaßen und Schädel.
A Mensch; **B** Schimpanse

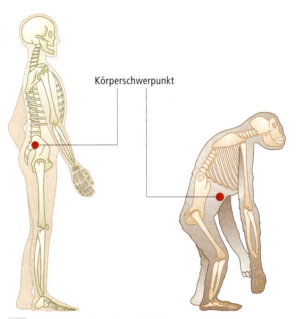

2 Skelett von Mensch und Schimpanse

1. Nenne Gemeinsamkeiten und Unterschiede von Menschenaffen und Mensch. Berücksichtige auch Verhaltensweisen und Art und Weise ihrer Verständigung.
2. Lege eine Tabelle an, in der du mithilfe der Abbildungen 1 und 2 Hände, Füße, Schädel und Wirbelsäule von Mensch und Schimpanse vergleichst.

Evolution – Vielfalt und Veränderung

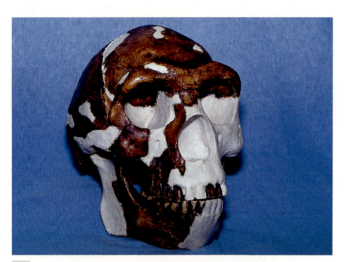

1　Rekonstruktion eines Schädels von Homo erectus
(braun: Originalfundstück; weiß: rekonstruierte Teile)

4.3 Wege zum heutigen Mensch

Stelle dir vor, du sollst ein Puzzle zusammensetzen, von dem du nicht alle Teile hast und zu dem es keine Vorlage gibt. Vor weit schwierigeren Problemen stehen Forscher, wenn sie Lebewesen aus fossilen Fundstücken rekonstruieren wollen. Sie versuchen dann aus gefundenen einzelnen Zähnen oder Knochenteilen ein Gesamtbild der Lebewesen zu gewinnen. Um dieses Bild zu vervollständigen, können im Laufe vieler Jahre weitere ähnliche Funde beitragen. Dazu muss die bisherige Vorstellung oft überarbeitet werden. So haben wir heute eine ungefähre Vorstellung davon, wie sich das Leben von Pflanzen und Tieren in Millionen Jahren entwickelt haben könnte.

Die Frage nach der Entwicklung des Menschen fasziniert die Wissenschaftler dabei besonders. Sie sind zunächst zufällig, später dann durch gezielte Suche auf Fossilien gestoßen, die verschiedene Wege bis zum heutigen Menschen aufzeigen. Ein möglicher Weg geht dabei von gemeinsamen Vorfahren der Menschaffen und Menschen aus, deren Fossilien man in Ostafrika fand. Zu den etwa paviangroßen Tieren, die dort vor ungefähr 20 Millionen Jahren vorkamen, zählt beispielsweise **Proconsul.** Seine Fossilien besitzen im Körperbau eine Reihe von Merkmalen heutiger Menschenaffen. Einige Forscher vermuten, dass diese auf Bäumen lebenden Tiere direkte Vorfahren von Gorillas, Schimpansen, Bonobos und Orang-Utans sein könnten.

Vor etwa 7,5 Millionen Jahren veränderte sich das Klima in Afrika. Die offenen Savannenlandschaften nahmen zu und erforderten von den Tieren eine Anpassung an die veränderten Lebensbedingungen. So fand man im Jahre 2001 im sandigen Untergrund des Tschad-Sees den Schädel eines Lebewesens, das vor etwa 6 bis 7 Millionen Jahren lebte. Es besitzt sowohl Merkmale von Menschenaffen als auch von Menschen. Ob dieser **Sahelanthropus tchadensis** allerdings bereits als aufrecht gehender erster Vormensch gelten kann, ist noch umstritten.
Der aufrechte Gang zählt zu den wesentlichen Merkmalen des Menschen. Warum die Lebewesen vom Vierfüßergang zum aufrechten Gang übergegangen sein könnten, weiß man nicht sicher. Es gibt auch dafür verschiedene Theorien. Ein Grund könnte darin liegen, die Hände für verschiedene neue Aufgaben nutzen zu können, wie beispielsweise für den Gebrauch von Werkzeugen.

Bei jüngeren Fossilien weist der Knochenbau auf den aufrechten Gang hin. Diese Skelettreste sind etwa 4,4 bis 1 Millionen Jahre alt und werden der Gattung **Australopithecus** („Südaffe") zugerechnet. Bei dieser Gattung unterscheidet man mindestens zwei Arten aufgrund unter-

2　Lebensbild von Australopithecus afarensis

schiedlicher Merkmale und Fundorte. So lebte beispielsweise **Australopithecus afarensis** (*„Südaffe aus Afar"*) zur gleichen Zeit wie **Australopithecus africanus** (*„Afrikanischer Südaffe"*). Die Arten der Gattung Australopithecus wurden nur etwa 1,2 bis 1,5 m groß und ernährten sich vermutlich hauptsächlich von Pflanzen.

Zur gleichen Zeit, nämlich vor 2,5 Millionen Jahren, lebten allerdings auch schon Lebewesen, die man den echten Menschen der Gattung **Homo** zurechnet.

1972 entdeckte man in Kenia den Schädel einer Art, die als **Homo rudolfensis** (*„Mensch vom Rudolf-See"*) bezeichnet wurde. Es ist unsicher, ob man die Funde der Gattung Homo zuschreiben kann, oder ob es sich um einen Australopithecus handelt. Homo rudolfensis hatte ein größeres Gehirn als Australopithecus, konnte aufrecht gehen und nutzte vermutlich einfache Steinwerkzeuge, um pflanzliche und tierische Nahrung zu zerlegen.

Neben weiteren Arten, die zur Gattung Homo gezählt werden, trat vor etwa 1,8 Millionen Jahren **Homo erectus** (*„aufrecht gehender Mensch"*) auf. Funde von Speeren lassen darauf schließen, dass er in Gruppen jagte und Absprachen mithilfe einfacher Laute treffen konnte. Brandspuren an Lagerplätzen sowie Feuersteinwerkzeuge zeigen, dass er als erster Mensch das Feuer nutzte. Angehörige dieser Art wanderten aus Afrika bis nach Europa und Asien ein. Die ältesten Funde menschlicher Fossilien von Homo erectus in Europa sind etwa 800 000 Jahre alt und stammen aus Spanien. 1907 wurde bei Heidelberg ein Unterkiefer gefunden. Er gehört zu **Homo heidelbergensis** (*„Mensch aus Heidelberg"*). Sein Alter wurde auf mindestens 400 000 Jahre bestimmt.

Vermutlich entwickelte sich aus dieser Art der **Homo neandertalensis** (*„Mensch aus dem Neandertal"*), der vor etwa 130 000 Jahren auftauchte. Der Neandertaler wurde etwa so groß wie heutige Menschen, besaß aber ein viel kräftigeres Skelett. Sein Schädel war zum Teil größer als heutige Schädel, hatte jedoch eine andere Form. Die starken Überaugenwülste, die nach hinten verlaufende Stirn und das flache Kinn ließen die Forscher zunächst vermuten, dass er ein primitiver Mensch war. Aber Funde von speziell gelagerten Skeletten, durchbohrten Tierzähnen und unterschiedlich bearbeitetem Werkzeug veränderten diese Sicht. Der Neandertaler war ähnlich dem modernen Menschen ein soziales Wesen, das in Gruppen lebte und mit den Steinspitzen an seinen Speeren sogar große Tiere wie Mammute erlegte. Er besaß eine recht weit entwickelte Kultur mit Totenbestattungen, Schmuck und aufwändigen Bearbeitungstechniken unterschiedlicher Materialien.

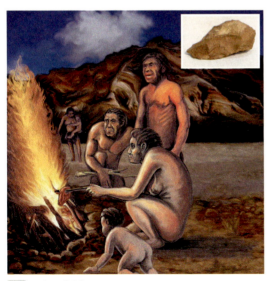

3 Lebensbild von Homo erectus

4 Lebensbild von Homo sapiens

Seine Fossilien fand man nur in Europa, im Nahen Osten und Vorderasien. Er überlebte die Eiszeit, da er mit Feuer umgehen konnte, Behausungen baute und sich mit Fellen kleidete. Warum er aber trotzdem vor etwa 25 000 Jahren ausstarb, ist noch ungeklärt. Trotz seiner entwickelten Kultur und seiner eindeutigen Fähigkeit zur Sprache gilt der Neandertaler nicht als direkter Vorfahre des modernen Menschen **Homo sapiens** *("verständiger Mensch")*.

In Europa wurden Angehörige dieser Art bereits aus der Zeit vor dem Aussterben des Neandertalers gefunden. Der *Cro-Magnon-Mensch*, benannt nach seinem Fundort in einer Höhle von Cro-Magnon in Südfrankreich, tauchte vor etwa 40 000 Jahren auf. Er besaß ein zarteres Skelett als der Neandertaler. Sein runder Schädel mit der steilen Stirn und dem vorspringenden Kinn gleicht dem des heutigen Menschen. Seine Kultur war noch fortschrittlicher als die des Neandertalers. Er pflegte beispielsweise seine Kranken und hinterließ in den Höhlen, in denen er in Gruppen lebte, kunstvolle Höhlenmalereien. Man fand Schmuck und Waffen, die aus Knochen oder Elfenbein gefertigt waren.

Die ältesten Funde des modernen Menschen stammen allerdings nicht aus Europa. Wieder ist es Afrika, wo Fossilien des Homo sapiens mit einem Alter von etwa 130 000 Jahren gefunden wurden. Daraus schließen viele Forscher, dass die Entstehung des Jetztmenschen Homo sapiens in Afrika liegt. Von dort aus hat er sich wahrscheinlich über die verschiedenen Erdteile verbreitet. Es ist aber auch durchaus denkbar, dass der tatsächliche Ursprung des modernen Menschen noch nicht bekannt ist.

Alle diese Vermutungen machen es nicht einfacher, einen Stammbaum des Menschen zu erstellen. Auch neuere Funde machen einen solchen Stammbaum immer komplizierter. Die abgebildete Zeittafel stellt deswegen lediglich eine „Momentaufnahme" des gegenwärtigen Forschungsstandes dar.

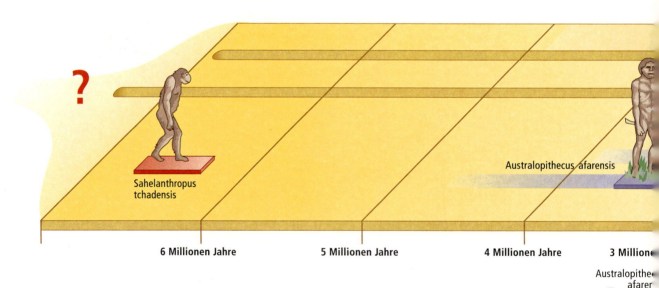

5 Wege zum heutigen Menschen

1. Die Arbeit mit Fossilien stellt Forscher vor manche Rätsel. Erkläre an einem Beispiel.
2. Die versteinerten Fußspuren im Bild rechts wurden 1978 von Forschern in Afrika entdeckt. Ihr Alter beträgt etwa 3,7 Millionen Jahre.
   Bestimme mithilfe des Textes und Abbildung 5, zu welchem menschlichen Vorfahren die Spur gehören könnte.
3. a) Nenne die Änderungen in der Lebensweise der Lebewesen, die in Abbildung 2 bis 4 gezeigt sind.
   b) Gib Beispiele an, welche Fundarten zu den Lebensbildern geführt haben könnten.
4. Beschreibe anhand der Abbildung 5 die Entwicklung zum heutigen Menschen. Nenne auch Veränderungen an den Schädeln.
5. Der Neandertaler galt früher als primitiver Vorfahre der heutigen Menschen.
   a) Welche Gründe kannst du anführen, dass er im Gegenteil sehr weit entwickelt war?
   b) Weshalb geht man heute davon aus, dass er kein direkter Vorfahre des heutigen Menschen war?
6. Erstelle Steckbriefe zu einzelnen Vormenschen.
7. Beziehe Stellung zu der Aussage: „Die Wiege der Menschheit liegt in Afrika".

6 Spuren aus Laetoli

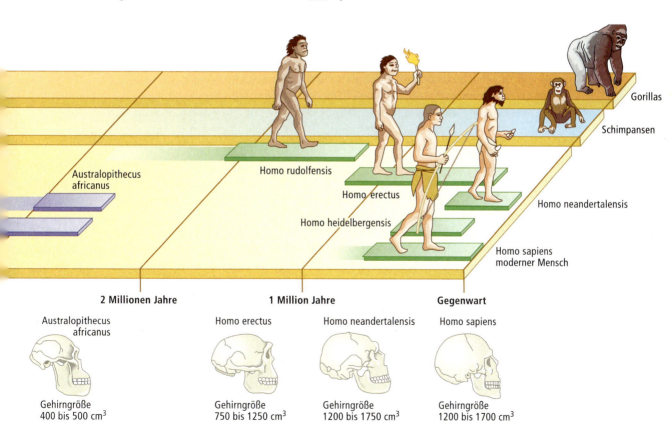

Evolution – Vielfalt und Veränderung **137**

1 Steinzeitliche Höhlenmalerei

4.4 Die kulturelle Entwicklung und Zukunft des Menschen

Die besondere Stellung des Menschen zeigt sich in Fähigkeiten, die ihn von allen anderen Lebewesen unterscheiden. So können Menschen mithilfe der **Sprache** ihre Gedanken und Gefühle, Pläne und Erfahrungen anderen mitteilen. Lippen, Zunge, Gaumen und Kehlkopf sind durch eine ausgeprägte Muskulatur zu vielfältigen Bewegungen in der Lage. Durch ihren besonderen Bau wird die Sprachfähigkeit des Menschen ermöglicht. Außerdem enthält nur das menschliche Großhirn ein sehr leistungsfähiges *Sprachzentrum*.

Menschen sind nicht nur in der Lage, komplizierte Werkzeuge herzustellen und zu gebrauchen, sondern haben ebenso eine abstrakte Symbolsprache entwickelt. Steinzeitliche Höhlenmalereien beispielsweise sind Zeugnis einer solchen Verständigung der Menschen über Nahrungsbeschaffung, Abwehr von Feinden oder auch Schaffung von Unterkünften. Vor etwa 5 000 Jahren wurden in Ägypten oder China Bildzeichen zu Bilderschriften entwickelt. Die **Schrift** ermöglichte die dauerhafte Speicherung und auch Weitergabe von Informationen. So konnten die Nachkommen von den Erfahrungen der Vorfahren profitieren. Kein Tier ist dazu in der Lage.

Die entstehende Fülle von Fähigkeiten und Kenntnissen wird als **Kulturgut** bezeichnet. Durch den aufrechten Gang ist es den Menschen möglich, ihre Hände zum Gebrauch von **Werkzeugen** einzusetzen. Schon früh dienten Steine und Knochen zur Verarbeitung von Nahrung oder als Waffen. Mit Steinwerkzeugen konnten Menschen ihre Beute erlegen, deren Felle zerschneiden und als Kleidung nutzen sowie das Fleisch verarbeiten.

Eine weitere wichtige Errungenschaft in der Entwicklung der Menschen war die Nutzung des **Feuers.** Mit seiner Hilfe und dem Aufenthalt in Wohnhöhlen konnten die Menschen über die tropischen Zonen hinaus in Gebiete mit gemäßigtem Klima vordringen. Da Tiere das Feuer meiden, diente es den Menschen nicht nur zum Wärmen oder zur Nahrungsbereitung, sondern es bot ihnen auch Schutz.

Ein weiterer Unterschied zum Tier zeigt sich in der Entwicklung **weltanschaulicher Vorstellungen** und Religionen. Die frühen Höhlenmalereien könnten neben der Darstellung von Alltagsszenen auch die Hoffnung auf Jagdglück bedeuten. Die Neandertaler pflegten beispielsweise einen Höhlenbärenkult, indem sie die Schädel erlegter Tiere stapelten und nach bestimmten Regeln beisetzten. Totenbestattungen von Menschen weisen darauf hin, dass Vorstellungen von einem Leben nach dem Tod vorhanden waren. Neandertalergräber besitzen außerdem Grabbeigaben. Den Toten wurden Nahrungsmittel, Waffen und Werkzeuge in die Gräber mitgegeben. Auch trugen sie Kleidung aus Tierfellen.

Die meisten Kulturen kennen die Verehrung von göttlichen Wesen. Zeugnisse früher religiöser Vorstellungen findet man zum Beispiel in Südengland bei Stonehenge in Gestalt beeindruckender Steinbauten. Dabei ist aber noch immer nicht geklärt, welche Bedeutung diese Kultstätte hatte. Später entwickelten sich eine Vielfalt von **Religionen,** die einen Gott oder mehrere Götter verehren. Die Menschen erbauten Kathedralen, Tempel oder Moscheen, um ihren religiösen Überzeugungen Ausdruck zu verleihen.

Sogar einfache medizinische Kenntnisse lassen sich bei unseren Vorfahren durch Funde belegen. Man hat bei Grabfunden festgestellt, dass um die Toten Pflanzenreste lagen. Anhand von Blütenpollen ließ sich nachweisen, dass es sich um Arten handelte, die heute noch in der Medizin Anwendung finden.

Ein wichtiger Schritt für die Weitergabe aller Erkenntnisse von einer Generation zur nächsten war zunächst die Erfindung der Schrift. Danach aber war es vor allem das vereinfachte Vervielfältigen von Geschriebenem mithilfe des **Buchdrucks.**

Heute dienen **Computer** häufig als Informationsquelle und Speicherort. Zum Teil übernehmen sie die Funktion von Büchern oder sogar Aufgaben des menschlichen Gehirns. Die auf ihnen laufenden Programme nehmen dem Menschen Arbeit und Entscheidungen ab, die er vorher mit hohem Zeitaufwand noch selbst verrichten musste.

Besonders durch die technischen Entwicklungen ist der Mensch in der Lage, sich seine Umwelt so zu gestalten und zu beeinflussen, wie er es möchte. So kann er sein Leben an vielen Stellen erleichtern. Die **Gentechnologie** beispielsweise versetzt ihn in die Lage, Erbinformationen zu manipulieren und für seine Zwecke zu verändern.

Die großen Möglichkeiten der Gestaltung und Beeinflussung durch den Menschen bringen aber auch große Gefahren mit sich. So kann die Gestaltung der Umwelt durch den Menschen auch zu Umweltzerstörung, Artensterben und Klimawandel führen. Die Nutzung von Gentechnik und Kernkraft bringt fast unüberschaubare Risiken mit sich. Mit seinen Möglichkeiten trägt der Mensch damit auch große Verantwortung für sich und die ganze Welt. Der Mensch hat die Aufgabe, mit dem Leben auf der Erde verantwortlich umzugehen und seine Möglichkeiten so zu nutzen, dass auch folgende Generationen auf der Erde leben können.

1. Nenne körperliche Voraussetzungen, die dem Menschen seine Sonderstellung innerhalb der Lebewesen ermöglichen.
2. Nenne Beispiele aus der Vergangenheit und der Gegenwart, die die Bedeutung der Schrift deutlich machen.
3. Weshalb sind Grabbeigaben ein Hinweis auf eine Vorstellung von einem Leben nach dem Tod?
4. Abbildung 2 zeigt einige Erfindungen des Menschen der vergangenen Jahrtausende. Finde mithilfe entsprechender Nachschlagewerke oder des Internets noch weitere, zum Beispiel aus der Medizin.
5. „Es ist nicht gut, wenn der Mensch alles macht, was technisch für ihn möglich ist." Bewerte diese Äußerung und finde passende Beispiele.

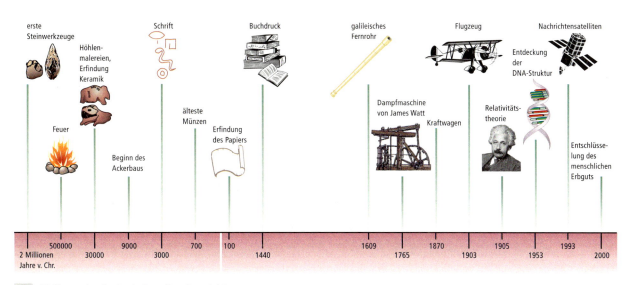

2   Meilensteine in der kulturellen Entwicklung

Evolution – Vielfalt und Veränderung

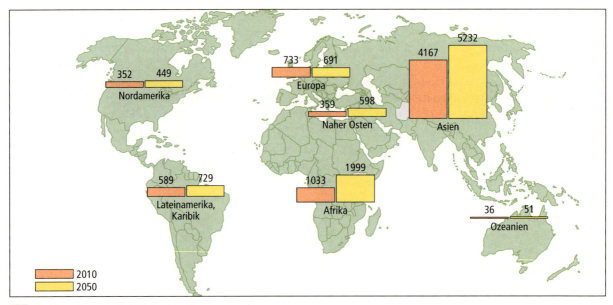

1 Weltbevölkerung (in Millionen)

4.5 Die heutige Erdbevölkerung und ihre Konflikte

„Wie viele Menschen kann die Erde ernähren?" Diese Frage stellen sich viele besorgte Menschen in Anbetracht der ständig wachsenden Erdbevölkerung. Zwischen den Jahren 1960 und 2000 hat sich die Zahl der Menschen verdoppelt. Seit dem 31. Oktober 2011 leben über sieben Milliarden Menschen auf der Erde und jede Sekunde kommen etwa drei weitere dazu. Berechnungen ergeben, dass im Jahre 2050 über neun Milliarden Menschen auf der Erde leben werden. Insgesamt könnte die Zahl der Menschen bis zum Jahr 2100 sogar auf fast 16 Milliarden steigen.

Experten gehen davon aus, dass die Bevölkerung aufgrund hoher Geburtenraten vor allem in Entwicklungsländern im südlichen Afrika und in Südasien anwachsen wird. Allein in Afrika wird sich die Bevölkerung von heute 1,02 Milliarden auf voraussichtlich knapp 3,6 Milliarden Menschen im Jahr 2100 mehr als verdreifachen. In den Industrieländern hingegen bleibt die Bevölkerungszahl relativ stabil. So nimmt in Europa die Bevölkerung sogar ab. Heute leben hier 738 Millionen Menschen, in 90 Jahren werden es voraussichtlich nur noch 674 Millionen sein.

Die **Bevölkerungsentwicklung** stellt die Menschheit vor gewaltige Aufgaben. Je mehr Menschen auf der Erde leben, desto mehr Nahrungsmittel und Energie werden benötigt. In vielen Regionen der Erde sind schon heute zu wenige Nahrungsmittel vorhanden, um die dort lebenden Menschen zu ernähren. Etwa eine Milliarde Menschen leidet an Hunger und chronischer Unterernährung. Verstärkt wird der Bedarf an Nahrungsmitteln dadurch, dass zunehmend mehr Pflanzen zur Energie- und Treibstoffversorgung genutzt werden. Durch die damit verbundene erhöhte Nachfrage werden die Lebensmittelpreise noch mehr steigen und deshalb für die ärmsten Menschen nicht mehr erschwinglich sein. Die steigende Armut und Verzweiflung führen besonders in Entwicklungsländern zunehmend zu sozialen Spannungen.

Gleichzeitig ist in Industrienationen sogar eine enorme Verschwendung an Lebensmitteln zu beobachten. So sind etwa 40 Prozent der Nahrungsmittel, die in diesen Ländern weggeworfen werden, noch genießbar. Sie werden oft nur weggeworfen, weil das angegebene Haltbarkeitsdatum erreicht ist oder weil sie wegen angeblicher Schönheitsfehler nicht vermarktet werden können.

Auch das Fehlen von sauberem Trinkwasser stellt ein ständig wachsendes Problem dar. Obwohl laut UNO 20 Liter Wasser täglich für jeden Menschen als Grundrecht gelten, hat rund eine Milliarde Menschen keinen Zugang zu sauberem Wasser. Zwei Milliarden Menschen haben keine Toiletten zur Verfügung. Besonders Kinder leiden unter diesen Zuständen. So rechnet man, dass alle 20 Sekunden ein Kind an den Folgen verschmutzen Trinkwassers stirbt. Durch verschwenderischen Umgang mit Wasser und durch Umweltverschmutzung gehen jedes Jahr wertvolle Wasserspeicher verloren, sodass sauberes Wasser zu einem Luxusgut werden könnte. Es ist dringend erforderlich, dass die gesamte Menschheit verantwortungsvoll mit den Wasservorräten umgeht. So helfen ein sparsamer Umgang und eine gerechte Verteilung, Konflikte zu vermeiden.

Als weitere Folge des Bevölkerungswachstums ist bereits eine vermehrte Abwanderung von Not leidenden Menschen aus ländlichen Gebieten in die Städte zu beobachten. Diese Menschen sammeln sich dort in den Slums an. Die steigende Armut könnte auch dazu führen, dass eine vermehrte *Migration* zwischen den Ländern stattfindet.

Der hohe Lebensstandard der Menschen in den Industrieländern ist verbunden mit einem hohen Verbrauch an Energie, Rohstoffen und der Verschmutzung der Umwelt. Besonders der Ausstoß von Treibhausgasen wie Kohlenstoffdioxid führt zu einer Erwärmung des Klimas. Dieser von Menschen verursachte **Klimawandel** stellt eine große Gefahr dar, da er als Ursache für Umweltkatastrophen wie Überschwemmungen und Dürreperioden gilt. Zur Eindämmung des Klimawandels ist es dringend notwendig, dass die Menschen Maßnahmen zur Verringerung der Umweltverschmutzung und zum Schutz des Klimas ergreifen. Besonders der Verbrauch an Energie und der Ausstoß an Kohlenstoffdioxid muss eingeschränkt werden. Die Bemühungen darum werden dadurch erschwert, dass die Menschen in Industrienationen fürchten, ihren Lebensstandard absenken zu müssen. Zudem möchten Menschen in bevölkerungsreichen Ländern wie China ihren Lebensstil nach Vorbild der Industrienationen verändern. Dies wiederum bedeutet einen höheren Energieverbrauch und zunehmende Umweltbelastung.

Um die anstehenden Probleme der Menschen zu lösen, ist es notwendig, die Rechte und die Bedürfnisse aller Menschen zu berücksichtigen. Dabei müssen Nahrungsmittel und andere Rohstoffe gerechter verteilt werden. Besonders muss aber auf einen schonenden Umgang mit natürlichen Ressourcen und auf den Schutz von Lebensräumen von Menschen und Tieren geachtet werden. Erste Ansätze dazu gab es bereits im Jahre 1992, als sich in Rio de Janeiro Regierungschefs und Vertreter aus 179 Staaten der Erde zu einer Konferenz trafen, bei der sie ein gemeinsames Programm, die AGENDA 21, verabschiedeten. Auch wenn darin Lösungsmöglichkeiten und Wege zu ihrer Durchsetzung aufgezeigt wurden, erweisen sich die Umsetzungen der Vereinbarungen als schwierig, da nicht alle Staaten bereit sind, ihren Verpflichtungen nachzukommen.

1. Der Wasserverbrauch liegt in Deutschland bei etwa 127 Litern pro Person. Wie würde sich dein Leben verändern, wenn du nur 20 Liter täglich zur Verfügung hättest? Beschreibe.
2. „Um ein weiteres Ansteigen der Weltbevölkerung zu stoppen, muss auf Stärkung der Rechte von Frauen und auf eine Verbesserung der Bildung geachtet werden." Erkläre diese Aussage.
3. a) Informiere dich, zum Beispiel im Internet, über die Ziele der AGENDA 21.
   b) Begründe, warum eine weltweite Zusammenarbeit in Umwelt und Entwicklungsfragen notwendig ist.
4. a) Sammelt Argumente, die für und gegen Maßnahmen gegen Hunger und Umweltverschmutzung sprechen.
   b) Gestaltet eine Diskussionsrunde zum Thema „Konflikte der Menschheit".

2 Bevölkerungsentwicklung

Mit Simulationsprogrammen arbeiten

Wie schnell vermehren sich Bakterien bei unterschiedlichen Lebensbedingungen? Eine solche Fragestellung kann man direkt nur über einen großen zeitlichen und experimentellen Aufwand beantworten.

Mit **Simulationsprogrammen** kann man solche Vorgänge schneller und einfacher nachvollziehen. Der Begriff „Simulation" bedeutet soviel wie „Nachahmen". Es werden also am Computer bestimmte Prozesse nachgeahmt und können so besser verstanden werden. Solche Simulationsprogramme zeigen allerdings immer nur bestimmte Ausschnitte der Wirklichkeit. Sie stellen also ein Modell der Wirklichkeit dar (siehe Methode: „Mit Modellen arbeiten"). Bei ihren Berechnungen berücksichtigen die Programme bestimmte Vorgaben, die eingegeben werden müssen. Daten, die aus der Wirklichkeit entnommen wurden, werden dabei soweit vereinfacht, dass grundlegende Wechselwirkungen untersucht werden können. Das Programm setzt die Berechnung der Vorgaben in die Darstellung eines solchen Vorganges um.

Mithilfe solcher Modelle kann man also die Wirklichkeit nie vollständig simulieren. Aber sie liefern dennoch oft wichtige Erkenntnisse, die helfen können, die Vorgänge zu verstehen und zu beeinflussen. So kann man zum Beispiel Vorgänge auf der Ebene von Molekülen sichtbar machen oder Abläufe über längere Zeiträume darstellen. Auf diese Art und Weise kann man bestimmte Entwicklungen wie zum Beispiel die Wachstumsprozesse, die man in der Wirklichkeit nur sehr schwer oder gar nicht beobachten kann, sichtbar machen und sogar Voraussagen über zukünftige Entwicklungen treffen.

Bei der Bewertung der Ergebnisse einer Simulation muss man sich aber klar machen, dass das Modell nicht alle Aspekte der Wirklichkeit berücksichtigen kann. Deshalb sollte man immer wieder nach den Grenzen des Modells fragen. Bei der Übertragung auf die Wirklichkeit bleibt zu überprüfen, welche Einflüsse und Wechselwirkungen in dem Modell nicht berücksichtigt wurden.

Berechnungen zur Entwicklung der Erdbevölkerung kann man beispielsweise mit dem **Simulationsprogramm DYNASYS** gut nachvollziehen. Das entsprechende Programm kann man aus dem Internet herunterladen.

Das Programm berücksichtigt bei den Berechnungen dieser Wachstumsvorgänge, dass der Zuwachs an Individuen durch Faktoren wie Geburtenziffer und Sterbeziffer beeinflusst wird. Diese sind bei dieser Form des exponentiellen Wachstums konstant. In einem Flussdiagramm werden diese Zusammenhänge wie auf der Abbildung dargestellt.

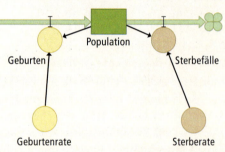

Beispiel einer Simulation: Entwicklung der Erdbevölkerung
Die Weltbevölkerung betrug im Jahre 1 500 nach Christus etwa eine halbe Milliarde Menschen. Es dauerte etwas mehr als 300 Jahre bis im Jahre 1804 die Menschheit aus 1 Milliarde Individuen bestand. 1999 zählte man bereits 6 Milliarden Menschen. Die UNO berechnet, dass bis zum Jahre 2050 etwa 9 Milliarden Menschen auf der Erde leben werden. Eine andere Vorausberechnung geht davon aus, dass 2050 sogar 10,7 Milliarden Menschen die Erde bevölkern könnten. Wieder andere Berech-

Wirklichkeit
– Vielfältige Einflüsse
– Komplexe Wechselwirkungen
– Lange Entwicklungszeiten

Modell
– Wenige Einflüsse werden betrachtet.
– Wechselwirkungen werden stark vereinfacht.
– Schnelle Ergebnisse werden erzielt.

Daten erheben / Wechselwirkungen untersuchen →
← Aussagen und Vorhersagen machen

nungen gehen von 7,3 Milliarden Menschen aus. Wie kann man solche Berechnungen simulieren?

Zahl	Jahr	Zeitabstand
0,5 Mrd.	1500	
1 Mrd.	1804	304 Jahre später
2 Mrd.	1927	123 Jahre später
3 Mrd.	1960	33 Jahre später
4 Mrd.	1974	14 Jahre später
5 Mrd.	1987	13 Jahre später
6 Mrd.	1999	12 Jahre später

Bedienung des Programms
DYNASYS wird durch Doppelklicken auf die Datei *Dynasys.exe* im Explorer gestartet. Mit der *Werkzeugleiste* am linken Rand des *Modelleditors* lassen sich Modelle entwerfen und verändern.

Werkzeuge und Arbeitsschritte
① anklicken, um eine *Dialogbox* zu jedem Objekt zu öffnen.
② anklicken, um einen neuen Zustand, zum Beispiel die Anzahl der Individuen, einzusetzen.
③ anklicken, um mit der Maustaste einen neue Zustandsänderung als Zufluss zu einem Zustand hin oder als Abfluss von einem Zustand weg einzusetzen.
④ anklicken, um zusätzliche Einflussfaktoren wie die Vermehrungsrate zu setzen.
⑤ anklicken, um mit der Maustaste einen Wirkungspfeil von einer zu einer anderen Größe zu ziehen.
⑥ anklicken, um Objekte zu löschen.
⑦ anklicken, um Objekte zu verschieben.

Aufgabe:
1. Simuliere mit DYNASYS, wie sich die Weltbevölkerung bis zum Jahr 2050 entwickeln könnte.
   – Plaziere einen Zustand „Bevölkerung".
   – Gib einen Startwert = 7 (Milliarden) ein.
   – Lege die Konstanten für die Geburtenziffer = 2,0 (Zunahmekoeffizient) und für die Sterbeziffer = - 0,02 (Abnahmekoeffizient) fest.
   – Lege die Zustandsänderungen fest:
   „Geburten pro Jahr" (Zuwachs) = Bevölkerung*Geburtenziffer.
   „Tote pro Jahr" (Abnahme) = Bevölkerung*Sterbeziffer.
   – Starte die Simulation.

Hinweis:
Bei der Simulation des Wachstums der Weltbevölkerung musst du beachten, dass die Verdopplungszeit nicht konstant ist, sondern sich ständig verkürzt. Man nennt dies „Explosives Wachstum". Zur Darstellung musst du einen negativen Abnahmekoeffizienten berücksichtigen.

a) Welche Weltbevölkerung ergibt sich für das Jahr 2050?
b) Wie ändert sich diese Zahl, wenn du mit veränderten Geburtenziffern und Sterbeziffern experimentierst? Berichte.
c) Überlege, warum die wirkliche Entwicklung anders verlaufen kann, als es die Simulation zeigt.
d) Untersuche, welche Faktoren man verändern müsste, um das explosive Wachstum zu stoppen.

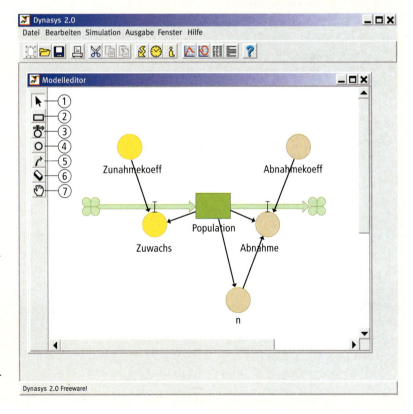

Evolution – Vielfalt und Veränderung

EXKURS

Methoden der modernen Archäologie

Die **Archäologie** oder *Altertümerkunde* erforscht die kulturelle Entwicklung der Menschheit. Sie untersucht Funde aus vergangenen Zeiten, zum Beispiel Gebäude oder Werkzeuge. So gewinnt sie Informationen über die Lebensumstände der Menschen zu den jeweiligen Zeiten. Neben den klassischen Ausgrabungen von Bauwerken und anderen Fundstücken werden heute auch einige moderne Methoden genutzt.

So können zum Beispiel aus großer Höhe viele Strukturen erkannt werden, die man in Bodennähe nicht bemerkt. Anhand von Satellitenbildern und Aufnahmen aus Flugzeugen kann die **Luftbildarchäologie** selbst vollständig verschüttete ehemalige Siedlungsanlagen entdecken. So wächst zum Beispiel über Mauerresten die Vegetation anders als um sie herum. An den unterschiedlichen Wuchshöhen von Pflanzen erkennt man unterschiedliche Bodenzusammensetzungen, die auf die frühere Bebauung eines Gebietes hinweisen. Oft wird erst durch die Analyse von Luftbildern klar, wo sich Ausgrabungen lohnen.

Die **Archäotechnik** erforscht, wie Materialien genutzt und Gegenstände damit hergestellt wurden. Zum Beispiel kann man herausfinden, wie Metalle bearbeitet wurden. Das Hämmern und Glühen hinterlässt in den Metallen typische Spuren, die bei mikroskopischen Untersuchungen gefunden werden können. Ähneln sich diese Spuren an Metallgegenständen, die von weit auseinanderliegenden Fundorten stammen, so kann man annehmen, dass die Stücke ursprünglich aus ein und derselben Region stammen. Auf diese Weise kann man viel über die Kunst der Metallverarbeitung und die Handelsbeziehungen früherer Kulturen erfahren.

Die **experimentelle Archäologie** versucht, durch Experimente herauszufinden, wie historische Geräte funktioniert haben und wie damit gearbeitet wurde. Zum Beispiel werden Mahlzeiten mit den ursprünglich verfügbaren Arbeitsgeräten und Werkstoffen zubereitet, um das Alltagsleben unserer Vorfahren zu rekonstruieren. Schon 1879 errichteten Archäologen mit nachgebauten steinzeitlichen Steinäxten ein Blockhaus, um zu beweisen, dass Holz auch ohne Metallwerkzeug verarbeitet werden konnte. Weltberühmt wurde der Norweger Thor HEYERDAHL, der 1947 seine *Kon-Tiki-Expedition* unternahm. Er baute mit primitiven Mitteln ein Floß nach antiken Vorlagen. Mit diesem Floß aus Balsa-Holz segelte er von Südamerika aus über den Pazifik bis nach Polynesien. Damit wollte er beweisen, dass die Inseln im Pazifik von Südamerika aus besiedelt wurden.

Die **Bioarchäologie** erforscht den Menschen und sein ökologisches Umfeld. So untersucht die *Prähistorische Anthropologie* menschliche Überreste, um Ernährungssituation, Arbeitsbelastung oder Verwandtschaftsverhältnisse zu klären. Die *Archäozoologie* analysiert tierische Überbleibsel, um Fragen zum Anteil der Jagdbeute in der Ernährung einer menschlichen Gruppe zu beantworten. Ebenso wird erforscht, welche Tiere als Haustiere genutzt wurden. Die *Archäobotanik* untersucht Spuren von Pflanzenresten, die in menschlichen Siedlungen zu finden sind. Erhaltene Pflanzenteile oder auch Pollen geben wertvolle Hinweise auf die Pflanzenwelten vergangener Zeiten. Daraus lassen sich dann die Ernährungsgewohnheiten und Anbaumethoden der Menschen in der jeweiligen Siedlung rekonstruieren.

Ötzi – der Mann aus dem Eis

Im Jahre 1991 machten Bergwanderer im Ötztal in den Tiroler Alpen einen sensationellen Fund. Sie entdeckten eine etwa 5300 Jahre alte Gletschermumie aus der Jungsteinzeit. Dies ist bis heute die älteste erhaltene und auf eine natürliche Weise konservierte Leiche.

In den 22 Jahren seit seiner Entdeckung wurde der „Ötzi" von Wissenschaftlern untersucht, um Informationen zu der Lebensweise von Menschen aus dieser Zeit zu gewinnen. Anhand der Untersuchung seines Körpers und seiner Kleidung konnte man viele Details rekonstruieren, sodass es sogar möglich war, sein ursprüngliches Aussehen nachzugestalten.

Ötzi ist vermutlich im Alter von etwa 45 Jahren gestorben. Sein für seine Zeit hohes Alter und seine verhältnismäßig gering abgenutzten Gelenke lassen darauf schließen, dass er wenig körperliche Arbeit verrichten musste. Dies lässt neben seiner guten Kleidung und seiner Bewaffnung vermuten, dass Ötzi einen hohen sozialen Rang eingenommen hat.

Die Kleidung des Gletschermannes bestand aus einer Jacke und Beinkleidern aus Schaffell. Sein Gürtel war aus Kalbsleder gemacht. Die Schuhe wurden aus Rindleder und deren Sohlen aus Bärenfell gefertigt. Als Kopfbedeckung trug er eine Mütze aus Wolfsfell.

Das Kupferbeil, das Ötzi mit sich trug, ist vollständig erhalten. Da Kupfer sehr wertvoll war, könnte Ötzi ein sehr angesehener Mann gewesen sein. Außerdem war er mit einen Bogen aus Eibenholz, Pfeilen mit Spitzen aus Feuerstein und einem Dolch mit Feuersteinklinge und Eschenholzgriff bewaffnet. Seine weitere Ausrüstung bestand aus einer Rückentrage und zwei Gefäßen zum Transport von Glut, sowie einer Gürteltasche mit kleinen Werkzeugen und Gerät zum Feuermachen.

Über Arme, Beine und Rücken der Mumie verlaufen mehr als fünfzig schwarze Linien, die wohl ältesten erhaltenen Tattoos. Bei diesen Tätowierungen wurde Kohlenstaub in kleine, punktförmige Wunden eingerieben.

Die Zähne des Ötzi sind stark abgenutzt, wahrscheinlich durch Mahlsteinpartikel, die bei der Verarbeitung von Getreide im Mehl zurückblieben. Untersuchungen seines Mageninhaltes zeigen, dass er etwa zwei Stunden vor seinem Tode eine ausgiebige Mahlzeit mit Steinbockfleisch zu sich genommen hat.

Über die Ursache seines Todes wird immer noch gerätselt. Schnittverletzungen an seinem Körper zeigen, dass er in den Tagen vor seinem Tod in einen Kampf verwickelt war. Eine Schussverletzung durch einen Pfeil unter seinem linken Schulterblatt könnte schließlich zu seinem Tod geführt haben, da der Pfeil wahrscheinlich wichtige Blutgefäße verletzt hat. Ebenso ist ein Schädel-Hirn-Trauma, das von einem Sturz oder einem Schlag herrühren könnte, nachgewiesen worden. Möglicherweise waren aber Erschöpfung und Erfrieren die unmittelbare Todesursache. Der aktuelle Forschungsstand besagt, dass Ötzi in den letzten Minuten vor seinem Tod eine Rast einlegte und dabei ein ausgiebiges Mahl zu sich genommen hat. Dabei wurde er von einem Angreifer überrascht, der ihn mit einem Pfeil von hinten erschossen und liegen gelassen hat. Auf diese Version haben sich Experten beim zweiten internationalen Weltmumienkongress im Oktober 2011 geeinigt.

Evolution – Vielfalt und Veränderung

Evolution – Vielfalt und Veränderung

A1 a) Wie ist das abgebildete Fossil entstanden? Berichte.

b) Nenne weitere Möglichkeiten, wie Fossilien gebildet werden.

A2 a) Ordne die Erdzeitalter in die richtige Reihenfolge:
Jura, Quartär, Präkambrium, Kambrium, Tertiär, Kreide, Ordovizium, Karbon, Perm, Devon, Trias, Silur.
b) Gib an, in welchem Erdzeitalter folgende Lebewesen wahrscheinlich lebten:
erste Säugetiere, Ichthyostega, Mammut, Fischsaurier, Panzerfische, Archaeopterix, erste Landpflanzen, Siegelbäume.

A3 Erkläre folgende Begriffe: chemische Evolution, biologische Evolution, Ursuppe.

A4 a) Beschreibe, wie die Pflanzen das Land eroberten.
b) Nenne wichtige Voraussetzungen von Pflanzen für das Leben an Land.

A5 a) Beschreibe, wie die Tiere das Land eroberten.
b) Nenne wichtige Voraussetzungen von Tieren für das Leben an Land.

A6 Der Urvogel Archaeopteryx ist eine Mosaikform. Erkläre.

A7 Die Abbildung zeigt die Vordergliedmaßen von Pferd, Maulwurf und Maulwurfsgrille.

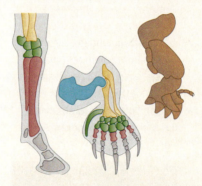

a) Erkläre die Begriffe homolog und analog.
b) Welche dieser Tiere könnten miteinander verwandt sein? Begründe.

A8 a) Wie erklärt die Theorie LAMARCKS den langen Hals der Giraffen?
b) Wie erklärt dies die Theorie DARWINS?
c) Bewerte beide Theorien.

A9 Erkläre, wie die verschiedenen Arten von Finkenvögeln auf den Galapagos-Inseln entstanden sein könnten. Nutze dazu die Begriffe: Mutation, Selektion, Isolation, ökologische Nischen, Anpassung.

A10 Die Abbildung zeigt die Schädel eines heutigen Menschen, eines Homo erectus und eines Schimpansen.

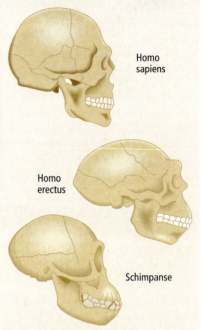

a) Nenne Merkmale, durch die sich der Schädel des Menschen vom Schädel eines Schimpansen unterscheidet.
b) Erläutere, welche Entwicklungstendenzen zum heutigen Menschen beim Schädel des Homo erectus zu beobachten sind.
c) Nenne weitere Unterschiede in Körperbau und Verhalten von Menschen und Menschenaffen.

A11 a) Nenne die wichtigsten Vertreter des Stammbaums des Menschen.
b) Gib an, in welchem Zeitraum sie gelebt haben.

A12 a) Erkläre die große Vielfalt des Jetztmenschen.
b) Nenne wichtige Probleme und Konflikte der Menschheit.
c) Erläutere Ansätze zur Lösung solcher Probleme.

Evolution – Vielfalt und Veränderung

Fossilien sind Zeugen vergangener Zeiten

- Fossilien sind die erhaltenen Überreste von Tieren und Pflanzen vergangener Zeiten der Erdgeschichte.
- Man unterscheidet je nach Art der Fossilisation Steinkern, Abdruck, Inkohlung, Einschluss und Mumifizierung.

Funde und ihre Einordnung in Erdzeitalter

- Vor etwa 4,5 Milliarden Jahren entstand vermutlich die Erde.
- Bakterien, danach Blaualgen und erste Zellen mit Zellkern bildeten sich während der ersten 4 Milliarden Jahre im Präkambrium.
- Bereits im Kambrium vor 600 Millionen Jahren gab es Algen, Schwämme, Korallen, Krebstiere, Quallen und Schnecken.
- Vor 500 Millionen Jahren, im Ordovizium, lebten die ersten Fische.
- Im Silur (vor 440 Millionen Jahren) fanden sich die ersten Landpflanzen wie Moose und Farne und Landtiere wie Skorpione.
- Landwirbeltiere gab es erst im Devon vor 400 Millionen Jahren.
- Das folgende Karbon vor 330 Millionen Jahren war das Zeitalter der Steinkohlewälder.
- Im Perm und Trias (vor 270 bis 200 Millionen Jahren) entwickelten sich die Saurier sowie die Nadelbäume.
- Im Jura vor 180 Millionen Jahren beherrschten Dinosaurier die Erde.
- Am Ende der Kreidezeit (Beginn vor 140 Millionen Jahren) starben die Dinosaurier aus.
- Im Tertiär vor 65 Millionen Jahren breiteten sich die ersten Vögel und Säuger aus.
- Erst im Quartär (vor 2 Millionen Jahren) tauchten Menschen auf.

Belege für eine Evolution

- Zeigen Lebewesen Merkmale von verschiedenen Tierklassen, spricht man von Mosaikformen. Sie werden als Hinweis auf die Abstammung von anders gebauten Vorfahren gedeutet.
- Übereinstimmungen im Grundbauplan von Lebewesen trotz unterschiedlicher Funktion nennt man homolog.
- Organe mit unterschiedlichem Grundbauplan bei gleicher Funktion heißen analog.

- Unter Konvergenz versteht man eine ähnliche Gestalt verschiedener Arten von Lebewesen aufgrund gleicher Lebensbedingungen.
- Rudimentäre Organe sind Organreste, die ohne erkennbare Funktion sind. Sie können auf stammesgeschichtliche Vorfahren hindeuten.

Mögliche Ursachen für die Evolution

- Durch Neukombination, also Vermischung der elterlichen Gene bei der Befruchtung, können neue Merkmale entstehen, die bei Ausgangslebewesen nicht in Erscheinung getreten waren.
- Spontan auftretende Veränderungen im Erbgut, die nur zufällig und nicht zielgerichtet auftreten, nennt man Mutationen.
- Unter Selektion versteht man die Auswahl von Lebewesen aufgrund ihrer besseren Angepasstheit an die Umwelt.
- Durch Separation von Populationen wird die Entstehung neuer Arten begünstigt.

Abstammung des Menschen

- Ein möglicher Weg zum Menschen beginnt vor 200 Millionen Jahren mit dem paviangroßen affenähnlichen Proconsul.
- Bedingt durch Klimaveränderungen vor 6 Millionen Jahren entstanden in Afrika Lebensmöglichkeiten für die Vorfahren des Menschen.
- Australopithecinen lebten seit etwa 4 Millionen Jahren und konnten aufrecht gehen.
- Der echte Mensch Homo tritt vor etwa 2,5 Millionen Jahren erstmals auf.

Verhaltensweisen bei Tieren

Wie arbeiten Verhaltensforscher?

Warum können Tiere aggressiv werden?

Auf welche Reize reagieren Tiere?

Warum lausen sich Affen?

Benutzen Tiere Werkzeug?

Wie leben Tiere zusammen?

1 Berggorilla

1 Erforschung tierischen Verhaltens

1.1 Grundlagen der Verhaltensforschung

Berggorillas galten bis zu den 1970er Jahren als gefährliche, Furcht erregende Ungeheuer. Die Verhaltensforscherin Dian FOSSEY beobachtete über viele Jahre diese scheuen Menschenaffen in den Bergregionen Ruandas. Es dauerte lange, bis sich die Tiere an sie gewöhnt hatten und ihr vertrauten. Sie ahmte dazu die Fressgewohnheiten der Gorillas nach, brach Äste ab und aß die Blätter. Sie machte Geräusche und Gesten wie die Affen. So verloren die Tiere nach und nach ihre Angst und sie konnte ihnen sehr nahe kommen. FOSSEY beobachtete die Tiere zum Beispiel beim Suchen von Nahrung, beim Fressen, bei der Aufzucht der Jungtiere und beim Zusammenleben in der Gruppe. Bei ihrem Leben mit den Gorillas fand sie heraus, dass diese Tiere geduldig und einfühlsam sind und ihre Jungen liebevoll aufziehen. Gleichzeitig erforschte und beschrieb sie, auf welche Weise die Gorillas auf Veränderungen ihrer Lebensbedingungen reagieren und sich an ihre Umwelt anpassen können. Allgemein werden solche Aktivitäten und Reaktionen von Lebewesen als **Verhalten** bezeichnet.

Das Verhalten eines Tieres und auch das des Menschen setzt sich aus einzelnen *Verhaltensweisen* zusammen. Dabei zeigt jede Tierart Verhaltensweisen, die für sie typisch und somit unverwechselbar sind. Bei ihrer Arbeit versuchen Forscher Fragen zum Verhalten der Tiere und des Menschen zu beantworten. Ist eine bestimmte Verhaltensweise angeboren oder erlernt? Welche Ursachen kann sie haben? Wozu kann diese Verhaltensweise nützlich sein?

Um Verhaltensbeobachtungen auswerten zu können, muss zuerst der Ablauf einer Verhaltensweise erklärt werden. Für jeden leicht zu beobachten sind zum Beispiel die Verhaltensweisen der Amseln. So kann man die Beobachtung machen, dass eine Amsel über den Boden hüpft, unvermittelt stehen bleibt, mit leicht geneigtem Kopf auf den Boden starrt und nach kurzer Zeit weiterhüpft. Die Amsel hat Hunger und ist auf der Suche nach Nahrung. Solche *inneren Stimmungen* wie Hunger, Durst oder der Fortpflanzungstrieb wirken sich auf

2 Dian FOSSEY. **A** in der Gorilla-Gruppe; **B** mit ihrem Team in Ruanda

3 Ablauf des Verhaltens einer Amsel beim Fressen

Handlungsbereitschaft (Hunger) | Suche nach Reiz (Laufen, Fliegen, Beobachten, Horchen, ...) | Schlüsselreiz (Bewegung, Geräusch, Form, Geruch, ...) | Verhaltensweise (Picken, Fressen, ...)

das Verhalten aus. Gleichzeitig werden diese inneren Stimmungen aber auch von bestimmten *äußeren Einflüssen* wie Tageszeit, Jahreszeit, Temperatur und Klima beeinflusst. Findet die Amsel im Winter wenig Nahrung, muss sie mehr Zeit für die Suche nach Nahrung verwenden. Ein bestimmtes Verhalten setzt also stets eine entsprechende **Handlungsbereitschaft** voraus. Diese Handlungsbereitschaft legt fest, ob eine Verhaltensweise ausgeführt wird und mit welcher Ausdauer sie stattfindet.

Hat die Amsel bei ihrer Nahrungssuche geeignete Nahrung erblickt, pickt sie rasch mit dem Schnabel zu und frisst. Der Anblick von Insekten, Larven oder Würmern wirkt bei der hungrigen Amsel als **Reiz**. Dieser Futterreiz wirkt auf einen „inneren", **a**ngeborenen **A**us**lösem**echanismus, kurz **AAM** genannt. Ausgelöst wird dieser AAM nur, wenn die Amsel Hunger hat. Man sagt, dass sie dann Handlungsbereitschaft zeigt. Nun löst dieser Reiz die entsprechende Verhaltensweise aus: Die Amsel pickt nach dem Insekt. Reize, die jeweils nur eine bestimmte Verhaltensweise auslösen können, werden als **Schlüsselreize** bezeichnet.

Amselmännchen grenzen ein bestimmtes Gebiet als ihr **Revier** ab. In diesem halten sie sich auf, suchen nach Nahrung und brüten und verteidigen es gegen Feinde und Artgenossen. Die Grenzen markieren die Revierbesitzer durch ihren Gesang. Nehmen andere Amselmännchen den Gesang wahr, wirkt dieser als Signal und sie bleiben dem Gebiet fern. Solche Signale, die von den Tieren ausgehen und eine bestimmte Verhaltensweise bei Artgenossen auslösen können, werden als **Auslöser** bezeichnet. Dringt ein fremdes Männchen in ein besetztes Revier ein, wirkt dieses fremde Männchen als Auslöser für den Revierbesitzer. Er versucht den Eindringling durch lautes Zetern und aggressives Anfliegen zu verjagen.

Solche Verhaltensweisen sind bei allen Amseln zu beobachten. Offensichtlich reagieren sie auf bestimmte Schlüsselreize in gleicher Weise, ohne die Reaktionen vorher gelernt zu haben. Sie verhalten sich also **instinktiv**. Individuelle Erfahrungen können jedoch das Verhalten der Tiere beeinflussen.

1. Beschreibe die in Abbildung 1 und 2 A dargestellten Verhaltensweisen der Gorillas.
2. Sind Gorillas, wie früher oft angenommen, wirklich grausam? Finde Argumente, die dagegen sprechen.
3. Betrachte die Abbildung 3.
   a) Beschreibe die Verhaltensweisen der Amsel.
   b) Überlege, welche Handlungsbereitschaft und welcher Schlüsselreiz zu der jeweiligen Verhaltensweise führen könnte?
4. Nenne weitere Auslöser oder Reize, die bestimmte Verhaltensweisen der Amsel auslösen können.
5. Stelle mithilfe eines Pfeildiagramms einen Handlungsablauf dar.

1 Stichlinge

1.2 Fortpflanzungsverhalten bei Stichlingen

Im Frühjahr werden die Tage länger und die Wassertemperatur in Bächen und Teichen steigt. Dies wirkt sich auf die Handlungsbereitschaft und somit auf bestimmte Verhaltensweisen der Stichlinge aus. Die Stichlinge kommen in *Paarungsbereitschaft*.
Die Stichlingsmännchen sondern sich vom Schwarm ab. Jedes Männchen sucht einen geeigneten Bereich und besetzt dieses Revier, aus dem andere Männchen vertrieben werden. Auf dem Gewässergrund baut das Männchen ein kugeliges Nest aus Pflanzenteilen. Gleichzeitig verändert sich die Färbung seines Körpers. Bei den sonst unscheinbaren, auf der Oberseite olivgrün gefärbten Männchen glänzt jetzt der Rücken hellgrün mit bläulichem Schimmer. Kehle und Bauchseite färben sich leuchtend rot.

Schwimmt ein paarungsbereites Weibchen in das Revier, richtet es sich schräg auf und „präsentiert" seinen silberglänzenden, mit Eiern gefüllten Bauch. Diese Verhaltensweise kann beim Männchen als Auslöser wirken. Es schwimmt dann mit scharfen Zickzack-Wendungen heran und zeigt dabei seinen roten Bauch. Dieser *Zickzacktanz* kann wiederum als Auslöser für das Weibchen wirken. Es folgt dem Männchen zum Nest. Vor dem Nesteingang legt sich das Männchen auf die Seite, sodass der rote Bauch deutlich erkennbar wird. Er „zeigt" mit der Schnauze auf den Nesteingang, und das Weibchen schlüpft zum Ablaichen hinein. Nun stößt das Männchen in schneller Folge gegen die Schwanzwurzel des Weibchens. Dieser *Schnauzentriller* löst beim Weibchen die Eiablage aus. Nach dem Ablaichen schwimmt das Männchen in das Nest und besamt die Eier.

Das Balz- und Paarungsverhalten der Stichlinge setzt sich aus einzelnen Verhaltensweisen zusammen. Die Verhaltensweisen in einer solchen **Verhaltenskette** sind wie die Glieder einer Kette aufeinander abgestimmt und voneinander abhängig.

1. Beschreibe die Verhaltenskette beim Fortpflanzungsverhalten der Stichlinge anhand von Abb. 2.

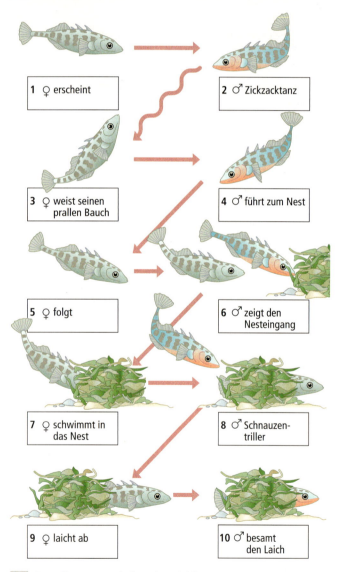

2 Fortpflanzungsverhalten der Stichlinge

1 Eichhörnchen beim Öffnen einer Nuss

1.3 Angeborenes und erlerntes Verhalten

Betrachtet man Schalenreste von Haselnüssen auf dem Waldboden, erkennt man unterschiedliche Nagespuren von *Eichhörnchen*. Einige Nussschalen sind leicht angenagt und längs gespalten. Bei anderen sieht man ein rundes Loch. Manche Nussschalen sind ringsum angenagt und haben eine unregelmäßige Öffnung. Haben die Eichhörnchen verschiedene Öffnungstechniken ausprobiert oder sind sie ihnen angeboren?

Der Verhaltensforscher Irenäus EIBL-EIBESFELDT wollte durch verschiedene Versuche der Frage nachgehen, ob Eichhörnchen das Öffnen von Nüssen angeboren ist oder ob sie die Fähigkeiten erlernen müssen. Er zog Jungtiere isoliert von Artgenossen auf. Damit konnten die jungen Eichhörnchen das Öffnen der Nüsse nicht nachahmen. Die Versuchstiere fütterte er in den ersten Wochen nur mit breiiger Nahrung. Erst nach zwei Monaten erhielten sie die erste Nuss. Sofort drehten sie die Nuss mit den Vorderpfoten hin und her und versuchten, sie anzunagen. Gab man den Tieren Tonmurmeln, beobachtete man das gleiche Verhalten. Offenbar ist den Eichhörnchen das Annagen runder, nussgroßer Gegenstände angeboren.

Welche Technik benutzten die Eichhörnchen, um die Nuss zu öffnen? Zuerst nagten sie unregelmäßig viele Kerben in die Schale, bis diese an einer Stelle einbrach. Nach mehreren Versuchen konnten sie immer schneller und zielsicherer die Nüsse öffnen. Sie nagten nur noch bestimmte Schalenteile an. Erfahrene Eichhörnchen nagten die Schale an einer Stelle an und sprengten sie anschließend. Andere nagten ein Loch. Ihre individuelle Nagetechnik behielten die Eichhörnchen bei. Sie hatten eine zweckmäßige Methode gelernt, um möglichst schnell an den Kern zu gelangen.

Die Versuche zeigen, dass bestimmte Verhaltensweisen aus *angeborenen und erlernten Handlungen* zusammengesetzt sind. Sie ergänzen sich. Versuche, bei denen man Tiere sofort nach ihrer Geburt isoliert, bezeichnet man als **Kaspar-Hauser-Versuche**. Dieser Name bezieht sich auf das Findelkind Kaspar HAUSER, das Anfang des 19. Jahrhunderts 16 Jahre lang isoliert aufgewachsen sein soll.

1. Welche Nagetechnik haben die Eichhörnchen zum Öffnen der Nüsse angewandt? Beschreibe.
2. Während der „Nussknackerversuche" nagten die Eichhörnchen nur noch Nüsse an und keine nussähnlichen Gegenstände wie zu Versuchsbeginn. Erkläre.
3. Informiere dich, zum Beispiel im Internet, über weitere „Kaspar-Hauser-Versuche". Welche Erkenntnisse gewinnt man daraus?
4. Informiere dich über den Verhaltensforscher Irenäus EIBL-EIBESFELDT und stelle ihn vor.

2 „Nussknackerversuche" von Eichhörnchen

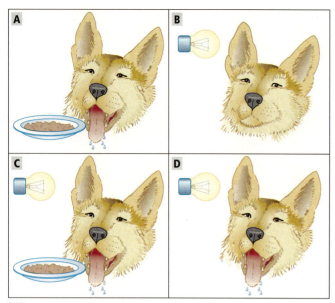

1 Versuche mit dem „Pawlowschen Hund"

2 Ratte in einer Lernbox

1.4 Wie Tiere lernen

Der russische Mediziner Iwan PAWLOW führte um 1900 Versuche mit Hunden durch. Zuerst zeigte er einem Hund Fleischbrocken. Das Tier reagierte mit verstärktem Speichelfluss. Die abgesonderte Speichelmenge wurde durch ein Röhrchen nach außen geleitet und konnte so gemessen werden. Die vermehrte Speichelabsonderung ist ein **angeborener Reflex**.

In folgenden Versuchen leuchtete bei der Fütterung eine Lampe auf. Das Tier konnte den Reiz „Futter" mit dem Reiz „Lampe" verbinden. In weiteren Versuchen leuchtete dann nur noch die Lampe, ohne dass Futter gezeigt wurde. Trotzdem floss ebenfalls Speichel in das Messgefäß. Der ursprüngliche Reiz „Futter" wurde also durch den neuen Reiz „Lampe" ersetzt. PAWLOW hatte einen grundlegenden Lernvorgang entdeckt. Er bezeichnete dieses Verhalten als *erworbenen* oder **bedingten Reflex**. Das Tier hat durch **Erfahrung** gelernt.

Wie lernen Tiere, sich in neuen Situationen zurechtzufinden? Versuche mit *Lernboxen* können diese Frage beantworten. In einer automatisch arbeitenden Lernbox befindet sich ein Hebel oder ein anderer Berührungstaster. Bei Berührung des Kontaktes fällt automatisch Futter in eine Futterschale. Setzt man eine Ratte in solch eine Lernbox, kann man beobachten, wie sie anfänglich ziellos herumläuft, schnuppert und dabei Wände und Gegenstände in der Lernbox zufällig berührt. Gerät die Ratte dabei zufällig auch an den Kontakt, erhält sie Futter. Im weiteren Versuchsablauf wird die Ratte bei Berühren des Kontaktes immer wieder mit Futter belohnt. Schließlich berührt sie zielstrebig immer dann den Kontakt, wenn sie Hunger hat. Die Ratte hat also durch *Versuch und Irrtum* gelernt. Man bezeichnet diese Art des Lernens auch als **Lernen am Erfolg**.

Durch die Erfahrungen aus dem Lernen am Erfolg können Verhaltensweisen beeinflusst werden. Findet zum Beispiel ein Reh in seinem Lebensraum Stellen mit ergiebiger Nahrung, wird es diesen Ort bevorzugt aufsuchen. Dagegen wird ein Reh solche Stellen meiden, an denen wenig Nahrung zu finden ist oder an denen es gestört oder bedroht wurde. Durch solche „Misserfolge" können bestimmte Verhaltensweisen gehemmt werden.

Auf welche Art und Weise die Tiere in ihrer natürlichen Umgebung lernen, lässt sich nicht mit Gewissheit sagen. Junge Säugetiere zum Beispiel untersuchen die Gegenstände in ihrer Umgebung. Neugierig und furchtlos betrachten sie unbekannte Gegenstände und versuchen, diese zu berühren. Diese angeborene Neugier zeigt sich besonders im *Spielverhalten* der Jungtiere. Im Spiel werden angeborene Verhaltensweisen eingeübt, miteinander kombiniert und mit Erlerntem verbunden. So schlagen junge Katzen beim Spielen nach einem Ball. Sie üben dabei den Beutefang.

Bei vielen Tierarten kann man beobachten, dass Jungtiere von ihren Eltern lernen, geeignete und ungeeignete Nahrung zu unterscheiden. Einige Vogelarten zum Beispiel führen ihre flügge gewordenen Jungen aus und zeigen ihnen Nahrung. Die Jungtiere lernen durch **Nachahmung**. Auf diese Art und Weise lernen zum Beispiel viele Singvögel den für die Region typischen „Dialekt" ihres Gesangs. Auch Traditionen im Verhalten der Tierarten entstehen durch Nachahmung.

Bestimmte Reize lösen bei Tieren instinktiv eine Fluchtreaktion aus. Viele Tiere flüchten vor Menschen. Doch kann man beobachten, dass sonst menschenscheue Greifvögel sich heutzutage auch in Städten oder an Autobahnen aufhalten. Das Auftreten des Menschen hat für diese Vögel keine Folgen, sie gewöhnen sich an den Menschen. Die Tiere haben durch **Gewöhnung** ihr Verhalten geändert.

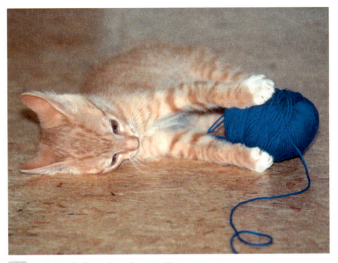

3 Spielverhalten einer jungen Katze

1. a) Überlege, was Tiere lernen können. Nenne Beispiele.
   b) Erläutere, auf welche Weise sie gelernt haben könnten.
2. Die meisten Tiere lernen nur dann richtig, wenn sie von ihren Eltern aufgezogen werden. Begründe.
3. Menschen machen es sich zunutze, dass Tiere lernen können. Berichte.
4. Informiere dich über den Verhaltensforscher Konrad LORENZ. Erstelle einen Steckbrief.
5. Recherchiere im Internet über die Bedeutung der „Prägung" für Lebewesen. Fasse zusammen.

Prägung – ein besonderer Lernvorgang

Nach dem Schlüpfen folgen Entenküken stets ihrer Mutter. Sie sind Nestflüchter. Den Küken ist angeboren, kurz nach dem Schlüpfen allem zu folgen, was sich in ihrer Nähe bewegt und ähnliche Laute wie das Muttertier von sich gibt.
Wie das dazugehörige „Objekt" aussieht, müssen sie jedoch lernen. Ist es nicht das Muttertier, sondern zum Beispiel ein Mensch, der dazu entsprechende Laute ausstößt, folgen die Küken diesem nach. Die Küken sind also auf ein neues „Muttertier" geprägt.

Diese Prägung auf einen Auslöser zum Nachfolgen ist ein besonderer Lernvorgang, der nur innerhalb einer kurzen Entwicklungsphase nach dem Schlüpfen stattfindet.

Aber auch Elterntiere können kurz nach der Geburt auf ihre Jungen geprägt werden. Durch den Geruch der Jungtiere finden zum Beispiel die Muttertiere vieler Huftierarten wie Gnus oder Ziegen ihr Junges innerhalb einer großen Gruppe gleichaltriger Jungtiere wieder.

EXKURS

1.5 Tiere können einsichtig handeln

Viele Tierarten gebrauchen bei der Körperpflege oder zum Nahrungserwerb bestimmte Gegenstände als Werkzeug. Zum Beispiel können freilebende *Schimpansen* Termiten „angeln". Dazu entblättern sie Zweige, beißen sie sorgfältig glatt und stochern damit in den Öffnungen der Termitenbauten herum. Termiten, die sich an den Pflanzenteilen festgebissen haben, können so herausgezogen und verspeist werden. Erwachsene Schimpansen gehen sogar mit einer vorbereiteten „Angel" auf die Suche nach einem bewohnten Termitenbau. Alle Freilandbeobachtungen ergaben, dass Schimpansen in ihrem natürlichen Lebensraum Zweige, Halme und Blätter sinnvoll herrichten und vielseitig als Werkzeuge verwenden. Sie können harte Wurzelstücke als Hammer nutzen, um auf einem „Steinamboss" Nüsse zu öffnen oder sie tauchen eine Hand voll Blätter in Wasser und pressen sie anschließend wie einen Schwamm zum Trinken aus. Sind solche Verhaltensweisen angeboren oder erlernt?

Beobachtungen in der Natur zeigen, dass in vielen Fällen offensichtlich die Benutzung eines Werkzeuges durch Lernen am Erfolg oder durch Nachahmung erworben werden kann.

1 Werkzeugherstellung und Werkzeuggebrauch beim Orang-Utan

2 Schimpanse „angelt" Termiten

Doch letztlich kann diese Frage nur in Versuchen beantwortet werden. So haben Forscher beobachtet, wie sich ein hungriger Orang-Utan verhält, wenn er außerhalb seines Geheges Futter sieht, es aber nicht mit den Händen erreichen kann. Im Käfig lagen hohe Bambusstäbe. Außerhalb davon lagen Bananen so weit entfernt vor dem Gitter, dass das Tier sie mit der Hand nicht greifen konnte. Es versuchte mehrmals vergeblich, die Bananen zu greifen. Nach einiger Zeit gab das Tier auf. Es wandte sich ab und spielte mit den Bambusstäben. Bei diesem Hantieren steckte der Orang-Utan sie zufällig ineinander, so dass ein verlängerter Stab als Werkzeug entstand. Das Tier „stutzte" plötzlich. Spontan drehte es sich um, sprang zum Gitter und angelte mit dem Doppelrohr als Verlängerung seines Armes sein Lieblingsfutter herbei. Ohne vorheriges wahlloses Ausprobieren hatte der Orang-Utan „erkannt", dass der verlängerte Bambusstab die Lösung war, an das Futter zu kommen. Diese Art des Verhaltens wird als **einsichtiges Handeln** bezeichnet. Anschließend hat der Orang-Utan seine „Erfindung" bei gleichartigen Versuchen ohne Zögern zielsicher angewendet.

Da bei einsichtigem Handeln ein Problem „in Gedanken durchgespielt" wird, kann man zumindest bei Schimpansen und anderen Menschenaffen auf eine Vorstufe einfacher, bewusster, „überlegter" Handlungen schließen. Sehen zum Beispiel Berberaffen, die nicht zu den Menschenaffen gehören, ihr eigenes Spiegelbild, erkennen sie sich nicht. Vielmehr nehmen sie ihr Bild im Spiegel stets als einen fremden Artgenossen wahr, den sie in manchen Fällen sogar angreifen. Bei Schimpansen dagegen kann man ein anderes Verhalten vor ihrem Spiegelbild beobachten. Malt man einem Schimpansen zum Beispiel unbemerkt einen Farbfleck auf die Stirn, dann berührt er vor dem Spiegel nicht das Spiegelbild, sondern seine Stirn. Der Schimpanse zeigt also, dass er sich selbst im Spiegel erkennt. Diese **Selbsterkenntnis** zeigt sich auch dann, wenn Schimpansen sich einen Spiegel vorhalten und Grimassen schneiden, ihre Gesichtspartien mit den Händen verschieben oder mit einer Bürste ihre Haare durchkämmen.

1. a) Beschreibe die Abbildung 1 A–E.
   b) An welcher Verhaltensweise erkennt man einsichtiges Handeln?
2. Beschreibe das dargestellte Verhalten des Schimpansen in Abbildung 2.
3. Nenne weitere Beispiele für „einsichtiges Handeln" bei Tieren.

3 Berberaffe erkennt in seinem Spiegelbild einen fremden Artgenossen.

4 Schimpanse erkennt sich selbst in seinem Spiegelbild.

1 Pavianhorde

1.6 Wie Tiere zusammenleben

Zu den Tierarten der Steppen Afrikas gehören die *Steppenpaviane*. In Horden mit bis zu 100 Tieren durchstreifen sie ihr Wohngebiet und suchen nach Nahrung. In ihrem Revier gibt es Schlafbäume, Ruheplätze und Wasserstellen. Bei den täglichen Streifzügen bleiben alle Mitglieder stets zusammen. Der Zusammenhalt in dieser *Tiergesellschaft* wird durch die engen geselligen Beziehungen zwischen den Einzeltieren hergestellt. Diese Bindung kann man besonders bei der gegenseitigen Körperpflege beobachten. Durch das gegenseitige Betasten, Beriechen und Kennenlernen wird der gesellige Zusammenhalt gefestigt. Dieses Verhalten ist also nicht nur ein „Lausen". Die Tiere in einer Horde verbringen ihr ganzes Leben in einer solchen sozialen Gesellschaft und kennen sich daher untereinander genau. Die Steppenpaviane leben in einem **individualisierten Verband** zusammen.

In einer Paviangesellschaft herrscht strenge Ordnung. Je nach Geschlecht, Alter und Fähigkeiten nimmt jedes Mitglied eine bestimmte „soziale Stellung", einen gewissen Rang, ein. Man spricht von einer **Rangordnung**. Diese wird beim Marsch der Horde deutlich. Als Vorhut und Wache marschieren vorn weniger starke Männchen und kräftige Jünglinge. Es folgen jugendliche Paviane und ältere Weibchen. In der Mitte laufen die Mütter mit ihrem Nachwuchs. Hier halten sich auch die meisten der ranghohen Männchen auf. Dahinter laufen wieder Jugendliche und ältere Weibchen. Am Ende folgen weitere Pavianmännchen als Nachhut und Wache.

Wird die Pavianhorde von Raubtieren bedroht, stellen sich ranghohe Männchen schützend vor die Mütter mit dem Nachwuchs. Mit hoch aufgerichtetem Kopf und weit geöffnetem Maul zeigen sie ihre Angriffsbereitschaft. Mit dieser **Drohhaltung** können sie den Feind mit lautem Brüllen angreifen. Durch ihren organisierten Angriff vertreiben die Paviane meist den Feind. Ihre Drohhaltung zeigen die ranghohen Männchen auch dann, wenn andere Hordenmitglieder die Rangordnung nicht achten. Wer die Drohhaltung nicht achtet, wird mit einem leichten Biss in den Nacken bestraft.

Besonders bei ranghohen Männchen kann man beobachten, dass sie oft mit aufgerichtetem Schwanz einherschreiten. Durch eine solche **Imponierhaltung** versuchen sie ihre Rangstellung zu demonstrieren. Auch eine aufrechte Sitzhaltung oder das Präsentieren der Geschlechtsteile gehören zum Imponierverhalten. Rangniedere oder Weibchen, die Sympathie oder Schutz ranghöherer Männchen su-

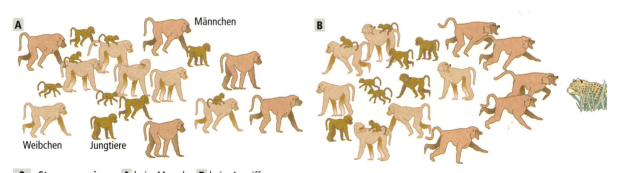

2 Steppenpaviane. **A** beim Marsch; **B** beim Angriff

3 Verhaltensweisen von Pavianen. **A** Drohhaltung; **B** Imponierhaltung; **C** Demutshaltung

chen, nehmen die **Demutshaltung** als Zeichen der Unterwerfung oder Beschwichtigung an. Sie zeigen dem Ranghöheren ihr Hinterteil. Im Laufe von Rangstreitigkeiten können sich Rangordnungen aber auch ändern.

Paviane leben mit einer Vielzahl anderer Tierarten zusammen. Besonders an Wasserstellen müssen verschiedenste Tiere dichtgedrängt zusammen sein. Die Vertreter der verschiedenen Tierarten, die hier zufällig zusammen treffen, haben jedoch keine Bindung zueinander. Eine solche Ansammlung verschiedener Tierarten bezeichnet man als **Aggregation**.

Nicht nur Säugetiere trifft man an den Wasserstellen. Dort rasten oft auch Vogelschwärme mit Hunderten von Tieren, die sich untereinander nicht kennen. Es gibt keine Rangordnung und die Vögel können zu anderen Schwärmen wechseln. Die Tiere in Schwärmen leben in einem **offenen anonymen Verband.**

Termiten und andere staatenbildende Insekten leben auch in sehr großen Verbänden und kennen sich untereinander nicht. Alle Mitglieder verbindet aber ein gemeinsames Gruppenmerkmal. Bei Termiten und Bienen ist es zum Beispiel der Geruch. Diese Sozialform wird als **geschlossener anonymer Verband** bezeichnet.

4 Sozialformen bei Tieren. **A** Aggregation; **B** offener anonymer Verband; **C** geschlossener anonymer Verband

1. Beschreibe die Darstellungen in Abbildung 2. Erkläre das Verhalten der Paviane.
2. Beschreibe die Verhaltensweisen der Paviane in Abbildung 3. Erkläre.
3. Aus welchen Gründen kann sich die Rangordnung ändern? Erkläre.
4. Nenne weitere Beispiele für die in Abbildung 4 gezeigten Sozialformen bei Tieren.
5. Informiere dich über Sozialformen bei Ameisen. Gestalte dazu ein Informationsplakat.

METHODE

Arbeitsweisen der Verhaltensforschung

Beobachten von Schimpansen

Attrappenversuch mit Löwen

Laborversuch mit Tauben

Das Verhalten von Tieren ist aus vielerlei Gründen für Menschen interessant. So müssen zum Beispiel Halter von Haustieren über die Bedürfnisse der Tiere Bescheid wissen, um ihnen eine artgerechte Haltung zu bieten. Es ist auch notwendig, das Verhalten von Tieren in freier Wildbahn zu kennen, um einen Schutz ihrer Lebensräume zu gewährleisten.

Wichtige Arbeitsweisen sind das **Beobachten** und das **Beschreiben** von Verhalten. So hält man zunächst einmal fest, welche Verhaltensweisen Lebewesen in bestimmten Situationen zeigen. Vorher sollte man sich darüber klar werden, welche Fragen man mit dem Versuch beantworten will.

Mögliche Fragen sind:
- Wie verhält sich das Tier?
- Wann zeigt es dieses Verhalten?
- Wie häufig zeigt es dieses Verhalten?
- Welche Auswirkungen hat das gezeigte Verhalten?
- Welche biologische Bedeutung haben soziale Verhaltensweisen bei Tieren?

Manche Verhaltensweisen lassen sich auch durch **Experimente** erforschen.

Mit *Freilandexperimenten* lässt sich zum Beispiel zeigen, warum Tiere in ihrer natürlichen Umgebung bestimmte Verhaltensweisen zeigen.

Mit *Attrappenversuchen* kann man beispielsweise feststellen, woran Tiere ihre Artgenossen erkennen.

In *Laborexperimenten* können Tiere dagegen unter kontrollierten Bedingungen beobachtet werden. Mit solchen Experimenten kann man zum Beispiel herausfinden, welche Verhaltensweisen angeboren sind oder wie lernfähig Tiere sind.

1. Erkundet die Lieblingsplätze ausgewählter Fischarten in einem Aquarium.
   a) Plant euer Vorgehen, um überprüfbare Aussagen über die Orte zu erhalten, an denen sich die Fische am häufigsten aufhalten.
   b) Dokumentiert eure Ergebnisse.
   c) Vergleicht die Ergebnisse.
2. Beobachtet ein Tier eurer Wahl.
   a) Legt fest, welche Verhaltensweisen ihr beobachten wollt.
   b) Dokumentiert eure Beobachtungsergebnisse.
   c) Vergleicht die Ergebnisse.
3. Beobachtet das Verhalten eines Mitschülers gegenüber
   a) einer bekannten Person,
   b) einer unbekannten Person.

Aquarium

Verhaltensweisen bei Tieren

A1 Ordne Aussagen so, dass der Ablauf einer angeborenen Verhaltensweise erklärt wird:
a) Das Tier sucht nach einem Reiz.
b) Der Reiz wirkt auf den angeborenen Auslösemechanismus.
c) Das Tier nimmt einen Schlüsselreiz wahr.
d) Eine bestimmte Verhaltensweise wird ausgelöst.
e) Das Tier zeigt Handlungsbereitschaft.

A2 Was ist ein „Schlüsselreiz"?

A3 Welche Arten des Lernens sind auf dem Foto dargestellt?

A4 Erkläre den Begriff „Handlungskette". Gib auch ein Beispiel an.

A5 Beschreibe Unterschiede und Gemeinsamkeiten zwischen offenen und geschlossenen anonymen Verbänden. Nenne Beispiele.

A6 Erkläre den Begriff „Instinktverhalten" und gib Beispiele an.

Verhaltensweisen bei Tieren

- Die Gesamtheit aller Bewegungen, Körperhaltungen und Lautäußerungen wird Verhalten genannt.
- Verhaltensweisen können angeboren oder erlernt sein.
- Die Handlungsbereitschaft ist Voraussetzung für ein bestimmtes Verhalten.
- Schlüsselreize wirken auf einen angeborenen Auslösemechanismus.
- Der angeborene Auslösemechanismus löst eine bestimmte Verhaltensweise aus.

- Bei einer Handlungskette ist das Verhalten des einen Artgenosse ein Auslöser für das Verhalten des anderen Artgenossen.
- Erfolgt auf einen Reiz eine vorher nicht erlernte Reaktion, spricht man von angeborenen oder instinktivem Verhalten.
- Tiere können durch Prägung, Erfolg und Irrtum, Nachahmung und Gewöhnung lernen.
- Wird ein Problem ohne vorheriges planloses Probieren gelöst, spricht man von einsichtigem Verhalten.

- Vogelschwärme sind offene anonyme Verbände. Es gibt keine Rangordnung.
- Insektenstaaten sind geschlossene anonyme Verbände. Jedes Mitglied erfüllt bestimmte Aufgaben.
- In einem individualisierten Verband leben zum Beispiel Steppenpaviane. Hier herrscht eine strenge Rangordnung.
- Eine soziale Rangordnung wird weitgehend durch Imponierverhalten, Drohverhalten und Demutsverhalten geregelt.

Register

Seitenzahlen im **Fettdruck** verweisen auf Abbildungen. f. = die folgende Seite; ff. = die folgenden Seiten

A

Abdruck 109
Abhängigkeit, physische (körperliche) 98
Abhängigkeit, psychische (seelische) 98
Aborigine 50
Abstoßungsreaktion 78
Adenin 20
Adenosintriphosphat (ATP) 16
AGENDA 21 141
Aggregation **159**
Aggressionsverhalten 92
Albino **45**, 50
Alkohol 99f.
Alterspyramide **75**
Alzheimer 54
Aminosäure **22**, 45, 76
Ammoniak 111
Amphibium 115
Anaphase **32**
Angepasstheit 128
Anpassung 127, 130
Anthropologie, prähistorische 144
Antimatsch-Tomate 62
Archaeopteryx **116**
Archäobotanik 144
Archäologie 144
Archäotechnik 144
Archäozoologie 144
Art 127
Atavismus 119
Attrappenversuch 160
Auslese 56
Auslesezüchtung 56
Auslösemechanismus, angeborener (AAM) 151
Auslöser 151
Außenmembran **16**
Außenskelett 118
Australopithecus 134ff.
Australopithecus afarensis **135**
Australopithecus africanus **135**
Axon **80f.**

B

Bacillus thuringiensis 62
Bakterium **12**, 47, 60
Balken **83**
Bärlapp 114
BARNARD, Christiaan 78
Basentriplett **22**
Basiskonzept „Entwicklung" 127
Basiskonzept „Struktur und Funktion" 18
Basiskonzept „System" 13
Bedecktsamer 114
Befruchtung, künstliche **58, 73**
Beobachten 160
Beschreiben 160
Besitzverhalten 92
Betäubungsmittelgesetz 102
Bevölkerungsanalyse 50
Bevölkerungsentwicklung **140**
Bewegungsnerv 82
Bioarchäologie 144
Biomembran 11, 14, 16f., **19**
Bioreaktor 60
Biotechnik 58
Bläschenkeim **70**
Blaualge **12**, 112
Blutgruppe 52
Blutzelle **13**
Boten-RNA **22**
Bt-Mais 62, 63
Buchdruck 139

C

Calcium 76
Cannabis 99, 102
Carrierprotein 19
Chlorophyll 17f.
Chloroplast 10, 17f., 44

Chorionzottenuntersuchung 72
Chromatid **30**
Chromatin 14
Chromosom **30**, 35, 54
Chromosom, homologes 30, **34**
Computer 36, 139
CORRENS, Carl Erich 28, **38**, 44
Crack 102
CRICK, Francis 21
Cro-Magnon-Mensch 136
Crossing over **34**
Cyanobakterium 112
Cytochrom c 122
Cytosin 20, 46

D

Darmzotte 18
DARWIN, Charles 124ff., 130
Demutshaltung **159**
Demutsverhalten 93
Dendrit **80f.**
Denkmodell 19
Devon 112, 115
DE VRIES, Hugo 28
Diagnostik, pränatale 72
Dialyse 77
Dictyosom **10f.**, 15
Dinosaurier 113
DNA (Desoxyribonukleinsäure) 15, **20ff.**, 37, 45f., **60**, 123
dominant 39, 52
Doppelhelix **21, 30**
Doppelstrang 20
DOWN-Syndrom **53**, 72
Droge 46, 77, 99, 102
Drogenberatung 101
Drohhaltung **158f.**
Drohverhalten 93
Drosophila 34
Drüsenzelle **13**
Dünndarm 18

E

Ecstasy 99, 102
EIBL-EIBESFELDT, Irenäus 153
EIGEN, Manfred 111
Einfluss, äußerer 151
Eingangskanal 88
Einschluss 109
Einstiegsdroge 99
Einzeller 12
Einzelstrang 20
Eisprung **70**
Eiweißstoff 19
Elektronenmikroskop **8ff.**
Eltern 28
Embryo **70**
Embryonenschutzgesetz 55
Embryotransfer 59
Empfindungsnerv 82
Endknöpfchen **81**
Endoplasmatisches Retikulum 11, **14**
Entwöhnung 101
Entzug 101
Enzym 54
Epidermiszelle **13**
Epilepsie 54
Equus 117
Erbanlage 39, 41
Erbbild 40, 52
Erbcode 20
Erbgang, dominant rezessiver **39,** 42
Erbgang, intermediärer **38f.**
Erbgut 60
Erbinformation 20, 23, 45, 47
Erbkrankheit 47, 50
Erbregel 52, 55
Erbse 41
Erdzeitalter 112
Erfahrung 154
Erwachsenenphase 74
Eukaryot 12
Evolution 124
Evolution, biologische 111
Evolution, chemische 111

Evolutionstheorie 126
Experiment 160
Experiment, Freiland- 160
Experiment, Labor- 160

F

Facharbeit 64
Familienforschung 50
Farbe 46
Faschismus 130
Fett 19
Fettzelle **13**
Fetus **71**
Filialgeneration 39
Fingerabdruck, genetischer 37, 123
Fitness 128
Flüssig-Mosaik-Modell 19
Fortpflanzungszelle 12
FOSSEY, Dian 150
Fossil **108ff.**
Fossilisation 109
Fotosynthese 13, 17
fremdeln 74
Fruchtwasseruntersuchung 72
FUHLROTT, Johann Carl 132

G

Gedächtnisspeicher, mittelfristiger 89
Gefäßzelle **13**
Gehirn 80, **83**
Gehirnerschütterung 85
Gelelektrophorese 37, **123**
Gen 20, 39, 52, 61
Genanalyse 50
Genetischer Code 21
Gen-Food 62
Genkarte 34, 54
Genkopplung 44
Genotyp 39
Gentechnik 56, 60, 63
Gentechnologie 139
Gentransfer 60

162 Register

Geschlechtschromosom 52
Gesetz zur Verhütung erbkranken Nachwuchses 130
Gewebekulturtechnik 59
Gewebespende 78
Gewöhnung 155
Gigantoraptor erlianensis **108**
Ginkgo 114, **120**
Glukose 16
Golgi-Apparat 15
GOLGI, Camillo 15
Grana 17
Greiffuß **133**
Großhirn 83
Grundgewebszelle **13**
Grundsubstanz 17
Gruppenarbeit 79
Guanin 20

H
Haarfarbe 29
Handeln, einsichtiges 157
Handgreifreflex **86**
Handlung, angeborene 153
Handlung, erlernte 153
Handlungsbereitschaft 151
Harnstoff 76
Haschisch 99, 102
Hautfarbe 29
Hautkrebs 46
Hautzelle **13**
Heroin 99, 102
Heterosis-Effekt 56
Heterosis-Züchtung 56
HEYERDAHL, Thor 144
Hirnhautentzündung 85
Hirntod 78
Histon 30
Homo 113, 135
Homo erectus **135f.**
Homo heidelbergensis 135
Homo neandertalensis 135
Homo rudolfensis 135
Homo sapiens 136
Homunculus-Theorie 28
Hospitalismus 87
HUGO 54

Hüllzellen **81**
Hybrid 56
hydrophil 19
hydrophob 19
Hylonomus **115**
Hypothese 126
Hyracotherium **117**

I
Ichthyostega 112, **115**
Immunsystem 78
Imponierhaltung **158f.**
Imponierverhalten 92
Individualdistanz 92
Inkohlung **109**
Innenmembran 16
Innenskelett 118
Instinkt 151
Insulin 60
Internet 61
Interphase 32
In-vitro-Fertilisation (IVF) **73**
Inzucht 56, 61
Isolation, geografische 129
Isolation, ökologische 127

J
Jura 113

K
Kaktus-Grundfink **127**
Kalium 76
Kambrium 112
Kanalprotein 19
Karbon 112, 115
Kaspar-Hauser-Versuch 153
Keimzelle 33
Kernfaden 30
Kernkörperchen 10
Kernmembran **14**
Kernpore **14**
Kernteilung 32
Kindchenschema **94**
Kinderlähmung 85
Kleinhirn 83
Kleinkindphase 74
Klimawandel 141
Klonen 59
Klonen, therapeutisches 55

Knochenzelle **11, 13**
Knockout-Maus **61**
Kohlenhydrat 19
Kohlenstoffdioxid 16, 17, 18
Kohlenstoffmonooxid 100, 111
Kokain 99, 102
Kombinationszüchtung 56
Konservierungsstoff 46
Konstanz der Arten 124
Kontaktverhalten 86
Konvergenz 119
Körperfühlregion **83**
Körperzelle 12
Krebs 46f.
Kreide 113
Kreuzung 56, 61
Kreuzungsrasse 41
Kugelalge **12**
Kulturgut 138
Kunstherz 78
Kurzzeitspeicher 89

L
LAMARCK, Jean Baptiste de 124
Langzeitspeicher 89
Lernbox **154**
Lernen 88, 90
Lerntyp 88
Licht 9, 17, 18
LINNÉ, Carl von 124
Lipid **19**
LORENZ, Konrad 155
Lösungsmittel 45, 46
Luftbildarchäologie **144**

M
Mammutbaum 120
Marihuana 102
Maulbeerkeim **70**
Medikamente 100
Meiose **33**
Membranbläschen **81**
Membran, semipermeable 77
MENDEL, Johann Gregor 28, **38**, 41, 44
Mendelsche Regeln 28, 39ff., 44

Meningitis 85
Menschenaffe 133
Merychippus 117
Metaphase **32**
Methan 111
Migration 141
MILLER, Stanley 111
Mindmap **65**
mischerbig 38
Mischling 39
Mitochondrium 10, **16**, 44
Mitose **32f.**
Mittelhirn **83**
Mittelwert 49
Mittlere Länge 49
Mobbing 93
Modell 19, 23, 35
Modifikation 48, 49
MORGAN, Thomas Hunt 34
Morphium 102
Mosaikform 116
Mukoviszidose 53
Mumifizierung **109**
Muntjak **121**
Muskelzelle **13**
Mutagen 45, 46, 47
Mutagen, biologisches 46
Mutante 47
Mutation 45, 47, 128
Mutation, Chromosom 45
Mutation, Gen 45, 127
Mutation, Genom 45
Mutation, neutrale 128
Mutation, schädliche 128
Mutation, vorteilhafte 128

N
Nabelschnurpunktion **72**
Nachahmung 155
Nachkomme 28
Nacktfarn 114
Nacktsamer 114
Nadelholz 114
Natrium 76
Nazi 130
Neandertaler 132
Nervenfaser 80
Nervenfaserbündel 80
Nervensystem 80

Nervensystem, autonomes 83
Nervensystem, parasympathisches 84
Nervensystem, peripheres 80
Nervensystem, sympathisches 84
Nervensystem, vegetatives 84
Nervensystem, zentrales 80
Nervenzelle **11, 13,** 80
Nervenzelle, motorische 82
Nervenzelle, sensorische 82
Nerv, sensorischer 80
Neugierverhalten 88
Neukombination 128
NICOLSON, Garth 19
Niere 76
Niere, künstliche 77
Nierenarterie 76
Nierenrinde 76
Nikotin 100
Nukleinsäure 20
Nukleotid **20**, 45, 54
Nutztier, transgenes 63

O
Oberflächenvergrößerung **18**
Ohrläppchen **29**
Opium 102
Orchidee 59
Ordovizium 112, 115
Organ 12
Organ, analoges 118
Organelle 10, 14, 16
Organ, homologes 118
Organ, rudimentäres 119
Organspende 78
Ötzi **145**
Ozonschicht 112

P
Paarungsbereitschaft 152
Parasympathikus 84
Parentalgeneration 38
Parkinson-Krankheit 85
PAWLOW, Iwan 154
PCR-Verfahren 37
Perm 113

Pflanzenschutzmittel 46
Pflanzenzucht 47, 58
Pflanze, transgene 63
Phänotyp 39
Phospholipid **19**
Pigment 50
Plasmid **60**
Plazenta 70
Pliohippus **117**
Polio 85
Polyploidie 57
Prägung **155**
Präimplantationsdiagnostik-Gesetz 73
Präimplantationsdiagnostik (PID) 73
Präkambrium 112
Präzipitinreaktion 122
Primärharn 76
Proconsul 134
Prokaryot 12
Prophase 32
Protein 15, 19, 22
Proteinbiosynthese **22**
Pubertätsphase 74

Q
Quartär 113
Quastenflosser **112, 115, 120**
Querschnittlähmung 85

R
Rangordnung 158
Rangordnungsverhalten 92
Rassenpolitik 130
Rasterelektronenmikroskop 9, 11
Rausch 99
Reaktionsbereitschaft, angeborene 94
Reduktionsteilung **33**
Redwood 120
Reflex 82
Reflex, angeborener 154
Reflex, bedingter 154
Reflexbogen 82
Regionen der Körperbewegungen 83

Reifeteilung 33
reinerbig 38
Reiz 151
Reiz, sexueller 95
Religion 138
Reptil 115
Revier 92, 151
Rezeptor 81
Rezeptorprotein 19
rezessiv 39
Ribosom **11**, 15, **22**
Rindenfeld 83
Ritualisierung 121
Röntgenstrahlung 45, 46
Rot-Grün-Blindheit 52
Rothirsch 118, **121**
Rückenmark 80
Rückkreuzung **40**

S
Sahelanthropus tchadensis 134
Salzhaushalt 76
Samenfarbe **41**
Samenform **41**
Samenpflanze 114
Sauerstoff 16
Säuger 113
Säuglingsphase 74
Saugreflex **86**
Schachtelhalm **114**
Schlaganfall 85
Schlüsselreiz 94, 151
Schlüssel-Schloss-Prinzip 22
Schnauzentriller 152
Schneideenzym 60
Schnürring **81**
Schöpfungslehre 126
Schreiweinen **86**
Schrift 138
Schulaltersphase 74
Schwangerschaft 70
Sediment 108
Sekundärharn 76
Selbsterkenntnis 157
Selektion 129
Seniorenphase 75
Sequenzierung 54
Silur 112, 115

Simulationsprogramm 142
SINGER, Jonathan 19
Sozialdarwinismus 130
Spaltungsregel 39
Speicherzelle **13**
SPENCER, Herbert 130
Spiel 88
Spielverhalten **155**
Sporenpflanze 114
Sprache 138
Sprachfähigkeit 74
Sprachzentrum 138
Stammbaum **50**
Stammbaumanalyse 50
Stammzelle 61
Stammzelle, adulte 55
Stammzelle, embryonale 55
Standfuß 133
Stärke 17
Steinkern **109**
Steinzelle **13**
Stickstoff 111
Stimmung, innere 150
Strahlen, ionisierende 46
Strahlung, radioaktive 45, 46
Substanz, graue **82**
Substanz, weiße **82**
Sucht 101
süchtig 97
Sucht, stoffgebunden 97
Sucht, stoffungebunden 98
Supermarkt 95
Sympathikus 84
Synapse **81**
synaptischer Spalt **81**

T
Tabak 100
Teer 100
Telophase **32**
Territorialverhalten 92
Territorium 92
Tertiär 113
Theorie 126
Thymin 20, 46
Tiergesellschaft 158
Tierzucht 58, 59
Träger-RNA **22**
Transplantation 77, 78

Traubenzucker 17, 76
Trias 113
Trisomie 21 **53**, 72
TSCHERMAK, Erich 28

U
Überalterung 75
überoptimaler Auslöser 95
Überträgerstoff **81**
Ultrakurzzeitspeicher 89
Ultraschalluntersuchung 72
Umwelteinfluss 48
Unabhängigkeitsregel 41
Uniformitätsregel 39
Uracil 22
Urpferd 117
Ursuppe 111
Urvogel 113
UV-Strahlung 45, 46, 48

V
Vakuole **10**
Variabilität 48, 128
Variationsbreite 49
Variationskurve **49**
Verband, geschlossener anonymer **159**
Verband, individualisierter 158
Verband, offener anonymer **159**
Verdoppelung, identische 21, 23
Vererbung 28
Vererbung erworbener Eigenschaften 124
Vererbung, nicht-chromosomale 44
Vererbungsregel 38
Verhalten 86, 150
Verhaltensforschung 160
Verhaltenskette 152
Verhaltensweise 150
Verhaltensweise, angeborene 94
Verhaltensweise, homologe 121
Verlängertes Mark 83
Versuch und Irrtum 88, 154

Vertrauensverhältnis 87
Vielzeller 12
VIRCHOW, Rudolf 132
Virus 46
Vorfahr, gemeinsamer 130
Vorstellung, weltanschauliche 138

W
Wandkontaktverhalten 92
Wasser 16, 17, 18
wasserfeindlich 19
wasserfreundlich 19
Wasserhaushalt 76
Wasserstoff 111
WATSON, James 21
Werbung 95
Werkzeug 138
Wunderblume **38, 44**

X
X-Chromosom 52

Y
Y-Chromosom 52

Z
Zellatmung 16
Zelle, pflanzlich **10**
Zelle, tierisch **11**
Zellgewebe 12
Zellkern **10, 14**
Zellkörper 80
Zellmembran 19
Zellplasma **10**
Zellteilung **32f.**
Zellwand **10**
Zickzacktanz 152
Züchtung 56
Zuckerrübe **62**
Zwillinge 51
Zwillinge, eineiig 51
Zwillinge, zweieiig 51
Zwillingsforschung 51
Zwischenhirn 83
Zygote **70**

Bildquellenverzeichnis

Titel (Schildkröte): istockphoto, Calgary (Babelon); Titel (Zebra): istockphoto, Calgary (Betts); 6.1, 25.1: Wissenschaftliche Film- und Bildagentur Karly, München (Prof. Wanner); 6.2: Rolf Wellinghorst, Quakenbrück; 7.1-2: KAGE Mikrofotografie, Lauterstein; 7.3: Peter Arnold, München (Reschke); 8.1a: Helga Lade Fotoagenturen GmbH, Frankfurt/M. (Rosenfeld); 8.1b: OKAPIA KG, Frankfurt/M. (Lessin); 8.2b: Focus Photo- u. Presseagentur GmbH, Hamburg (Walker/Science Photo Library); 8.2c: OKAPIA KG, Frankfurt/M.; 8.2d: KAGE Mikrofotografie, Lauterstein; 8.2e: A1PIX - Your Photo Today, Taufkirchen; 8.2f, 11.3a: Dr. med. Holger Jastrow, Essen; 9.3a-b: Olympus Europa GmbH, Hamburg (Olympus-Mikroskopie); 9.3c: Nees Institute for Biodiversity of Plants, Bonn (Prof. Barthlott); 10.1b: doc-stock GmbH, Frankfurt/M. (VisualsUnlimited); 10.2a: Tobias Huckfeldt, Hamburg; 10.2b: OKAPIA KG, Frankfurt/M. (Scimat); 11.2a: KAGE Mikrofotografie, Lauterstein; 11.2b: Forschungszentrum caesar, Bonn; 14.2a (NAS/Longcore), 15.3a (Biophoto Associates/Science Source), 16.1a (Porter/NAS), 17.1a (Biophoto Associates/Science Source): OKAPIA KG, Frankfurt/M.; 18.2b: Focus Photo- u. Presseagentur GmbH, Hamburg; 21.3: mauritius images GmbH, Mittenwald (Phototake); 26.1: Minkus IMAGES Fotodesignagentur, Isernhagen; 26.2: Ulrich Helmich, Rahden; 26.3: Minkus IMAGES Fotodesignagentur, Isernhagen; 26.4: vario images, Bonn; 27.1: F1online digitale Bildagentur GmbH, Frankfurt (Bunse); 27.2: OKAPIA KG, Frankfurt/M. (Odum/Arnold, Inc.); 27.3: Peter Arnold, München (Odum); 27.4: alimdi.net, Deisenhofen (Rose); 27.5: Rainer Weisflog, Cottbus; 27.6: mauritius images GmbH, Mittenwald; 28.1a (Kneschke), 28.1b (VitCOM Photo): fotolia.com, New York; 28.1c: Minkus IMAGES Fotodesignagentur, Isernhagen; 29.1: Picture-Alliance GmbH, Frankfurt/M. (dpa/Ossinger); 29.2-6: Minkus IMAGES Fotodesignagentur, Isernhagen; 30.1a: Focus Photo- u. Presseagentur GmbH, Hamburg (Biophoto Associate/SPL); 31.1: OKAPIA KG, Frankfurt/M. (Lange); 32.1a-d: Johannes Lieder GmbH & Co. KG, Ludwigsburg; 38.1a: Blickwinkel, Witten (Wermter); 38.1b: mauritius images GmbH, Mittenwald (CuboImages); 38.1c: Naturbildportal, Hannover (Ruckszio); 38.1d: Deutsches Museum, München; 38.1e: wikipedia.org; 44.1a: Michael Fabian, Hannover; 45.1: alimdi.net, Deisenhofen (Schulz); 47.1a: Flora Press Agency GmbH, Hamburg (Visions); 47.1b: Charité Universitätsmedizin, Berlin; 47.1c: iStockphoto, Calgary (Trankov); 48.1a: Lavendelfoto, Hamburg (Hoefer); 48.1b: Naturbildportal, Hannover (Ruckszio); 48.2, 67.4: OKAPIA KG, Frankfurt/M. (Reinhard); 49.4a-b: iStockphoto, Calgary (Boratti); 49.5a: wikipedia.org; 50.1a: laif, Köln (Jonkmanns); 50.1b: Corbis, Düsseldorf (Damm); 51.1a: TopicMedia Service, Putzbrunn (Kerscher); 51.2a: mauritius images GmbH, Mittenwald (age); 53.5a: Horst Groth, Ibbenbühren; 54.1: OKAPIA KG, Frankfurt/M. (Sovereign/ISM); 56.1: Ernst Beat, Basel; 56.1a (Teamarbeit), 56.1b (gtranquillity), 56.1c (rooster26), 56.1d (blende40), 56.1e (Bergfeldt), 56.1f (arnowssr): fotolia.com, New York; 58.1: Masterrind GmbH, Verden; 60.1: Boehringer Ingelheim Pharma GmbH & Co. KG, Ingelheim; 61.1: wikipedia.org (wikimedia); 62.1: Caro Fotoagentur GmbH, Berlin (Ruffer); 62.2: OKAPIA KG, Frankfurt/M. (Cattlin/Holt Studios); 62.3: Wildlife Bildagentur GmbH, Hamburg; 62.4: OKAPIA KG, Frankfurt/M.; 66.1: Johannes Lieder GmbH & Co. KG, Ludwigsburg; 66.2: Arco Images GmbH, Lünen (NPL); 67.1-3: Michael Fabian, Hannover; 68.1: Focus Photo- u. Presseagentur GmbH, Hamburg (Edelmann/SPL); 68.2: A1PIX - Your Photo Today, Taufkirchen (B.S.I.P.); 68.3: die bildstelle, Hamburg (7 JUILLET S.A.R.L.); 68.4: Can Stock Photo Inc., Halifax, NS B3H 2R9; 69.1: Juniors Bildarchiv GmbH, Hamburg; 69.2: Picture-Alliance GmbH, Frankfurt/M. (Bally/Keystone); 69.3: Remotephoto.com GmbH, Zürich (Luethy); 71.3: OKAPIA KG, Frankfurt/M. (OSF/Photolibrary); 71.4: Getty Images, München (Harding); 71.5: OKAPIA KG, Frankfurt/M. (Bromhall/OSF); 71.6: mauritius images GmbH, Mittenwald (Biophoto Associates/Photo Researchers, Inc.); 72.1: Focus Photo- u. Presseagentur GmbH, Hamburg (Benoit/Science Photo Library); 73.1: doc-stock GmbH, Frankfurt/M. (3d4medical.com); 74.1a (Kuzmin), 74.1b (BeTa-Artworks), 74.1c (fotodesign-jegg.de), 74.1d (Picture-Factory), 74.1e (Rido), 74.1f (Kneschke): fotolia.com, New York; 78.1: OKAPIA KG, Frankfurt/M.; 80.1: Picture-Alliance GmbH, Frankfurt/M. (dpa/dpaweb); 80.2: Focus Photo- u. Presseagentur GmbH, Hamburg (McCarthy/SPL); 85.1: mauritius images GmbH, Mittenwald (Pokorski); 85.2: Dr. med. Lothar Reinbacher, Kempten; 85.3: Picture-Alliance GmbH, Frankfurt/M. (Abaca Archiv); 86.2a: Heinrich Voss, Oberhausen (blickwinkel/McPHOTO); 86.2b: Keystone Pressedienst, Hamburg (Leidicke); 86.2c: die bildstelle, Hamburg (REX FEATURES LTD.); 87.4: Gruner + Jahr AG & Co KG, Hamburg (Geo Wissen Kindheit und Jugend, S. 28/Stephan Elleringmann); 88.1a: Imago, Berlin (imagebroker); 88.1b: iStockphoto, Calgary (acilo); 92.1-2: Minkus IMAGES Fotodesignagentur, Isernhagen; 93.3: Imago, Berlin (von Stroheim); 94.1a: Picture Press Bild- und Textagentur GmbH, Hamburg (Raith); 94.1b: Imago, Berlin (ecomedia/Fishman); 94.1c: dfd Deutscher Fotodienst GmbH/ddp images, Hamburg (pwe Verlag); 94.1d (Zielinski), 95.3 (EpicStockMedia): fotolia.com, New York; 95.4: iStockphoto, Calgary (mediaphotos); 95.5: Panther Media GmbH, München (Losevsky); 96.1a (Sanders), 96.1b (runzelkorn): fotolia.com, New York; 96.1c (Brey), 96.1d (Mutlu): iStockphoto, Calgary; 96.1e: fotolia.com, New York (Bernad); 96.1f: iStockphoto, Calgary (gerenme); 96.1g: OKAPIA KG, Frankfurt/M. (Bodine/CMSP); 96.1h: fotolia.com, New York (Atkins); 99.1: Corbis, Düsseldorf (Wright); 100.1: Imago, Berlin (blickwinkel); 101.1: fotolia.com, New York (bluedesign); 102.1: mauritius images GmbH, Mittenwald (Schmidt); 102.2: TopicMedia Service, Putzbrunn (Kuch); 102.3: OKAPIA KG, Frankfurt/M. (Kiepke/Naturbild); 102.4: mauritius images GmbH, Mittenwald (Kratz); 103.1: TopicMedia Service, Putzbrunn (Comet Photo AG); 104.1 (Barskaya), 105.1 (Bowden): iStockphoto, Calgary; 105.2: OKAPIA KG, Frankfurt/M. (Morgan/Science Source); 105.3: TopicMedia Service, Putzbrunn (Heitmann); 106.1. (dpa/Kleefeldt), 106.2 (dpa): Picture-Alliance GmbH, Frankfurt/M.; 106.3: Juniors Bildarchiv GmbH, Hamburg; 106.4: Hans-Peter Konopka, Herne 107.1: Stiftung Neanderthal Museum, Mettmann; 107.2: Corbis, Düsseldorf (Hanusch); 108.1: ddp images GmbH, Hamburg (associated press/Ng Han Guan/China Giant Fossil); 109.4: Senckenberg Forschungsinstitut und Naturmuseum, Wilhelmshaven (Abt. Messelforschung); 109.5: OKAPIA KG, Frankfurt/M. (Stammers/OSF); 109.6: TopicMedia Service, Putzbrunn; 109.7: Picture-Alliance GmbH, Frankfurt/M. (dpa); 116.1: OKAPIA KG, Frankfurt/M. (Gohier); 117.1: Senckenberg Forschungsinstitut und Naturmuseum, Wilhelmshaven; 118.1a (Danegger), 118.1b (Dr. Sauer): OKAPIA KG, Frankfurt/M.; 119.5: action press, Hamburg (Sail); 120.1: mauritius images GmbH, Mittenwald (Lacz); 120.2: Senckenberg Forschungsinstitut und Naturmuseum, Wilhelmshaven; 120.3 (NAS/Faulkner), 120.4 (Root): OKAPIA KG, Frankfurt/M.; 120.5: Hans-Peter Konopka, Herne; 120.6: OKAPIA KG, Frankfurt/M. (Sandved); 121.1: TopicMedia Service, Putzbrunn; 121.2: OKAPIA KG, Frankfurt/M. (Maier); 123.1: Arbeitsgemeinschaft für Karstkunde Harz e.V., Bad Harzburg; 123.2: Eppendorfer AG, Hamburg; 123.3: Focus Photo- u. Presseagentur GmbH, Hamburg (Parker/Science Photo Library); 124.1: SeaTops, Neumagen-Dhron; 124.2a: Deutsches Museum, München; 125.3a: akg-images, Berlin; 125.4a: Deutsches Museum, München; 127.1a, 127.1b: mauritius images GmbH, Mittenwald (beide fm); 127.2a: OKAPIA KG, Frankfurt/M. (Root); 127.2b: TopicMedia Service, Putzbrunn (Cramm); 128.1a (Schäfer), 128.1a (pfotastisch), 128.1b (FHoTo), 128.1d (Marem): fotolia.com, New York; 128.1e: TopicMedia Service, Putzbrunn (Walz); 129.2a , 129.2b: Tierbildarchiv Angermayer, Holzkirchen (beide Schmidt); 130.1: United States Holocaust Memorial Museum, USA Washington; 130.2: Focus Photo- u. Presseagentur GmbH, Hamburg (SPL); 131.1: H. Behrens, Lehrte; 132.1: Eulner, Haan; 132.2: Bilderberg, Hamburg (Schnaubelt - WILD LIFE ART); 134.1: Prof. Dr. Günter Bräuer, Hamburg; 135.3-4: Hessisches Landesmuseum, Darmstadt; 137.6: Focus Photo- u. Presseagentur GmbH, Hamburg (Reader); 138.1: akg-images, Berlin; 144.1: Blickwinkel, Witten (Luftbild Bertram); 144.2: alimdi.net, Deisenhofen (Schauhuber); 144.3: OKAPIA KG, Frankfurt/M. (Handl/imagebroker); 145.1: Picture Press Bild- und Textagentur GmbH, Hamburg (Neeb/Stern); 145.2-3: Südtiroler Archäologiemuseum, Bozen (www.iceman.it); 146.1: Staatliches Museum für Naturkunde, Karlsruhe (Frey); 146.2: A1PIX - Your Photo Today, Taufkirchen (HSC); 147.1: OKAPIA KG, Frankfurt/M. (Cancalosi); 147.2 (Fleetham), 147.3 (LaczAgende): TopicMedia Service, Putzbrunn; 148.1: Getty Images, München (Joubert); 148.2: Biosphoto, Berlin (Michel); 148.3: Nature Picture Library, Bristol (Sparks); 148.4: Blickwinkel, Witten (Delpho); 149.1: Biosphoto, Berlin (Michel); 149.2: OKAPIA KG, Frankfurt/M. (Bromhall/OSF); 149.3: Wildlife Bildagentur GmbH, Hamburg (Harvey); 150.1: Arco Images GmbH, Lünen (Brehm); 150.2a: Veit; 150.2b: Corbis, Düsseldorf (Arthus-Bertrand); 152.1: TopicMedia Service, Putzbrunn (Lenz); 153.1: Blickwinkel, Witten (Linke); 154.2: OKAPIA KG, Frankfurt/M. (Dawn/NAS); 155.3: Blickwinkel, Witten (Linke); 155.4: TopicMedia Service, Putzbrunn (FLPA); 155.5: Sybille Kalas, Pöndorf (Vöcklabruck) ; 156.1a-e: Prof. Dr. Jürgen Lethmate, Ibbenbüren; 156.2: Photoshot Deutschland, Berlin; 157.3a-b: Dr. Andreas Paul, Bovenden-Lenglern; 157.4a (Rutz), 157.4b: mauritius images GmbH, Mittenwald; 158.1: TopicMedia Service, Putzbrunn (Sohns); 159.3a: Tierbildarchiv Angermayer, Holzkirchen (Tierpark Hellabrunn); 159.3b: TopicMedia Service, Putzbrunn (Lacz); 159.3c: Tierbildarchiv Angermayer, Holzkirchen; 159.4a (Wolf), 159.4b (Walz): TopicMedia Service, Putzbrunn; 159.4c: OKAPIA KG, Frankfurt/M. (Roo); 160.1: Arco Images GmbH, Lünen (Frank); 160.2: OKAPIA KG, Frankfurt/M. ; 160.3: Focus Photo- u. Presseagentur GmbH, Hamburg (Müller-Elsner); 160.4: mauritius images GmbH, Mittenwald; 161.1: Dr. Manfred Keil, Lichtbild-Archiv, Neckargemünd; 161.2: Blickwinkel, Witten (Linke); 161.3: plainpicture GmbH & Co. KG, Hamburg (Bildagentur Hamburg); 161.4: Imago, Berlin (imagebroker); 170.1 (Maywald), 170.2 (Kjeldal), 170.3 (Phototake): mauritius images GmbH, Mittenwald; 170.4: Arco Images GmbH, Lünen (Pfeiffer); 170.5: William Thielicke; 170.6: Face To Face Bildagentur GmbH, Hamburg (Profimedia); 171.1: Bildagentur Geduldig, Maulbronn; 171.2: Getty Images, München (London Stereoscopic Company/Hulton Archive); 171.3: Blickwinkel, Witten (Schmidbauer); 171.4: mauritius images GmbH, Mittenwald (age); 171.5: Getty Images, München (Dr. Fahrenbach); 171.6 (Dr. Murawski/National Geographic), 171.7 (Dr. Kunkel): Getty Images, München.

Trotz entsprechender Bemühungen ist es nicht in allen Fällen gelungen, den Rechtsinhaber ausfindig zu machen. Gegen Nachweis der Rechte zahlt der Verlag für die Abdruckerlaubnis die gesetzlich geschuldete Vergütung.

Was ist Bionik?

Bionik setzt sich aus den Begriffen Biologie und Technik zusammen. In der Bionik suchen Forscher aus den Bereichen Naturwissenschaften und Ingenieurswissenschaften gezielt nach Lösungen für technische Probleme in der Natur. So entstand zum Beispiel der Klettverschluss nach dem Vorbild der Klette.

Der perfekte Klebstoff

Miesmuscheln haften an Mauern und Pfählen. Dafür sorgen die Byssusfäden, mit denen die Muscheln selbst bei starker Salzwasserbrandung jahrelang an der Unterlage „festkleben". Herkömmliche Klebstoffe verlieren bei feuchtwarmer Umgebung schnell ihre Haftung. Zurzeit analysieren Forscher die Haftsubstanz der Muscheln, um diese künstlich herzustellen. Damit sollen später Wunden verschlossen, Knochen geklebt, Bänder fixiert und Zahnersatz befestigt werden.

Der Klettverschluss

Disteln und Kletten verbreiten sich, indem ihre Früchte am Fell von Tieren oder an ähnlichen Oberflächen hängen bleiben. Dies ermöglichen hunderte kleiner Häckchen. Das Haftprinzip der Pflanzen machte sich der Erfinder des Klettverschlusses zunutze. Er entwickelte diesen erfolgreichen neuen Verschluss.

Der Lotuseffekt

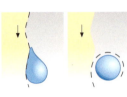

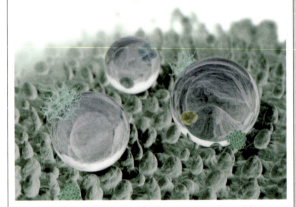

Lotus wächst in den Sumpfgebieten Ostasiens. Die Pflanze entfaltet aus schlammigem Untergrund ihre stets sauberen Blätter. Wie funktioniert das?
Unter dem Rasterelektronenmikroskop erkennt man auf der Blattoberfläche kleine Wachshügelchen. Sie verhindern, dass das Wasser die Oberfläche benetzt. Wassertröpfchen „rollen" über diese Noppen und transportieren dadurch den Schmutz weg. Die Pflanze reinigt sich so von Staub, aber auch von Pilzsporen und Algen.
Diesen Vorgang der Selbstreinigung nutzen wir heute für verschiedene Oberflächen. Häuserfassaden reinigen sich dank eines besonderen Anstrichs selbst. Das gleiche gilt auch für die Oberflächen von Scheiben und Autokarosserien oder von Waschbecken und Badewannen.